Stiftung Warentest
Finanztest

Finanzen verstehen

100 Infografiken zu Geldanlagen, Steuern und Versicherungen

René Reichelt, Annika Krempel

INHALT

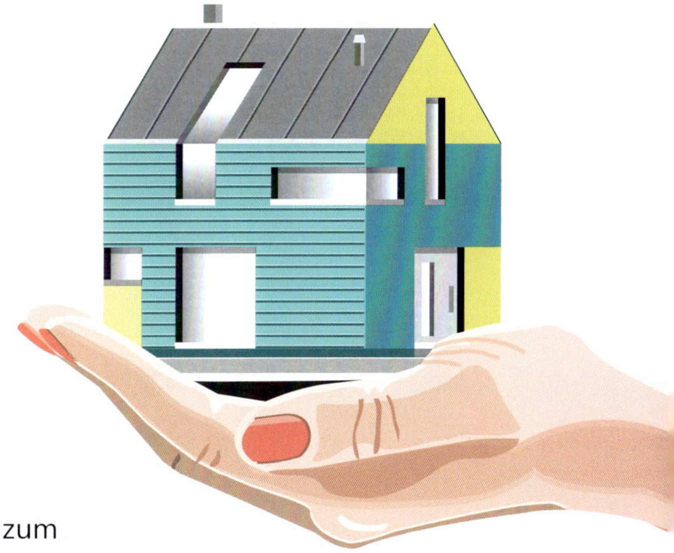

Immobilien mieten & kaufen 114

Einfach Steuern sparen 144

Sicher einkaufen und reisen 168

Service 198

Vom Bild in den Kopf

Geldanlage, Steuern oder Versicherungen sind für viele Menschen ein notwendiges Übel, mit dem sie sich nur recht ungern befassen. Wer kein Geld verlieren und auch gut geschützt sein möchte, sollte aber zumindest ein Grundverständnis für Finanzthemen haben. Infografiken machen es Ihnen leicht und eignen sich hervorragend für einen Einstieg.

Wir erstellen regelmäßig Infografiken zu den Texten in unserer Zeitschrift Finanztest, um Finanzfragen klar und verständlich aufzubereiten. Die besten dieser Grafiken finden Sie in diesem Buch. Wir haben sie alle für die zweite Auflage aktualisiert und viele neue Grafiken eingearbeitet, sodass sie alle auf dem neuesten Stand sind.

Mit der Auswahl der Grafiken möchten wir Ihnen einen Überblick geben und Lust darauf machen, sich mit Finanzthemen weiter zu beschäftigen. Immer wichtiger wird dabei das Thema Nachhaltigkeit. Zahlreiche Grafiken haben sie zum Fokus – von den grünen Fonds über nachhaltige Versicherungen und Photovoltaik-Anlagen bei Immobilien bis hin zu CO_2-sparenden Elektroautos und zur CO_2-Kompensation beim Reisen.

Neben den Grafiken weisen wir darauf hin, wenn es weiterführende Texte oder Tests zum jeweiligen Thema gibt. Entsprechende Links und Erklärungen für die wichtigsten Fachbegriffe finden sich in unserem Serviceteil.

Im Kapitel zur Geldanlage geht es um ganz grundlegende Themen. Unsere Infografiken erklären die Welt der Börsen – zumindest das, was Kleinanlegerinnen und -anleger wissen müssen: Was ist ein Index und welche Form der Geldanlage eignet sich? Denn sind die Grundzüge klar, trauen sich hoffentlich auch Börsenneulinge auf das Parkett. Eines ist klar: Um Aktienfonds kommen langfristig orientierte Sparer kaum herum, wenn sie ihr Vermögen vor der Inflation schützen wollen. Das gilt, obwohl der Aktienmarkt zwischendurch herbe Einbrüche erlebt wie in der Corona-Krise. Krisen gab es schon viele. Nach einer Weile erholt sich der Markt. Entscheidend ist, dass man nur Geld an der Börse anlegt, das man in den nächsten Jahren nicht benötigt, und außerdem nicht in Panik gerät, wenn die Kurse abstürzen.

Wichtig ist zudem, dass Sie nicht planlos investieren und keine unnötigen Risiken eingehen. Deshalb stellen wir unser Pantoffel-Portfolio vor. Es eignet sich auch für Anfänger und ist eine gute Möglichkeit, um mit Aktien Geld anzulegen und gleichzeitig ruhig zu schlafen. Schon mit kleinen Beträgen lässt sich ein Polster ansparen, wenn früh genug begonnen wird.

Auch die klassische Geldanlage lassen wir nicht außer Acht. Tages- und Festgeldkonten bringen hierzulande inzwischen wieder etwas höhere Zinsen, manche Banken im Ausland zahlen mehr. Worauf es dabei zu achten gilt, sehen Sie auf einen Blick.

Für das Alter vorzusorgen ist wichtiger denn je und in Zeiten von Inflation nicht gerade unkomplizierter geworden. Für viele ist die gesetzliche Rente weiterhin der stützende Pfeiler des Alterseinkommens. Jedes Arbeitseinkommen, von dem Beiträge in die gesetzliche Rentenversicherung fließen, trägt dazu bei, die Auszahlung zu erhöhen.

Um die Zeit nach dem Job zu planen, ist es sinnvoll zu wissen, ab wann der Rentenbeginn ohne Abschläge möglich ist. Als Nächstes kommt es darauf an, sich für zusätzliche Vorsorgemöglichkeiten zu entscheiden, denn die gesetzliche Rente allein wird für einen entspannten Ruhestand nicht ausreichen. Zum Beispiel hat Riester für manche Menschen durchaus Vorteile. Oder es kann sich lohnen, zusätzlich in die gesetzliche Rentenversicherung einzuzahlen. Doch nicht alle Möglichkeiten stehen allen Menschen offen. Wir erklären, für welche Gruppe welche Varianten der Altersvorsorge sinnvoll sind.

Wer sich Gedanken um seine Vorsorge macht, sollte nicht nur seine Finanzen regeln. So gilt es, Vorkehrungen für den Fall zu treffen, dass Sie aufgrund einer schweren Krankheit Entscheidungen nicht mehr selbst treffen können. Wir erklären, was es mit Patientenverfügung, Betreuungsverfügung und Vorsorgevollmacht auf sich hat. Hilfreich ist auch ein gut vorbereitetes Testament. Es kann Streit unter den Erben verhindern und dafür sorgen, dass Ihr Nachlass in die richtigen Hände kommt.

Bei Versicherungen geht es vor allem darum, dass Sie keine Lücken im Schutz haben, aber auch nicht unnötig Geld ausgeben. Wir zeigen, welche Versicherungen Sie in welcher Lebenssituation brauchen und welchen Schutz diese Versicherungen bieten. Zum Beispiel sollte jeder unbedingt eine Haftpflichtversicherung haben, aber längst nicht jeder besitzt eine. Die Kranken- und Pflegeversicherung ist für alle Pflicht. Wir erklären, welche Ansprüche Versicherte haben und wie sie diese geltend machen.

Der Traum vom eigenen Haus wird für viele Menschen Jahr für Jahr unerschwinglicher. Die Immobilienpreise sind stark gestiegen, ebenso wie die Hypothekenzinsen. Wer es dennoch wagen möchte, sollte genau kalkulieren: Welche Immobilie ist noch im Budget? Lohnt sich der Kaufpreis überhaupt?

Im nächsten Schritt müssen Käuferinnen und Käufer die richtige Finanzierung auf die Beine stellen: Zins, Zinsbindung und Darlehensart sind dabei die essenziellen Stellschrauben. Schon kleine Zinsunterschiede können eine Menge Geld ausmachen. Worauf Sie dabei achten sollten, erfahren Sie anhand der Infografiken im Kapitel Immobilien.

Zur Abgabe der Steuererklärung ist nicht jede und jeder verpflichtet. Für die meisten lohnt es sich aber, die Unterlagen auszufüllen. Denn sehr viele Steuerpflichtige haben Ausgaben, die sich von der Steuer absetzen lassen. Ob Krankheitskosten, Kinderbetreuung oder Werbungskosten, viele Posten können die Steuerlast verringern. Wer sich also die Mühe macht, bekommt vom Finanzamt zu viel gezahlte Steuern zurück. Wir stellen die wichtigsten Punkte in einer Steuererklärung übersichtlich vor und zeigen, wie Sie den Steuerbescheid prüfen und bei Bedarf Widerspruch einlegen können.

Im Kapitel „Sicher einkaufen und reisen" fassen wir Infografiken zusammen, bei denen es um Ihr Geld und Ihr Recht bei Konsum und Reisen geht – etwa die wichtigsten Finanzierungsmöglichkeiten für ein Auto, die Bezahlmöglichkeiten beim Onlineshopping oder Ihre Rechte beim Küchenkauf. Reisefans finden außerdem Informationen zur Entschädigung bei Verspätung von Zug und Flug.

Geld anlegen und sparen

Die richtige Geldanlage ist die Basis, mit der sich später finanzielle Wünsche erfüllen lassen: ob Traumreise, Haus oder Ersparnisse für Kinder und Enkel. Das Sparbuch, auf dem früher Geld gehortet wurde, oder die Lebensversicherung bringen heute aber kaum noch Gewinn. Es braucht andere Wege dafür.

Wichtig ist, die Finanzprodukte sorgfältig auszusuchen. Ein Notfallgroschen sollte zum Beispiel auf einem Tagesgeldkonto geparkt werden. Manche Banken in Europa versprechen dafür deutlich höhere Zinsen, als es sie hierzulande gibt. Doch nicht überall ist es sinnvoll, das Geld anzulegen. An Aktienanlagen trauen sich bislang nur etwa 13 Millionen Deutsche heran. Dabei sind sie das Mittel der Wahl, um der Inflation ein Schnippchen zu schlagen – auch wenn zwischendurch die Kurse wie in der Corona-Krise heftig abstürzen können. Bei einer langfristigen Anlage sind die Risiken

überschaubar. Deshalb sollten sich auch Anfänger aufs Börsenparkett wagen. Mit unserem Pantoffel-Portfolio und dem richtigen Produkt, nämlich klug gewählten ETF, lässt sich selbst mit einer kleinen monatlichen Sparrate ein schönes Polster anhäufen. Immer mehr Sparerinnen und Sparer legen Wert darauf, ihr Geld nachhaltig zu investieren. Einige Banken haben sich darauf spezialisiert, und auch die grünen Fonds und ETF boomen. Bei anderen alternativen Formen der Geldanlage sollte man jedoch vorsichtig sein. Investitionen etwa in Crowdfunding oder Windenergieparks bergen ein hohes Risiko.

Deutschland zusammengefasst

Der Dax steht repräsentativ für die Entwicklung des deutschen Aktienmarkts. Im Deutschen Aktienindex, wie er vollständig heißt, ist die Entwicklung der 40 größten deutschen Aktiengesellschaften zusammengefasst. Das größte Gewicht im Dax hatte Anfang 2023 Linde[1], gefolgt von SAP und Siemens. Wer mag, kann Einzelaktien kaufen, besser wäre ein Indexfonds – man spricht auch von ETF (siehe S. 14) – auf den Dax.

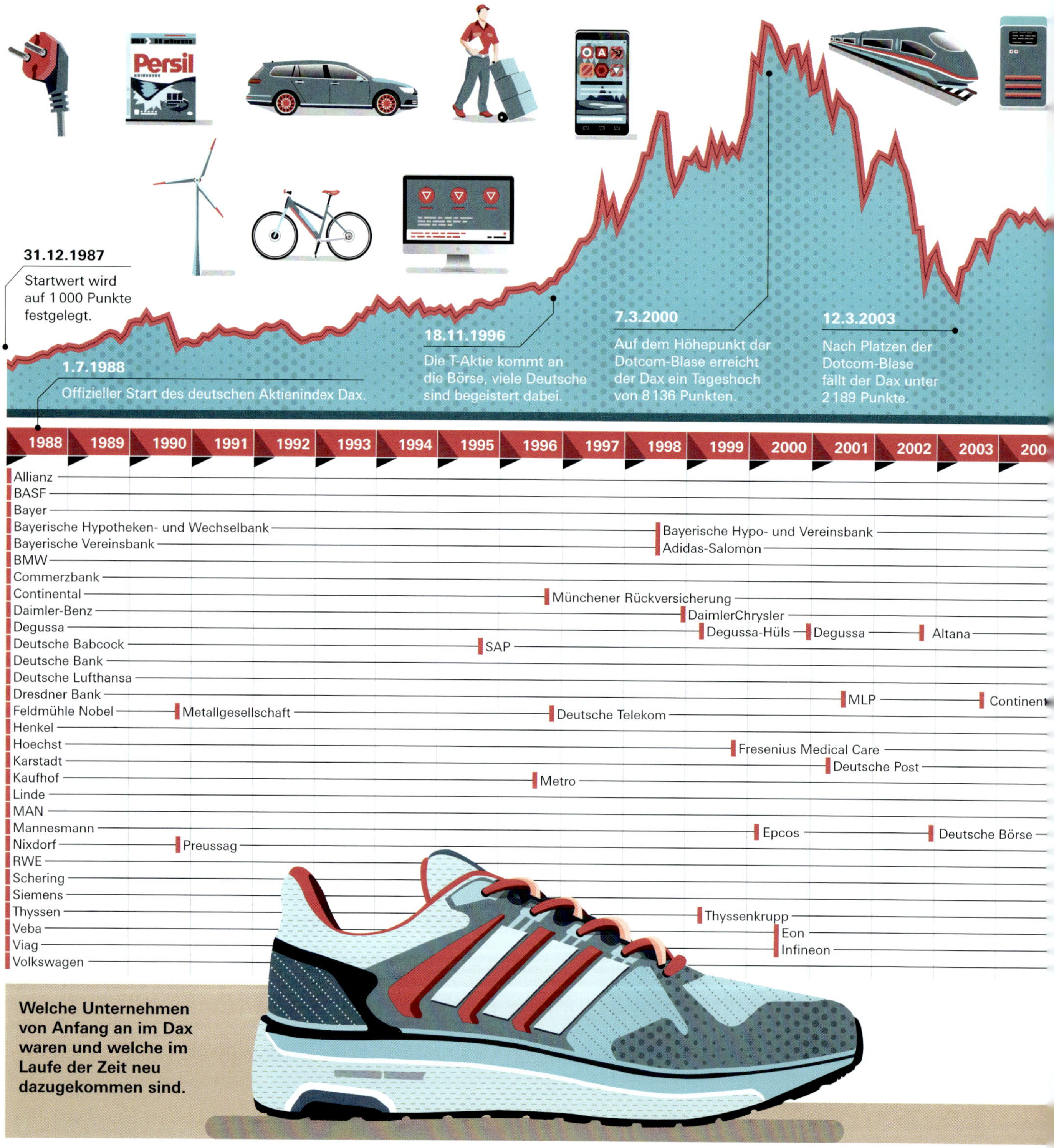

Welche Unternehmen von Anfang an im Dax waren und welche im Laufe der Zeit neu dazugekommen sind.

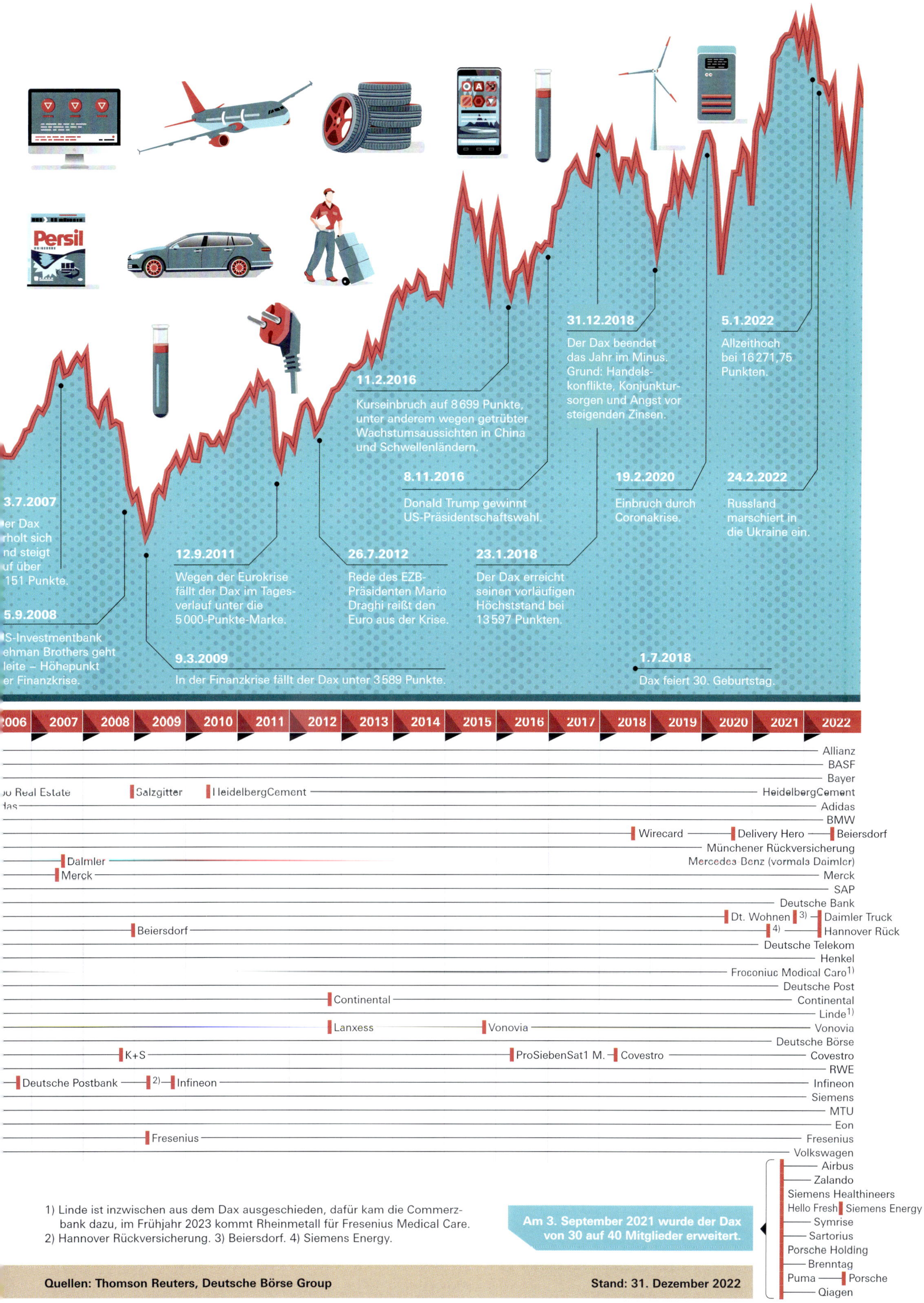

1) Linde ist inzwischen aus dem Dax ausgeschieden, dafür kam die Commerzbank dazu, im Frühjahr 2023 kommt Rheinmetall für Fresenius Medical Care.
2) Hannover Rückversicherung. 3) Beiersdorf. 4) Siemens Energy.

Quellen: Thomson Reuters, Deutsche Börse Group **Stand: 31. Dezember 2022**

Die Welt der Börsen

Deutsche Anleger können nicht nur hierzulande investieren, sondern in Unternehmen weltweit, die an anderen Börsen gelistet sind. Schaut man auf den Länderindex, den das Unternehmen MSCI für jeden Markt herausgibt, lässt sich die Wertentwicklung der börsennotierten Unternehmen des jeweiligen Landes in der Vergangenheit repräsentativ erfassen. Börsenhändler unterscheiden die Finanzmärkte in Industrienationen und Schwellenländer. Investitionen in Schwellenländer gelten meist als riskanter. Gerade in Krisenzeiten ist hier das Verlustrisiko höher als in Industrieländern. Allerdings ist die Chance auf Gewinne auch höher.

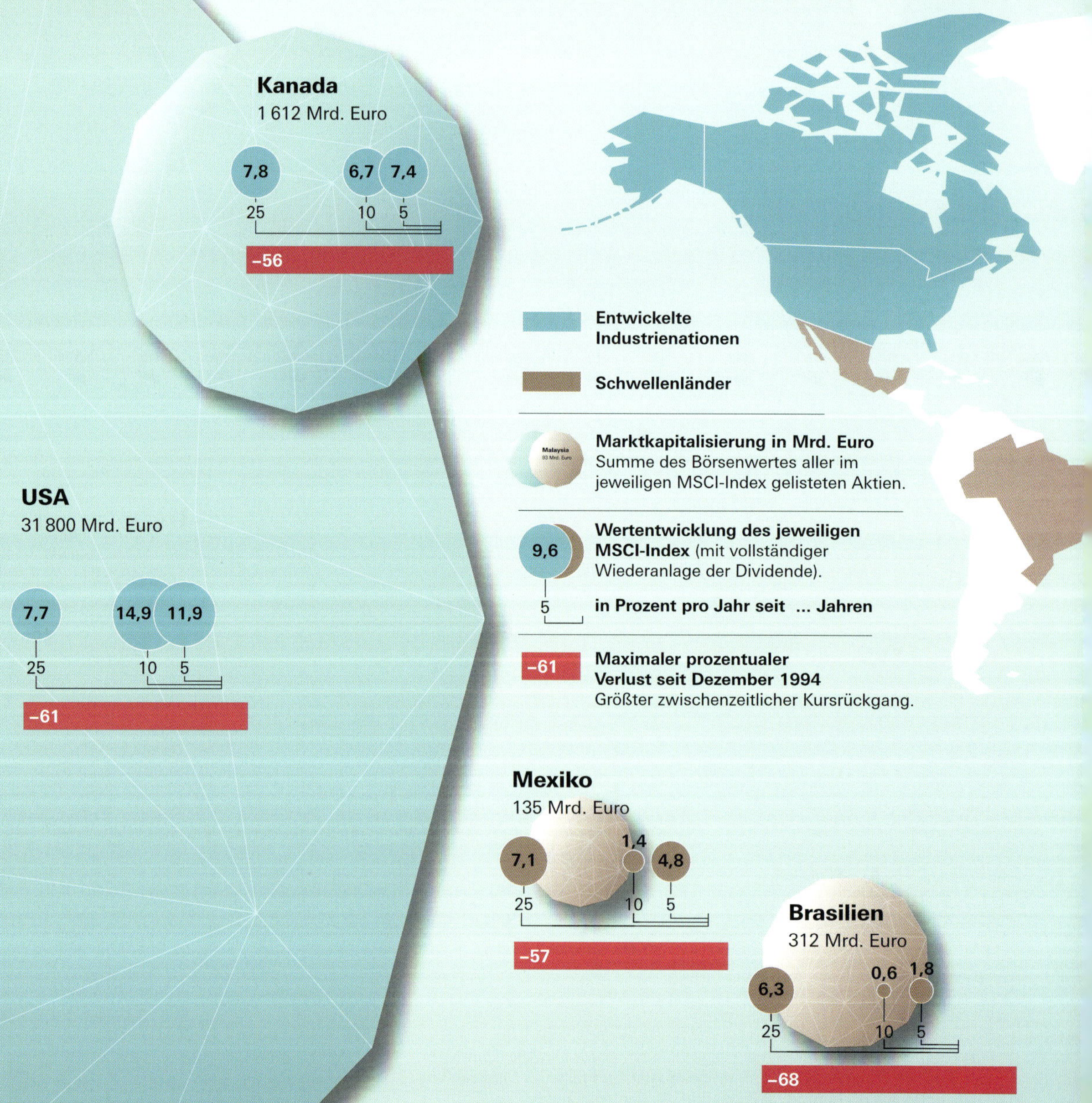

Quellen: Refinitiv, MSCI und eigene Berechnungen
Stand: 1. Januar 2023

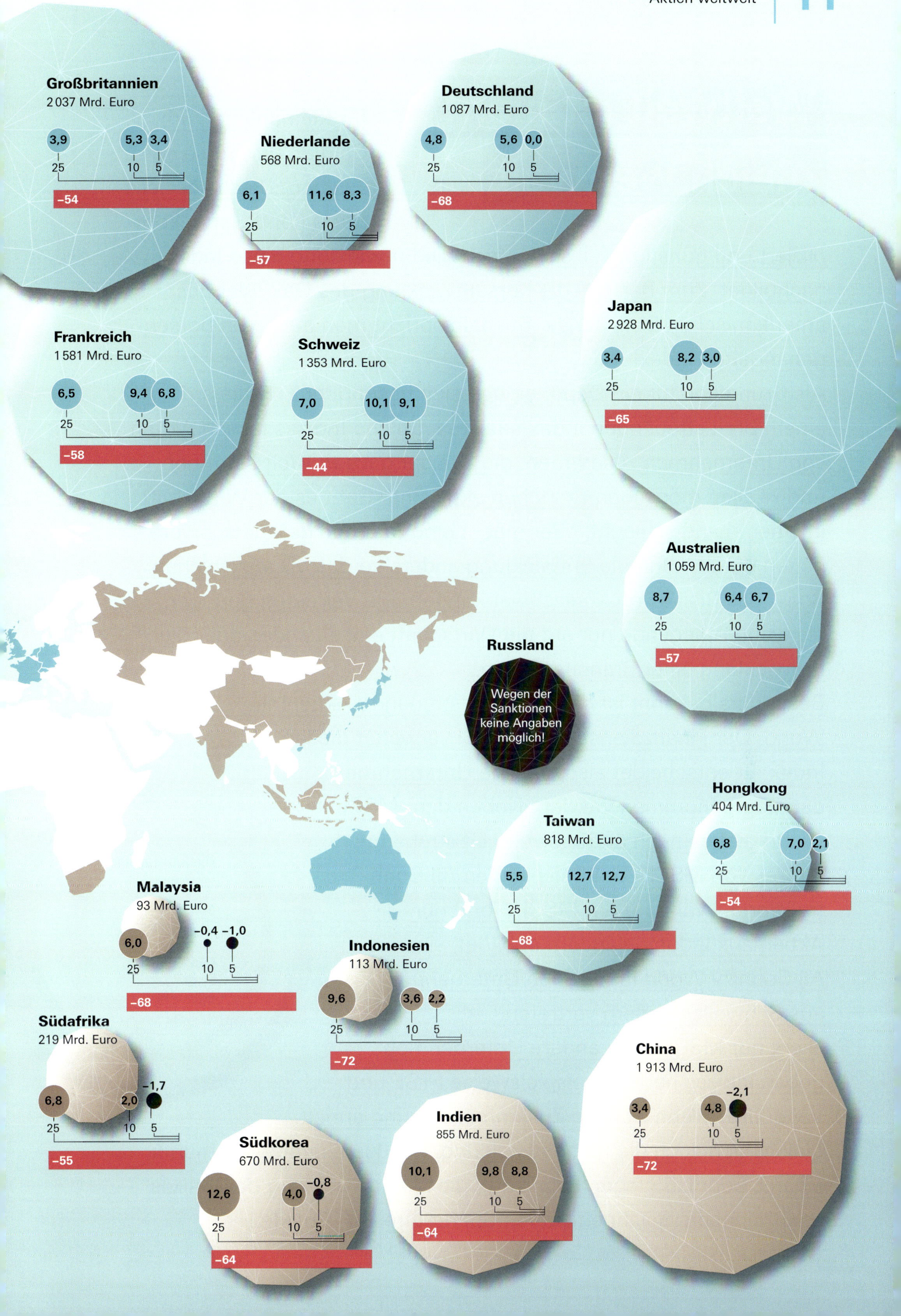
Großbritannien
2 037 Mrd. Euro
3,9
5,3
3,4
25
10
5
–54
Niederlande
568 Mrd. Euro
6,1
11,6
8,3
25
10
5
–57
Deutschland
1 087 Mrd. Euro
4,8
5,6
0,0
25
10
5
–68
Japan
2 928 Mrd. Euro
3,4
8,2
3,0
25
10
5
–65
Frankreich
1 581 Mrd. Euro
6,5
9,4
6,8
25
10
5
–58
Schweiz
1 353 Mrd. Euro
7,0
10,1
9,1
25
10
5
–44
Australien
1 059 Mrd. Euro
8,7
6,4
6,7
25
10
5
–57
Russland
Wegen der Sanktionen keine Angaben möglich!
Hongkong
404 Mrd. Euro
6,8
7,0
2,1
25
10
5
–54
Taiwan
818 Mrd. Euro
5,5
12,7
12,7
25
10
5
–68
Malaysia
93 Mrd. Euro
6,0
–0,4
–1,0
25
10
5
–68
Indonesien
113 Mrd. Euro
9,6
3,6
2,2
25
10
5
–72
Südafrika
219 Mrd. Euro
6,8
2,0
–1,7
25
10
5
–55
China
1 913 Mrd. Euro
3,4
4,8
–2,1
25
10
5
–72
Südkorea
670 Mrd. Euro
12,6
4,0
–0,8
25
10
5
–64
Indien
855 Mrd. Euro
10,1
9,8
8,8
25
10
5
–64

Weltweit ist nicht gleich weltweit

ETF eignen sich prima für Kleinanleger, um Geld an der Börse anzulegen. Diese spezielle Sorte Fonds ist unkompliziert und günstig, weil sie einfach die Entwicklung eines Index nachbildet. Zum Beispiel die Kursentwicklung des Dax oder des amerikanischen Dow Jones. Deshalb spricht man auch von börsengehandelten Indexfonds.

Als Grundlage für ein Depot eignen sich besonders ETF, die auf einem breit streuenden Index basieren. Solche Indizes fassen Aktien von Unternehmen zusammen, die aus der ganzen Welt stammen und in allen möglichen Branchen aktiv sind. Geht es der Wirtschaft in einem Land schlecht, oder macht eine Branche gerade schwere Zeiten durch, kann die Entwicklung anderswo das oft ausgleichen. So ist das Risiko von Kursschwankungen und Verlusten geringer, als wenn Anlegende nur auf die Wirtschaft eines Landes oder die Entwicklung einer Branche setzen.

Besonders bekannt ist der weltweit streuende Aktienindex MSCI World. Der Finanzdienstleister MSCI verwaltet diesen Index. Er entscheidet also, welche Unternehmen darin aufgenommen werden. Neben dem MSCI World gibt es noch andere weltweit streuende Indizes von MSCI, zum Beispiel den All Country World. Während der MSCI World nur Aktien aus Industrieländern abbildet, sind im All Country World Index auch Unternehmen aus Schwellenländern vertreten.

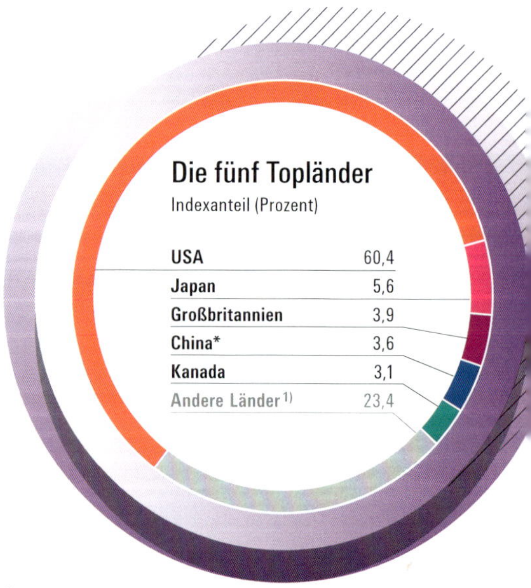

Nicht nur MSCI, auch andere Unternehmen geben Indizes heraus, beispielsweise FTSE und Vanguard. Wenn sich die Zusammensetzung ähnelt, gleicht sich auch die Kursentwicklung. Fondsanbieter wie Amundi, ishares oder UBS legen Fonds auf, die die Entwicklung der Indizes nachzeichnen. Bei ihnen kaufen Sparer ihre ETF-Anteile.

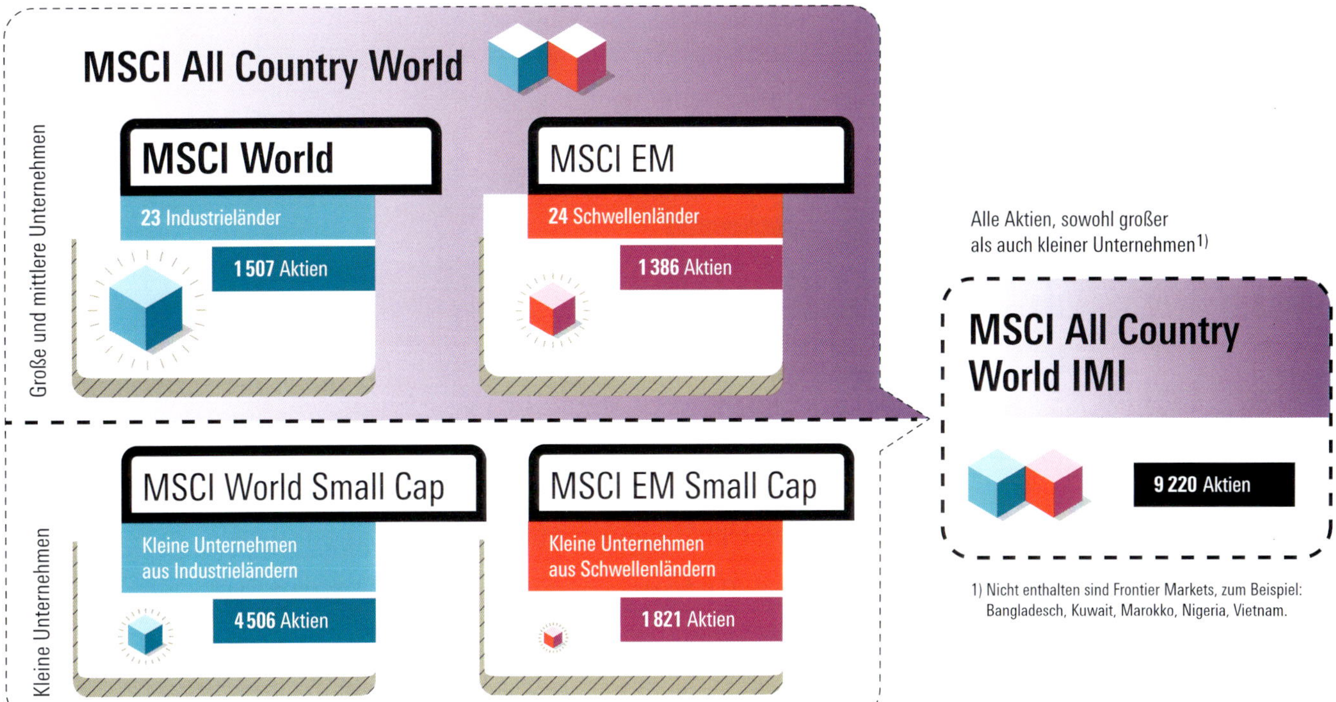

Quelle: MSCI, **Stand:** 1. Januar 2023

Alle Länder, alle Branchen. Die Grafik zeigt, wie sich der Weltaktienindex MSCI All Country World zusammensetzt. Bei anderen Weltindizes ist es ähnlich. Ausnahme: Der MSCI World enthält keine Schwellenländer.

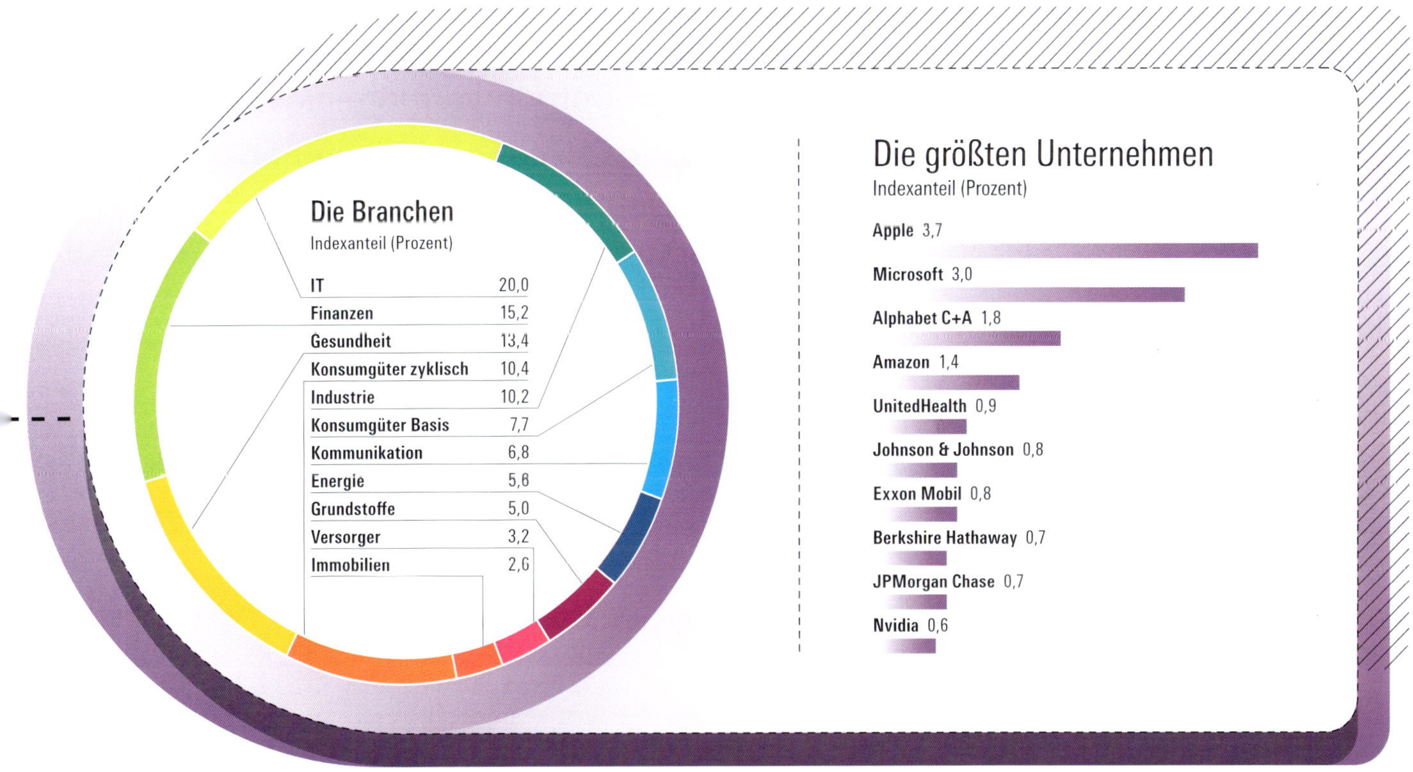

1) Alphabetisch geordnet: Ägypten*, Australien, Belgien, Brasilien*, Chile*, China*, Dänemark, Deutschland, Finnland, Frankreich, Griechenland*, Großbritannien, Hongkong, Indien*, Indonesien*, Irland, Israel, Italien, Japan, Kanada, Katar*, Kolumbien*, Kuwait*, Malaysia*, Mexiko*, Neuseeland, Niederlande, Norwegen, Österreich, Peru*, Philippinen*, Polen*, Portugal, Saudi Arabien*, Schweden, Schweiz, Singapur, Spanien, Südafrika*, Südkorea *, Taiwan, Thailand*, Tschechien*, Türkei*, Ungarn*, USA, Vereinigte Arabische Emirate*.
* = Schwellenland

Quelle: MSCI, **Stand:** 1. Januar 2023

Einen kleinen Teil der Welt kaufen

Die Börse ist nicht nur etwas für Profis. Mit einem ETF-Sparplan können auch Anfängerinnen und Anfänger mit kleinen Beträgen regelmäßig Aktien kaufen und so ein Vermögen aufbauen. Einige Banken bieten Sparpläne schon ab 25 oder 50 Euro im Monat an. Wer in einen Welt-Index investiert, kauft also monatlich kleine Anteile an etwa 1 500 Unternehmen. Die Sparpläne sind flexibel, denn Sie können sie jederzeit unterbrechen, aufstocken oder verkaufen. Allerdings sollten Sie das Geld nicht kurzfristig benötigen, damit Sie nicht in Krisenzeiten Anteile verkaufen müssen. Wer von seinem Betrieb vermögenswirksame Leistungen (VL) erhält (siehe S. 36), kann auch die in einen Sparplan stecken.

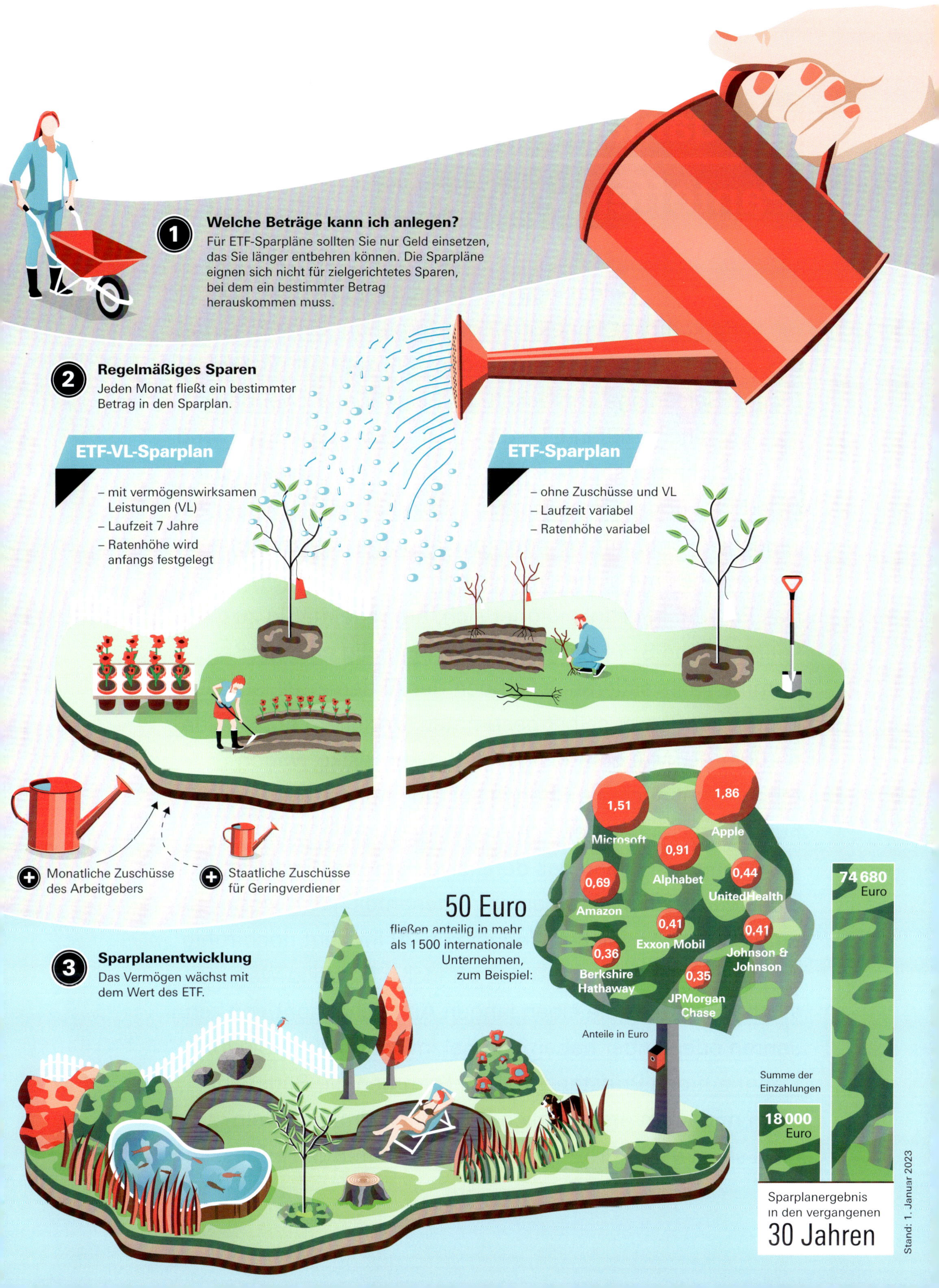

1 Welche Beträge kann ich anlegen?
Für ETF-Sparpläne sollten Sie nur Geld einsetzen, das Sie länger entbehren können. Die Sparpläne eignen sich nicht für zielgerichtetes Sparen, bei dem ein bestimmter Betrag herauskommen muss.
2 Regelmäßiges Sparen
Jeden Monat fließt ein bestimmter Betrag in den Sparplan.
ETF-VL-Sparplan
– mit vermögenswirksamen Leistungen (VL)
– Laufzeit 7 Jahre
– Ratenhöhe wird anfangs festgelegt
ETF-Sparplan
– ohne Zuschüsse und VL
– Laufzeit variabel
– Ratenhöhe variabel
Monatliche Zuschüsse des Arbeitgebers
Staatliche Zuschüsse für Geringverdiener
3 Sparplanentwicklung
Das Vermögen wächst mit dem Wert des ETF.
50 Euro
fließen anteilig in mehr als 1 500 internationale Unternehmen, zum Beispiel:
1,51 Microsoft
1,86 Apple
0,91 Alphabet
0,69 Amazon
0,44 UnitedHealth
0,41 Exxon Mobil
0,41 Johnson & Johnson
0,36 Berkshire Hathaway
0,35 JPMorgan Chase
Anteile in Euro
Summe der Einzahlungen
18 000 Euro
74 680 Euro
Sparplanergebnis in den vergangenen 30 Jahren
Stand: 1. Januar 2023

Mehr zum Thema → Seite 203

Geldanlage mit Pantoffel-Strategie

Auch wenn die Geldanlage in ETF unkompliziert ist, sollten Sie nicht komplett ohne Strategie vorgehen. Finanztest hat das Pantoffel-Portfolio als einfaches Konzept für die langfristige Geldanlage entwickelt. Es besteht aus zwei Bausteinen: einem Aktien-ETF, der für Rendite sorgen soll, und einem Sicherheitsbaustein aus Zinsanlagen, der das Risiko abfedert. Für den Sicherheitsbaustein kommt entweder ein Tagesgeldkonto infrage oder (bei längeren Laufzeiten) ein Rentenfonds mit sicheren Anleihen.

Das Pantoffel-Portfolio eignet sich, um regelmäßig zu sparen (siehe S. 14) oder auch um einmalig eine größere Summe zu investieren. Wie hoch der Aktienanteil ist, das kann jeder Sparer selbst bestimmen. Vor allem entscheidet darüber der Mut zum Risiko. Wer mehr Risiko wagen möchte, hat auch die Chance auf eine höhere Rendite. Für die meisten eignet sich die ausgewogene Variante. Vorsichtigere wählen das defensive Pantoffel-Portfolio, das einen vergleichsweise kleinen Aktienanteil hat. Wer bei einem zwischenzeitlichen Verlust von 30 Prozent noch ruhig zu schlafen vermag, kann das offensive Portfolio wählen. Wichtig ist, dass Sie einen langen Anlagehorizont von zehn Jahren oder länger haben. Einmal im Jahr sollten Sie Ihr Depot auf den Prüfstand stellen: Stimmen die Bausteine noch mit Ihrem ursprünglich gewählten Profil überein? Falls sie etwa 20 Prozent abweichen, sollten Sie anpassen.

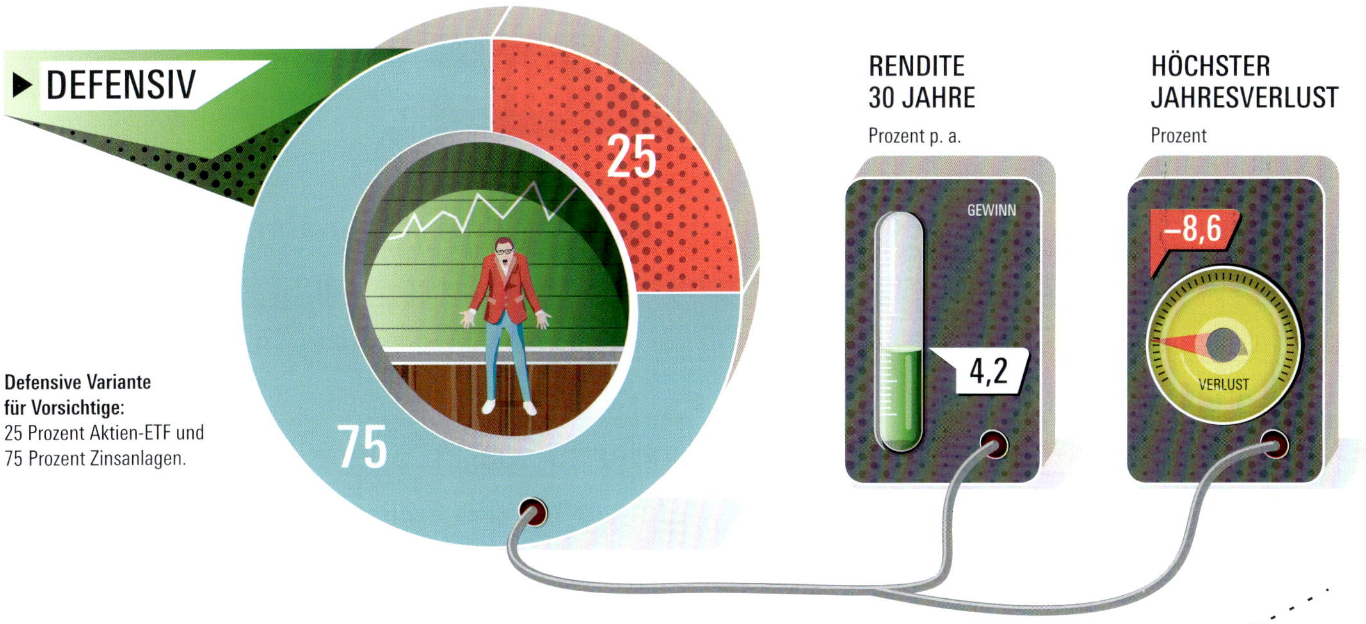

Defensive Variante für Vorsichtige:
25 Prozent Aktien-ETF und 75 Prozent Zinsanlagen.

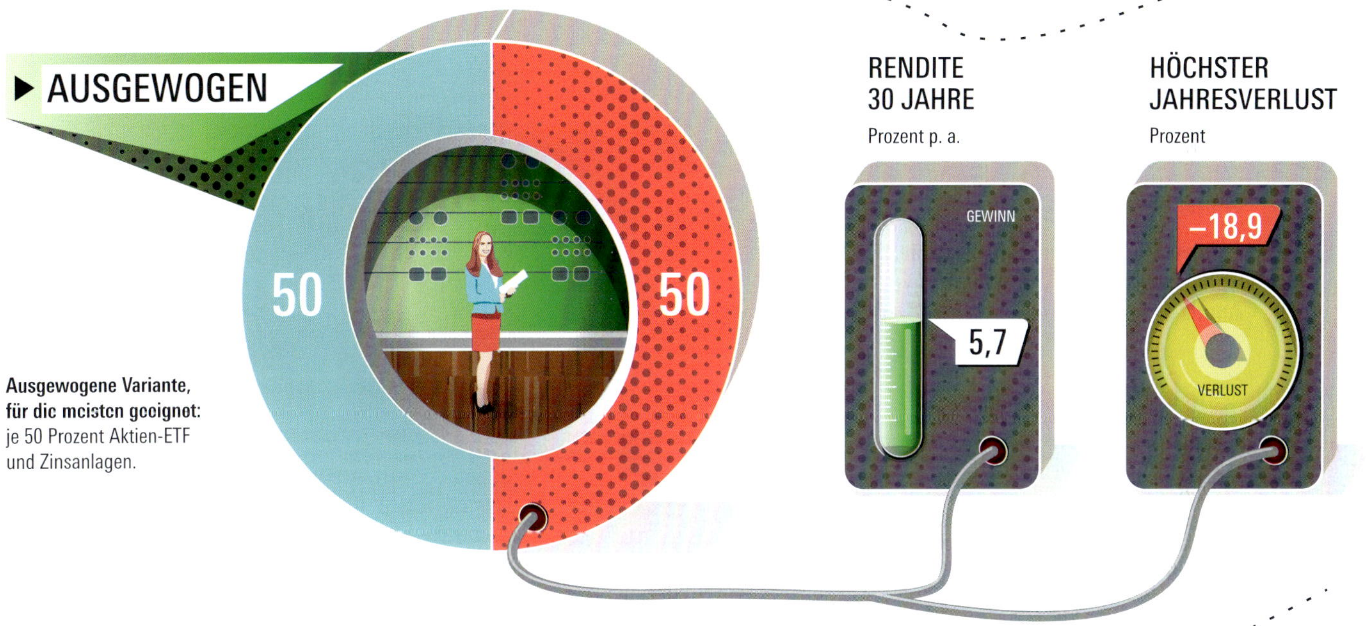

Ausgewogene Variante, für die meisten geeignet:
je 50 Prozent Aktien-ETF und Zinsanlagen.

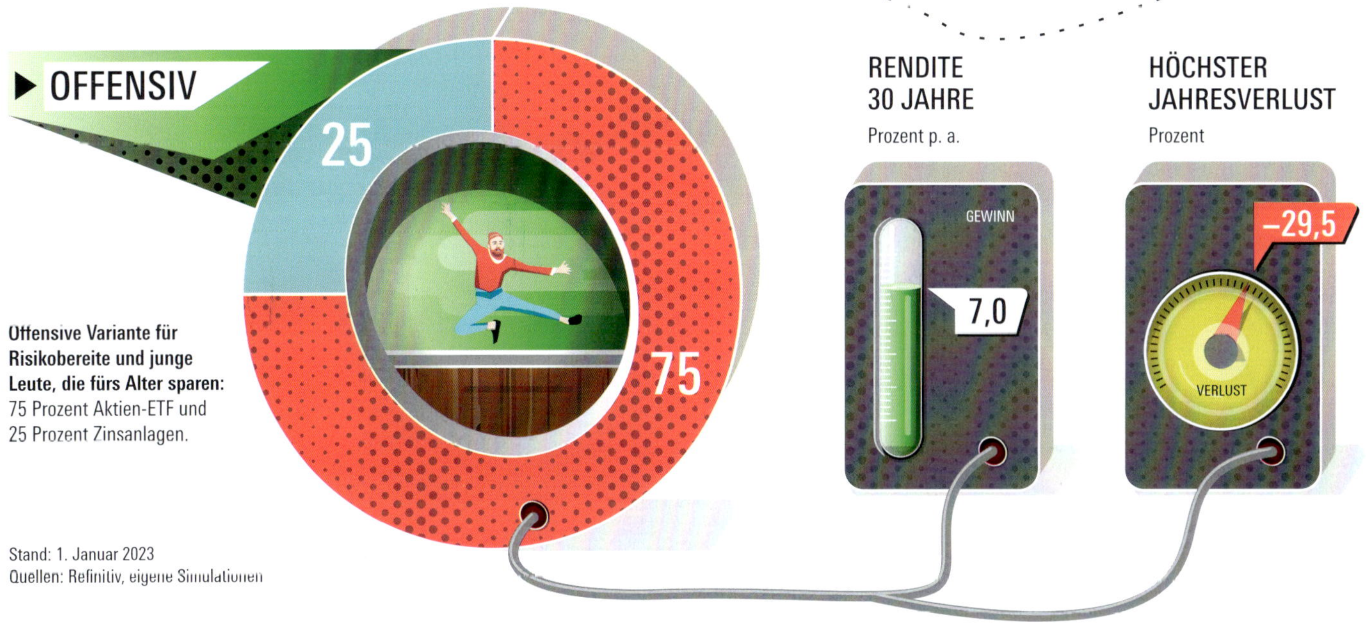

Offensive Variante für Risikobereite und junge Leute, die fürs Alter sparen:
75 Prozent Aktien-ETF und 25 Prozent Zinsanlagen.

Stand: 1. Januar 2023
Quellen: Refinitiv, eigene Simulationen

Ein Portfolio für alle Fälle

Das Pantoffel-Portfolio ist für die langfristige Geldanlage gedacht, denn dann können Sie mögliche Crashs aussitzen. Junge Leute können etwa mit einem Sparplan schon früh beginnen, Geld fürs Alter beiseitezulegen, das später die Rente aufstocken soll. Aber es eignet sich auch, um für die Ausbildung der Kinder zu sparen oder sich zwischendurch Wünsche zu erfüllen, solange für die Geldanlage

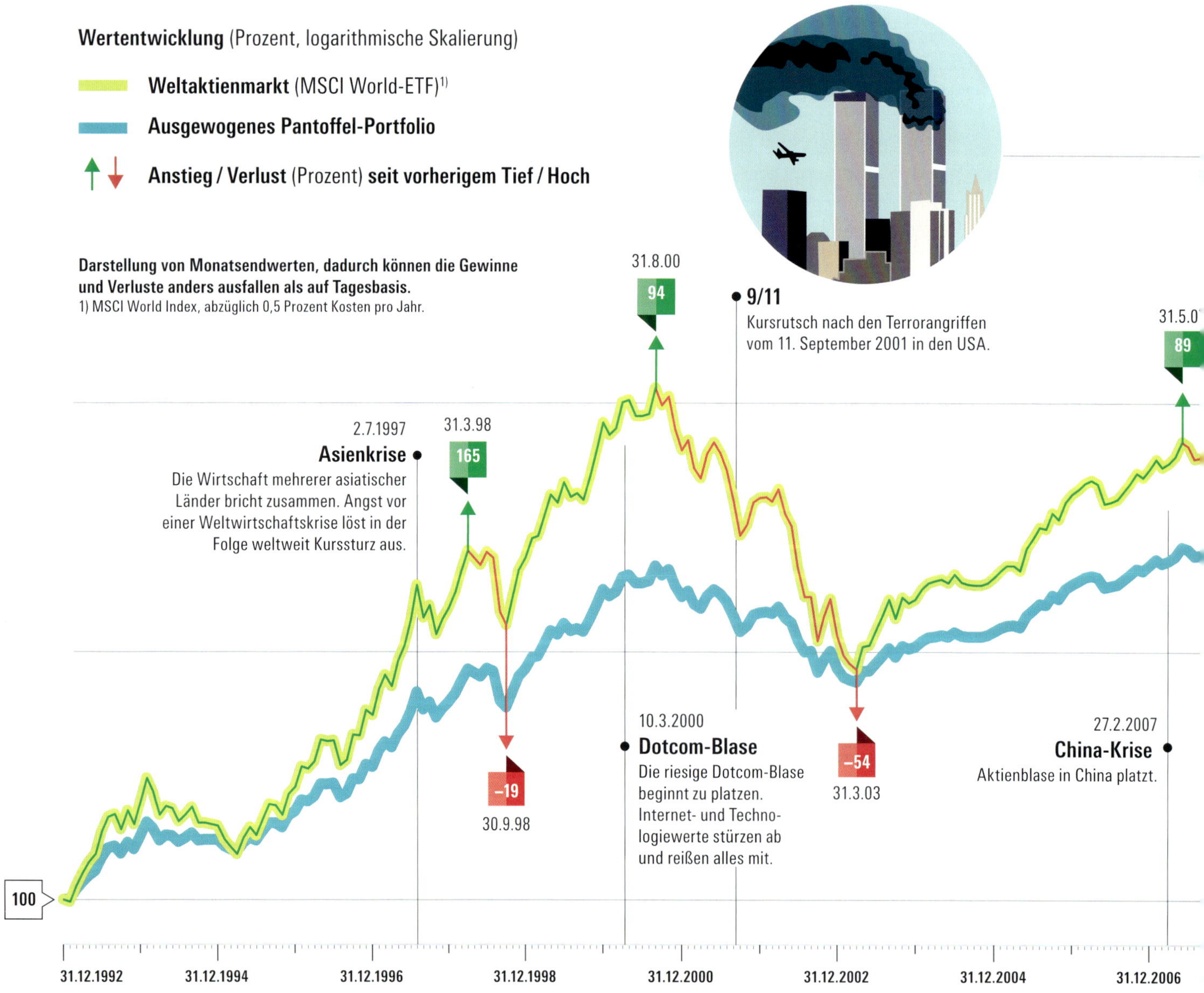

mehr als zehn Jahre Zeit bleiben. Auch als zusätzliche Rente lässt es sich nutzen. Mit dem Sicherheitsbaustein federt das Pantoffel-Portfolio Verluste durch Börsencrashs ab. In guten Börsenzeiten schlägt der Gewinn allerdings auch nicht ganz so stark aus wie bei einem reinen Aktieninvestment. Doch die Rendite kann sich sehen lassen. Sie ist deutlich besser als die Zinsen, die es derzeit anderswo gibt.

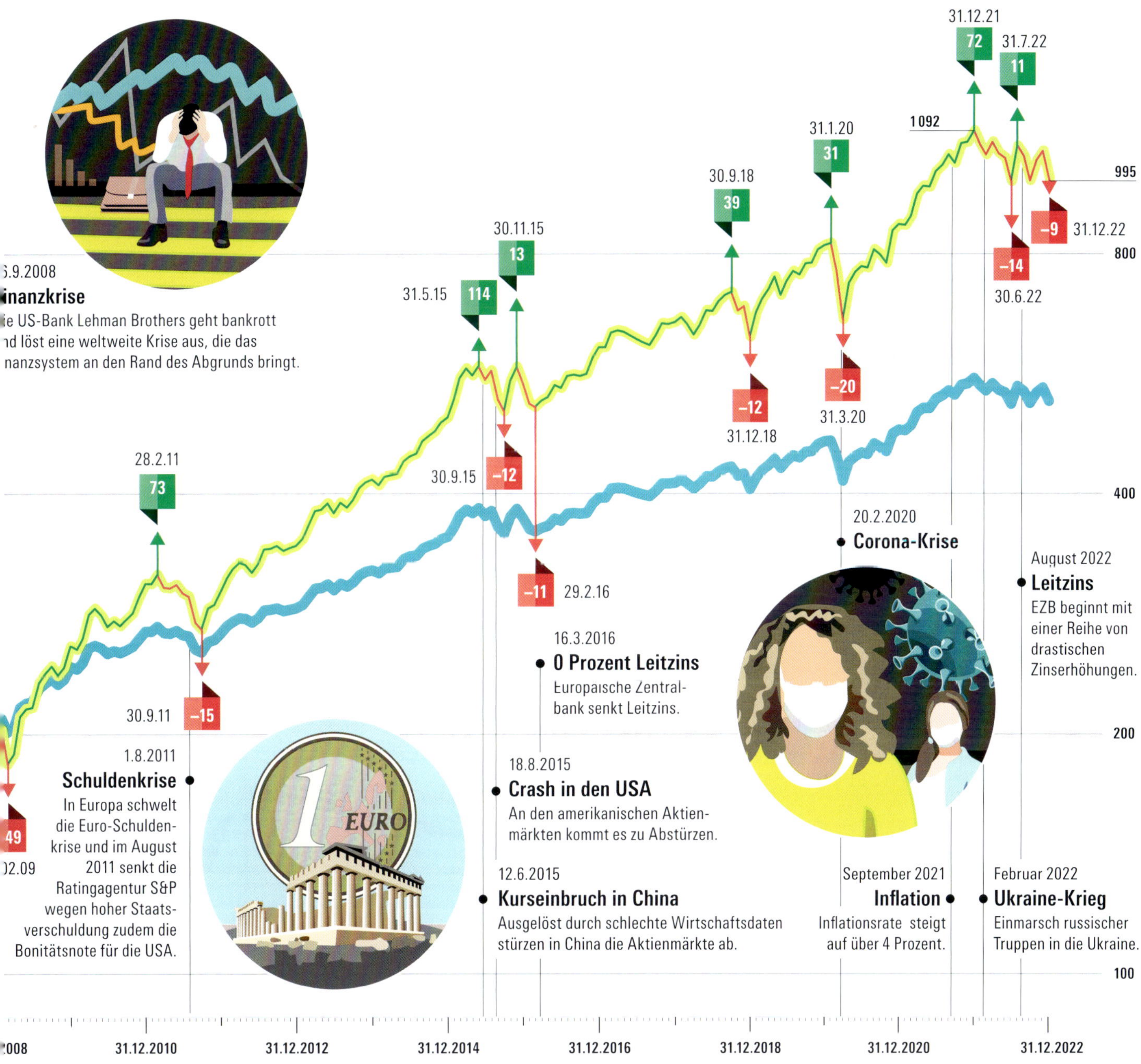

Quellen: Refinitiv, eigene Berechnungen **Zeitraum:** 1. Januar 1993 bis 1. Januar 2023

Sparplan: Das wäre aus 200 Euro monatlich geworden

Wer einen langen Anlagehorizont hat, kann Krisen an der Börse ganz gelassen aussitzen. In den letzten 30 Jahren brachte ein Pantoffel-Portfolio, in das monatlich 200 Euro flossen, ordentlich Rendite. Einzahlungen auf das Sparbuch allein konnten da bei Weitem nicht mithalten, auch wenn das in Krisenzeiten keine Verluste hatte. Zwar schnitt eine reine Investition in Aktien-ETF noch besser ab als das Pantoffel-Portfolio, doch in schlechten Zeiten war der Verlust auch deutlich größer. Der Baustein Tagesgeld in unserer Anlagestrategie bringt die nötige Sicherheit.

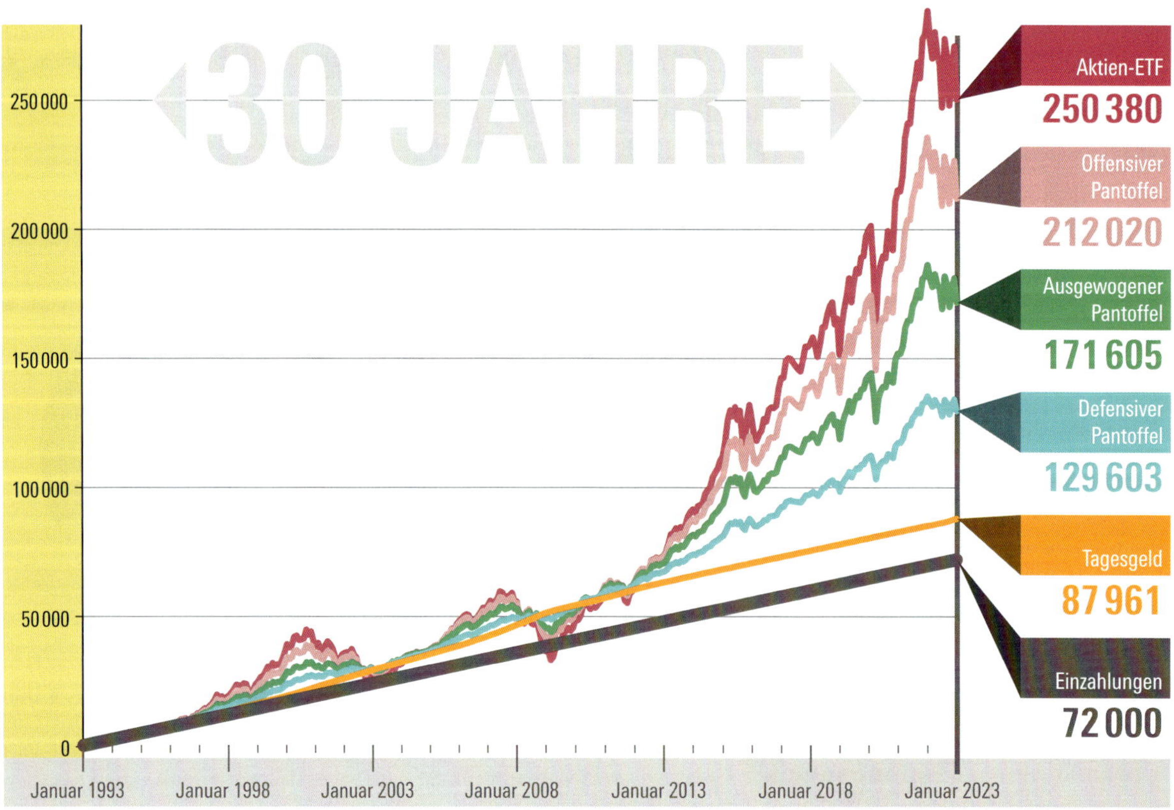

Einmalanlage: Das wäre aus 100 000 Euro geworden

Die Pantoffel-Strategie funktioniert auch mit einer Einmalanlage. Wer etwas Geld beiseitegelegt hat, kann es auf einen Schlag nach der Pantoffel-Strategie anlegen und dann einfach liegen lassen. Nur ab und zu sollte, falls nötig, das Geld umgeschichtet werden, damit die Anteile an Aktien und Tagesgeld noch zum gewählten Portfolio passen. Im Ergebnis zeigt sich ein ähnliches Bild wie bei einem Sparplan: Je höher der Aktienanteil, desto höher der Gewinn – trotz Krisenzeiten zwischendurch. Für das offensive Pantoffel-Portfolio braucht es bei Verlusten aber schon gute Nerven.

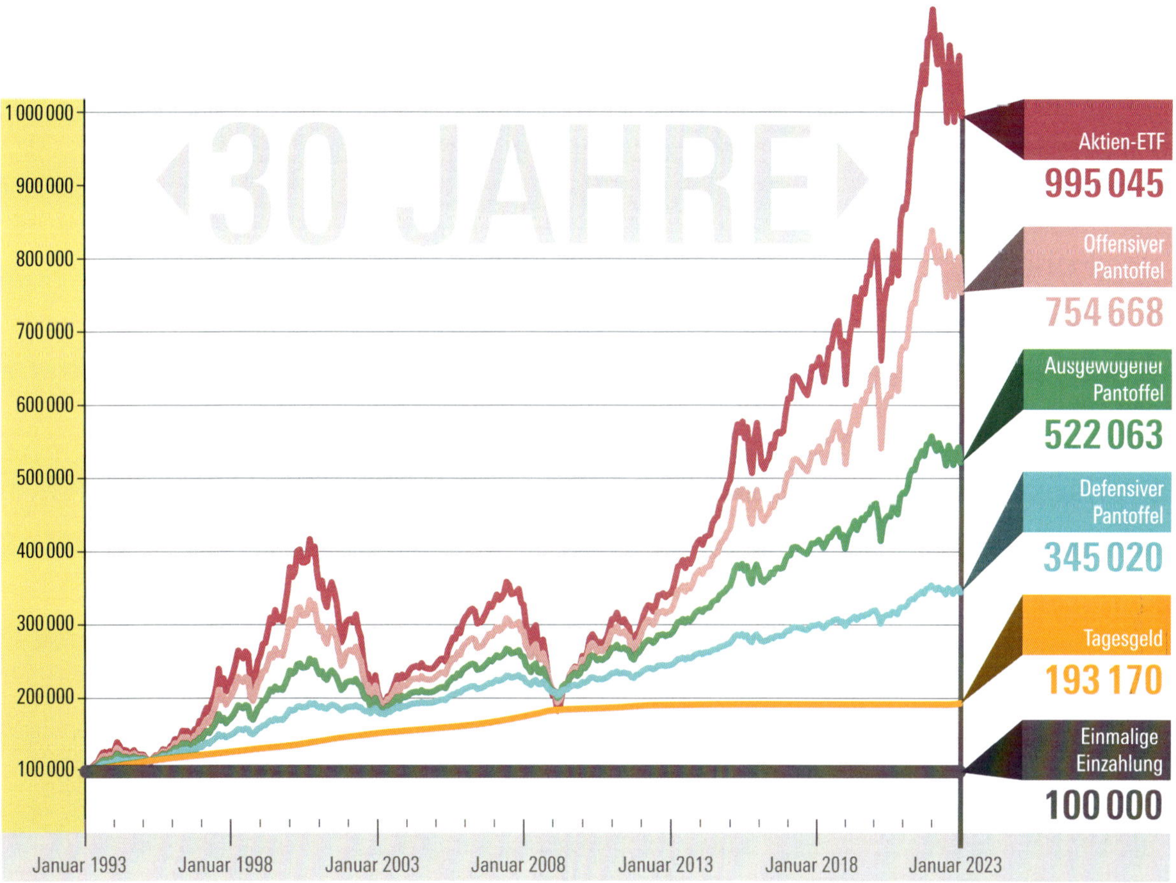

Stand: 1. Januar 2023, Quellen: Refinitiv, eigene Simulationen

Kosten schmälern den Gewinn

ETF erleben zwar gerade einen Boom, aber bei den meisten hierzulande verkauften Investmentfonds handelt es sich nach wie vor um aktiv gemanagte Produkte. Wer solche Fonds im Depot hat, muss nicht nur deren Fondsmanagement finanzieren, sondern bezahlt auch regelmäßig für Vertrieb und Verwaltung. Die laufenden Kosten werden direkt aus dem Fondsvermögen abgezogen. Sie betragen bei Aktienfonds oft etwa 1,5 Prozent pro Jahr oder sogar mehr. ETF sind deutlich günstiger, weil sie ohne aktives Management auskommen. Ihre Kosten liegen in der Regel zwischen 0,1 und 0,5 Prozent pro Jahr. Da die meisten Managementteams es nicht schaffen, ihren Vergleichsindex zu übertreffen, bringen ETF sogar bessere Renditen als das Gros der gemanagten Fonds.

Zusätzlich fallen bei allen Fonds – aktiv wie passiv – für Kauf und Verwahrung der Anteile noch Gebühren an, die die Bank, der Fondsvermittler oder die Fondsgesellschaft erhält.

Ein günstiges Depot minimiert die Kosten. Einige Banken bieten außerdem ausgewählte Sparpläne zumindest zeitweise ohne Ausgabeaufschlag, eine Art Kaufgebühr, an. Ganz ohne Kaufkosten bekommt man viele ETF bei sogenannten Neobrokern, die nur übers Smartphone zu erreichen sind.

Bankberater verkaufen lieber aktiv gemanagte Fonds als ETF, weil die Banken daran besser verdienen. Lassen Sie sich nicht dazu überreden, einen aktiv gemanagten Fonds zu kaufen, wenn Sie einen ETF erwerben möchten.

Mehr zum Thema → Seite 203

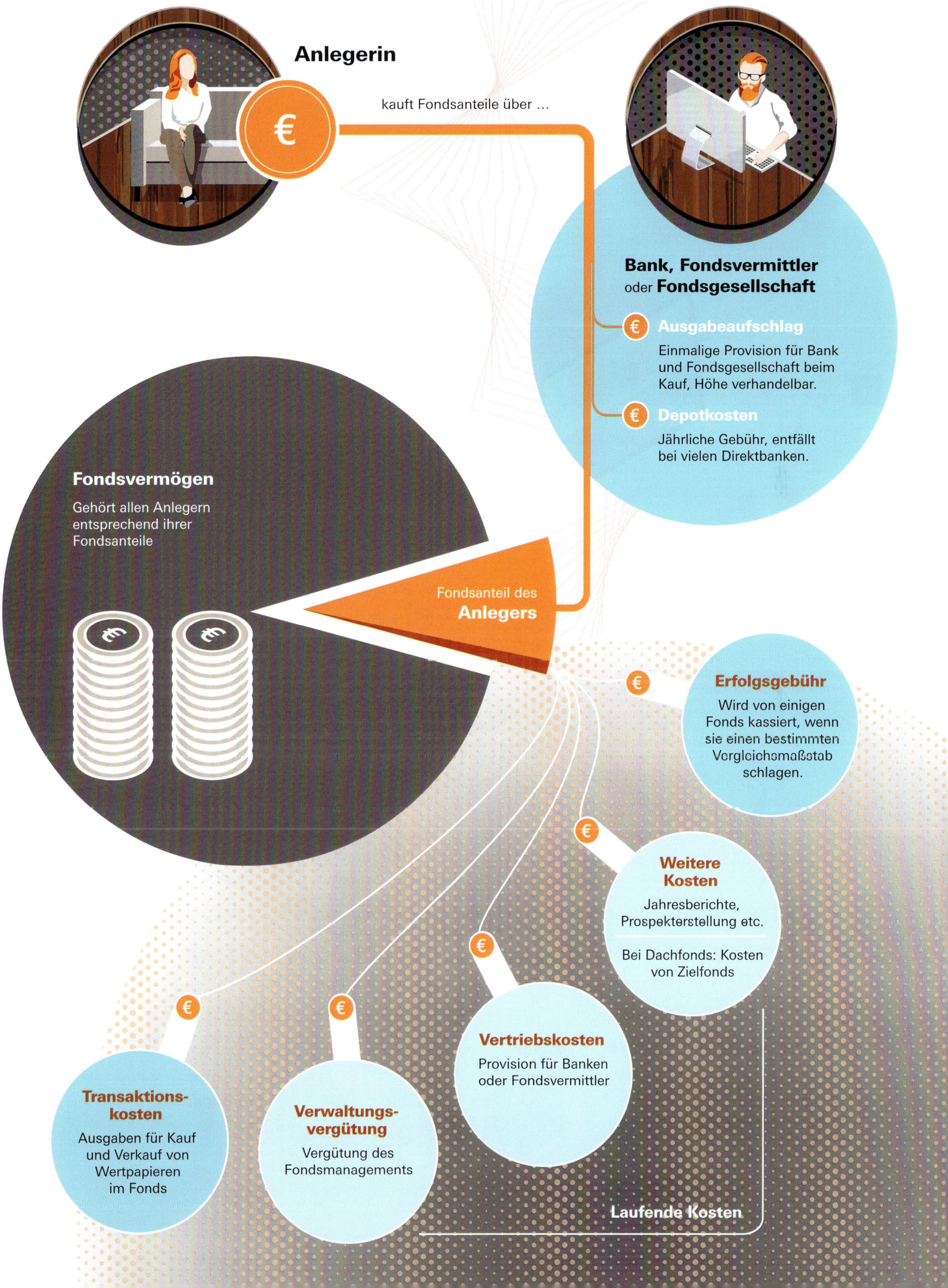
Anlegerin
kauft Fondsanteile über …
Bank, Fondsvermittler oder Fondsgesellschaft
Ausgabeaufschlag
Einmalige Provision für Bank und Fondsgesellschaft beim Kauf, Höhe verhandelbar.
Depotkosten
Jährliche Gebühr, entfällt bei vielen Direktbanken.
Fondsvermögen
Gehört allen Anlegern entsprechend ihrer Fondsanteile
Fondsanteil des Anlegers
Erfolgsgebühr
Wird von einigen Fonds kassiert, wenn sie einen bestimmten Vergleichsmaßstab schlagen.
Weitere Kosten
Jahresberichte, Prospekterstellung etc.
Bei Dachfonds: Kosten von Zielfonds
Vertriebskosten
Provision für Banken oder Fondsvermittler
Verwaltungsvergütung
Vergütung des Fondsmanagements
Transaktionskosten
Ausgaben für Kauf und Verkauf von Wertpapieren im Fonds
Laufende Kosten

Streng ausgewählt

Allein in Deutschland gibt es etwa 2 600 ETF, dazu kommt noch eine riesige Zahl an aktiv gemanagten Fonds. Um hier die richtige Wahl für den Vermögensaufbau zu treffen, braucht es ein gutes Leitsystem. Finanztest untersucht regelmäßig mehr als 20 000 Fonds und ETF, um Empfehlungen aussprechen zu können. Marktbreite ETF erhalten die Bewertung „1. Wahl“. Sie bilden, bezogen auf ihre Fondsgruppe, den Markt in seiner ganzen Breite ab. Auch marktähnliche nachhaltige ETF erhalten von Finanztest die „1. Wahl“-Auszeichnung.

Mehr zum Thema → Seite 203

Aktive Fonds und ETF, die nicht markttypisch sind, bewerten wir nach einem Punktesystem: Wir vergleichen dazu das Chance-Risiko-Verhältnis eines Fonds mit dem seiner Benchmark. Schneidet ein Fonds genauso gut ab wie der Index, liegt die Chance-Risiko-Zahl bei 100 Prozent. Fonds mit zu geringen Chancen oder zu hohen Risiken werten wir ab. Fondskosten sind bei der Bewertung berücksichtigt.

Chance-Risiko-Zahl	Punktebewertung	Chance-Risiko-Verhältnis des Fonds
Ab 105	●●●●●	Besser als der Markt
105 bis 95	●●●●○	Ähnlich wie der Markt
95 bis 85	●●●○○	Etwas schlechter
85 bis 75	●●○○○	Merklich schlechter
Kleiner 75	●○○○○	Erheblich schlechter

Markttypische ETF erhalten die Bewertung **1. Wahl** – unabhängig von ihrer Chance-Risiko-Zahl.

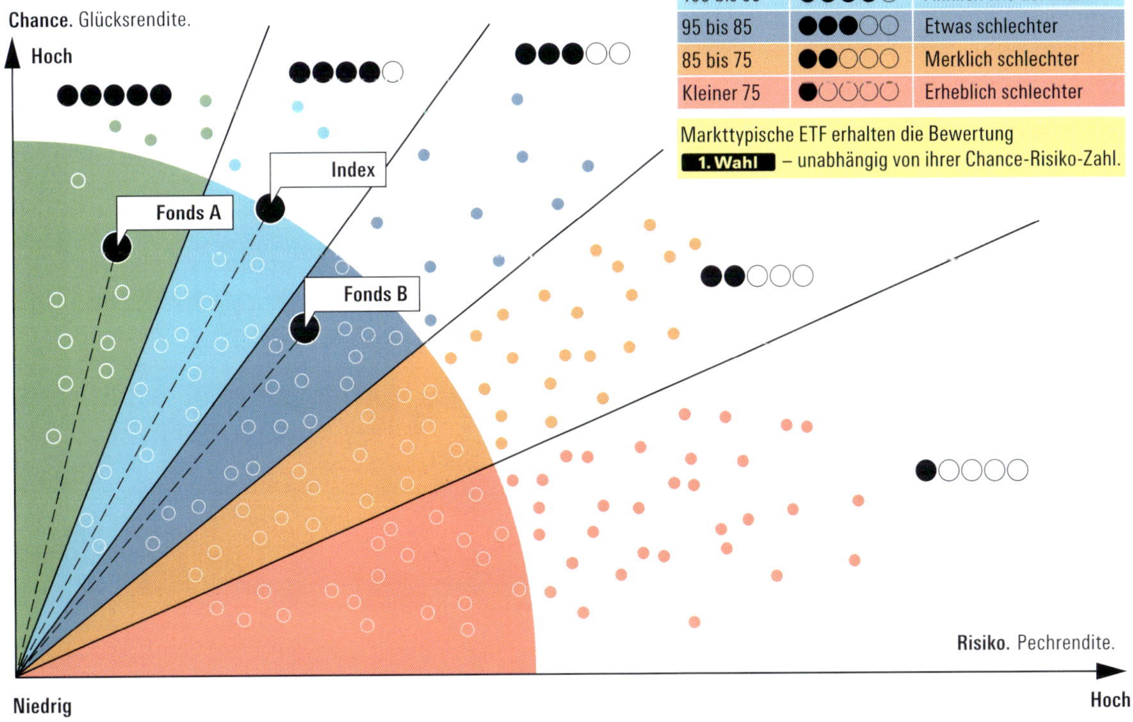

ETF-Kauf für Einsteiger

Um ETF zu kaufen, brauchen Sie ein Depot. Günstige Angebote gibt es bei Direktbanken und Neobrokern. Die Einrichtung ist recht unkompliziert. Wer regelmäßig Geld anlegt, muss bei der Bank einen Sparplan einrichten.

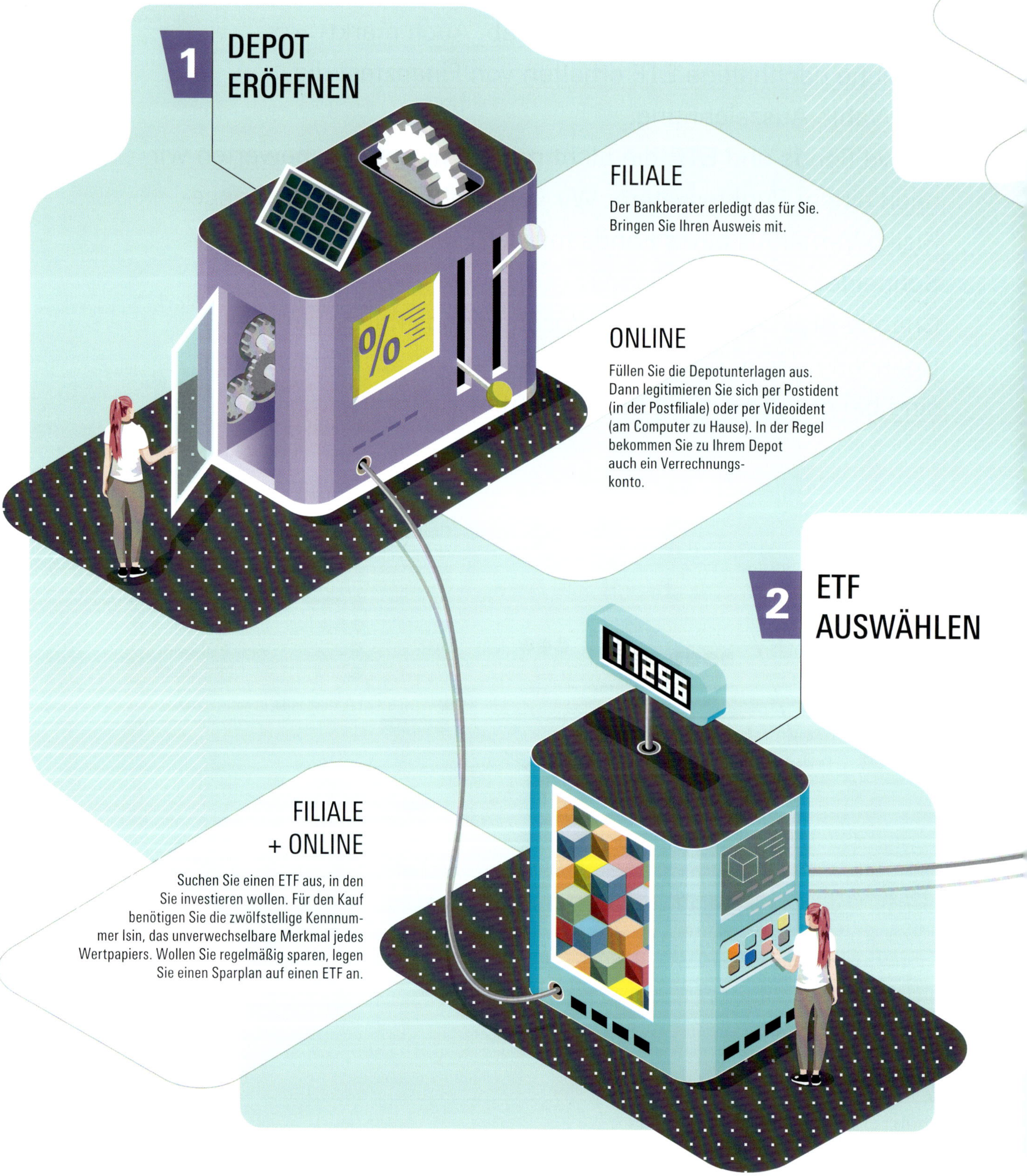

3 SPARPLAN ANLEGEN

FILIALE

Fragen Sie, ob Ihre Bank ETF-Sparpläne anbietet. Es gibt nur wenige, die das tun.

ONLINE

Wenn Sie ein Depot haben, können Sie den Sparplan bequem am Computer von zu Hause aus abschließen. Geben Sie die Isin des ETF ein, den gewünschten Sparbetrag und den Turnus, in dem Sie sparen wollen. Das Geld wird entweder vom Verrechnungskonto oder von Ihrem Girokonto abgebucht.

ODER

Mehr zum Thema → Seite 203

3 BÖRSENORDER AUFGEBEN

FILIALE

Nennen Sie Ihrem Berater den ETF, den Sie kaufen wollen, und die gewünschte Anlagesumme.

ONLINE

Legen Sie zunächst die Stückzahl fest. Beim Börsenkauf können Sie keine Beträge eingeben, sondern müssen sich für eine Zahl von Fondsanteilen entscheiden. Mit 1 000 Euro können Sie 40 Anteile à 25 Euro kaufen (ohne Kosten). Entscheiden Sie sich für einen Börsenplatz, zum Beispiel Stuttgart oder Xetra. Setzen Sie ein Limit in der Nähe des an der Börse gehandelten Kurses, damit Sie nicht zu viel bezahlen. Als Käufer ist für Sie der Briefkurs relevant: je niedriger, desto besser.

4 ETF-ANTEILE VERKAUFEN

FILIALE

Sagen Sie Ihrem Berater, welchen ETF und wie viele Anteile genau Sie verkaufen wollen.

ONLINE

Gleich, ob es sich um einen Sparplan oder eine Einmalanlage handelt – wenn Sie ETF-Anteile verkaufen wollen, müssen Sie eine Börsenorder aufgeben. Das funktioniert ähnlich wie beim Kauf, allerdings ist jetzt der Geldkurs relevant. Hier gilt: je höher, desto besser. Beim Sparplan können Sie aufhören einzuzahlen und die Anteile erst später verkaufen.

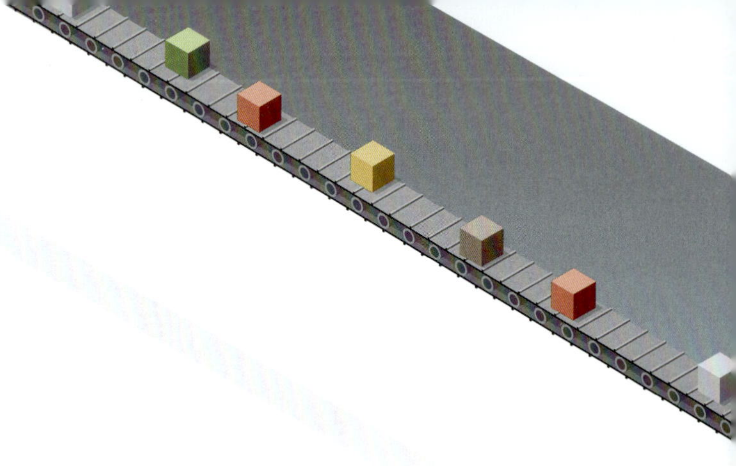

Wirklich grüne Fonds

Umweltschutz, Klima und Menschenrechte sind Anlegenden immer wichtiger. Nachhaltige Fonds und ETF verzeichnen deshalb eine große Nachfrage. Seit August 2022 müssen Anlageberater ihre Kundinnen und Kunden außerdem fragen, wie ihre Präferenzen in dem Bereich sind. Für Sie als Laie ist es allerdings schwierig zu beurteilen, ob als grün beworbene Finanzprodukte das Geld wirklich in nachhaltige Unternehmen investieren. Die gängigen ESG-Kriterien, die für Umwelt, Soziales und gute Unternehmensführung stehen, sind keine verbindliche Richtschnur. Wie Fondsanbieter diese auslegen und was bei ihnen deshalb als nachhaltig gilt, bestimmen sie weitgehend selbst. Abhängig von den Anlagekriterien kann deshalb zum Beispiel ein Unternehmen als „grün" eingestuft werden, obwohl es sein Geld zu einem nicht unerheblichen Teil mit Öl oder Kohle verdient. Wer das ausschließen möchte, muss sich deshalb die Anlagerichtlinien eines Fonds genauer ansehen. Die Stiftung Warentest macht das und bewertet anhand von mehr als 100 Fragen, wie streng die Auswahlkriterien der Fonds sind. Sie finden in unserer Fondsdatenbank außer der Bewertung für den Anlageerfolg auch eine Note für die Nachhaltigkeit und dazu die wichtigsten Tabukriterien.

Mehr zum Thema → Seite 203

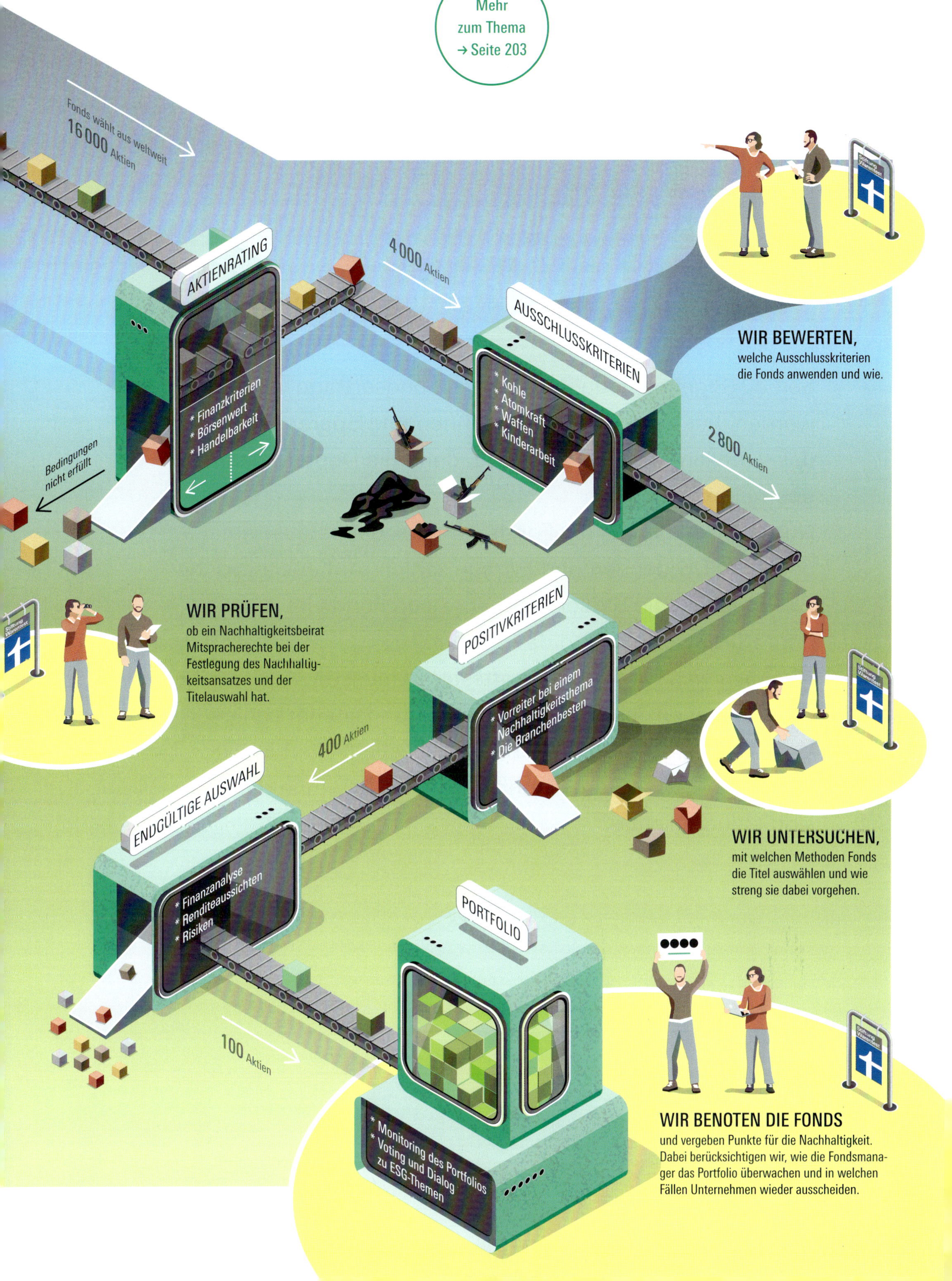

Welche Steuern bei Fonds anfallen

Seit 2018 gelten neue Regeln, wie Fondserträge versteuert werden. Für die meisten Sparerinnen und Sparer bedeutet das vor allem weniger Aufwand, denn die Depotbanken übernehmen einiges.

Nun müssen bereits die Fonds Körperschaftssteuer auf deutsche Dividenden und Erträge zahlen. Auf ausländische Gewinne fällt die Steuer nicht an. Auch Fonds im Riester- oder Rürup-Vertrag sind davon befreit.

Als Ausgleich zur Körperschaftssteuer müssen Anleger nur noch auf einen Teil der Erträge Abgeltungssteuer zahlen. Wie viel, hängt von der Art des Fonds ab. Weiterhin gilt außerdem der Sparerpauschbetrag. Erst Gewinne darüber sind steuerpflichtig.

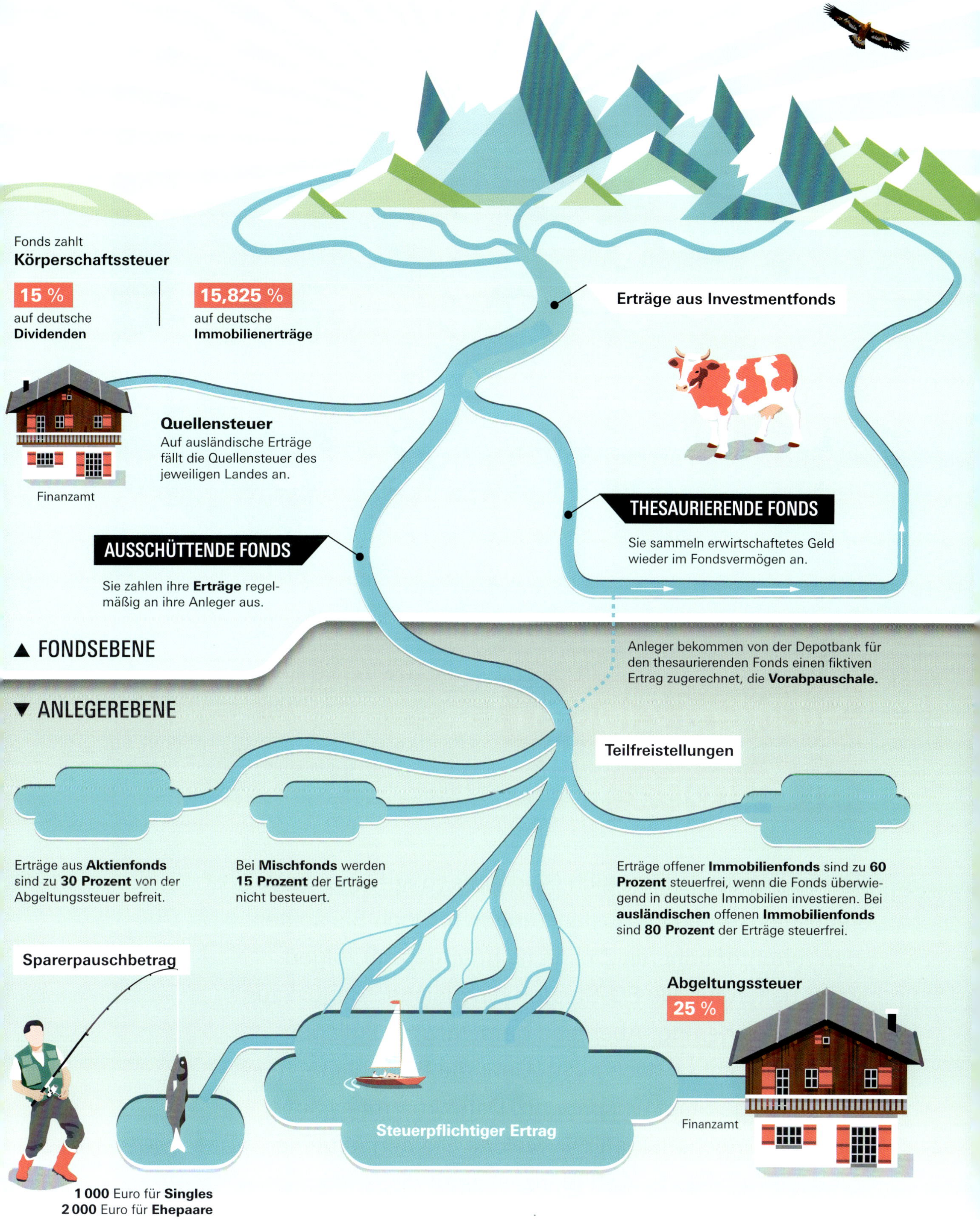
Fonds zahlt
Körperschaftssteuer
15 %
auf deutsche
Dividenden
15,825 %
auf deutsche
Immobilienerträge
Erträge aus Investmentfonds
Quellensteuer
Auf ausländische Erträge fällt die Quellensteuer des jeweiligen Landes an.
Finanzamt
THESAURIERENDE FONDS
Sie sammeln erwirtschaftetes Geld wieder im Fondsvermögen an.
AUSSCHÜTTENDE FONDS
Sie zahlen ihre Erträge regelmäßig an ihre Anleger aus.
▲ FONDSEBENE
Anleger bekommen von der Depotbank für den thesaurierenden Fonds einen fiktiven Ertrag zugerechnet, die Vorabpauschale.
▼ ANLEGEREBENE
Teilfreistellungen
Erträge aus Aktienfonds sind zu 30 Prozent von der Abgeltungssteuer befreit.
Bei Mischfonds werden 15 Prozent der Erträge nicht besteuert.
Erträge offener Immobilienfonds sind zu 60 Prozent steuerfrei, wenn die Fonds überwiegend in deutsche Immobilien investieren. Bei ausländischen offenen Immobilienfonds sind 80 Prozent der Erträge steuerfrei.
Sparerpauschbetrag
Abgeltungssteuer
25 %
Steuerpflichtiger Ertrag
Finanzamt
1 000 Euro für Singles
2 000 Euro für Ehepaare

Mehr zum Thema → Seite 203

Sichere Zinsen in Europa

Über Zinsportale lässt sich Geld einfach auf Fest- und Tagesgeldkonten im Ausland anlegen. Doch Sie sollten den mitunter höheren Zinsen nicht ungeprüft folgen. Zwar gelten für alle EU-Staaten die gleichen Regeln zur Einlagensicherung. Aber eine gemeinsame Einlagensicherung gibt es noch nicht. Geht die Bank pleite, muss der jeweilige Staat einspringen. Dann kommt es auf dessen Wirtschaftskraft an. Welche Staaten mit einer stabilen Wirtschaftskraft glänzen, zeigt die Grafik.

In der Heimat Steuern zahlen

Auch Zinserträge bei ausländischen Banken müssen hierzulande versteuert werden. Hat das Geldhaus einen Sitz in Deutschland, funktioniert das genauso wie bei einem deutschen Konto. Ohne Sitz im Inland müssen Sie selbst aktiv werden. Sie können bei der Bank dann keinen Freistellungsauftrag einrichten. Alle Zinserträge müssen Sie in der Steuererklärung angeben.

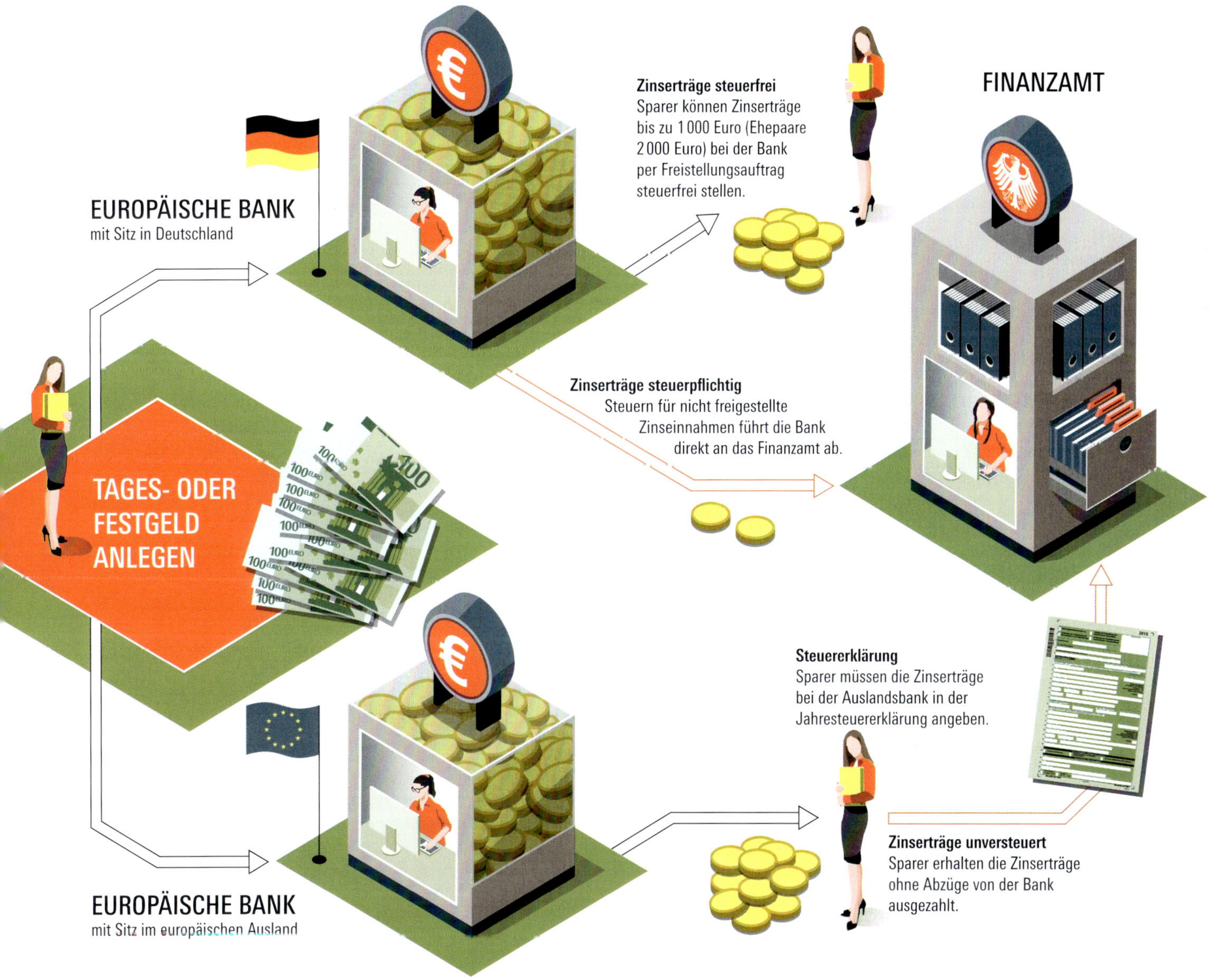

Fürs gute Gewissen

Norwegen macht es, die Allianz auch: Sie steigen aus der Kohlefinanzierung aus und legen ihr Geld klimafreundlicher an. Auch immer mehr Anlegenden ist nicht egal, wo ihr Erspartes hinfließt. Sie können Aktienfonds kaufen, die die Kundengelder nachhaltig investieren. Diese achten bei der Auswahl der Firmen auf verschiedene Kriterien mit positivem Einfluss auf Umwelt und Gesellschaft. Oder schließen gewisse Branchen wie Kohle- oder Rüstungsindustrie aus. Die Fonds bekommen Sie bei Ihrer normalen Depotbank. Auch unser Pantoffel-Portfolio (siehe S. 16) lässt sich mit ethisch-ökologischen ETF nachbauen. Bei der Rendite müssen Sie dafür keine Abstriche machen.

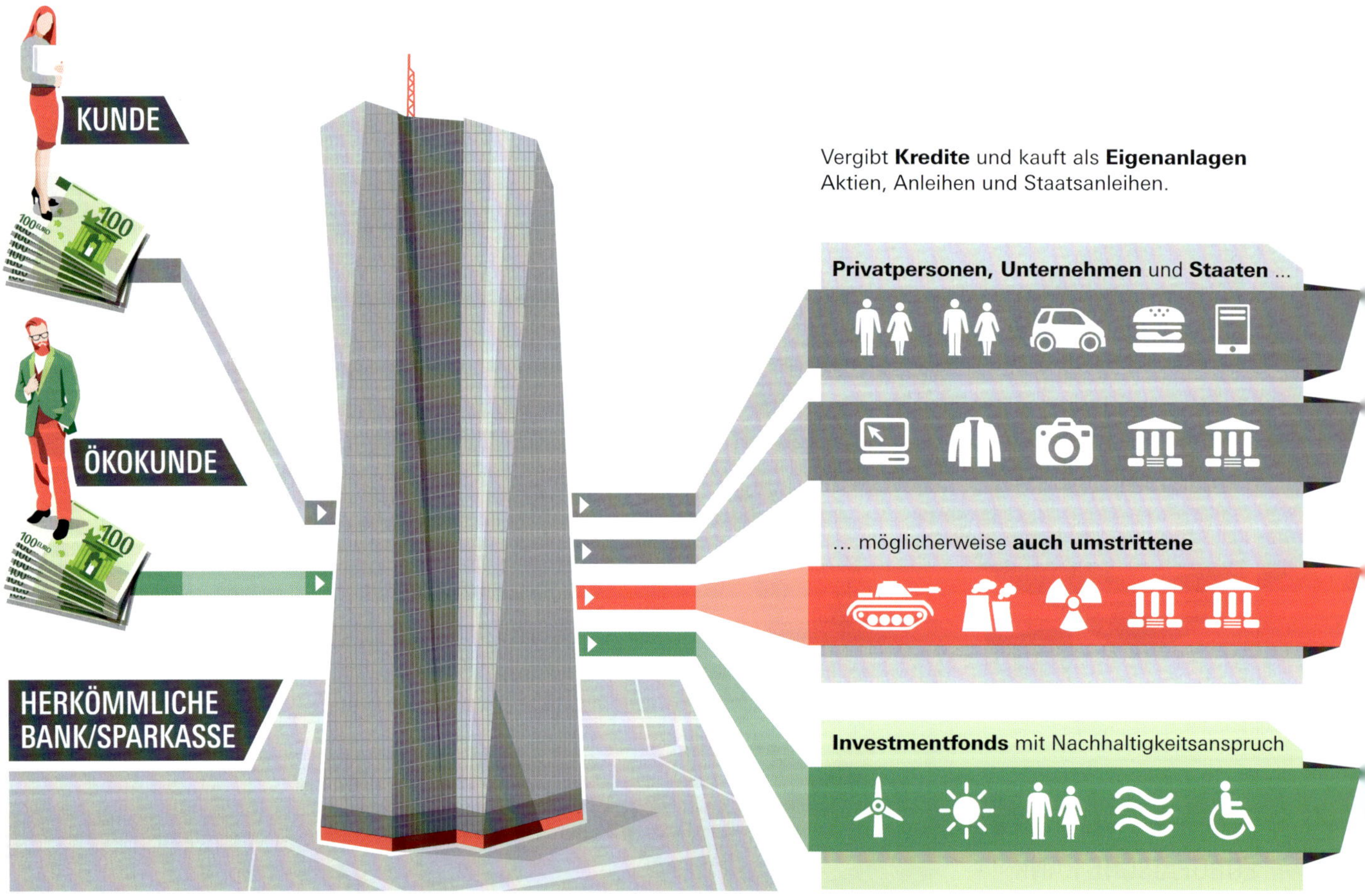

Wer seine gesamten Finanzen nachhaltig ausrichten will, kann auch bei Tages-, Festgeld und Girokonto umsteigen. Oft ist dafür ein Wechsel der Bank nötig. Banken nutzen die Kundeneinlagen, um Kredite zu vergeben. Eine herkömmliche Bank würde das Geld auch an Waffenhersteller verleihen oder Aktien von Ölkonzernen kaufen. Ethische Banken unterstützen bei der Kreditvergabe soziale oder ökologische Projekte und schließen bestimmte Branchen aus. Überschüssiges Geld legen sie am Kapitalmarkt an, aber nicht überall. Bei den Zinsen macht die Wahl der Bank derzeit keinen Unterschied. Kunden bekommen bei keiner eine üppige Rendite.

Mehr zum Thema → Seite 203

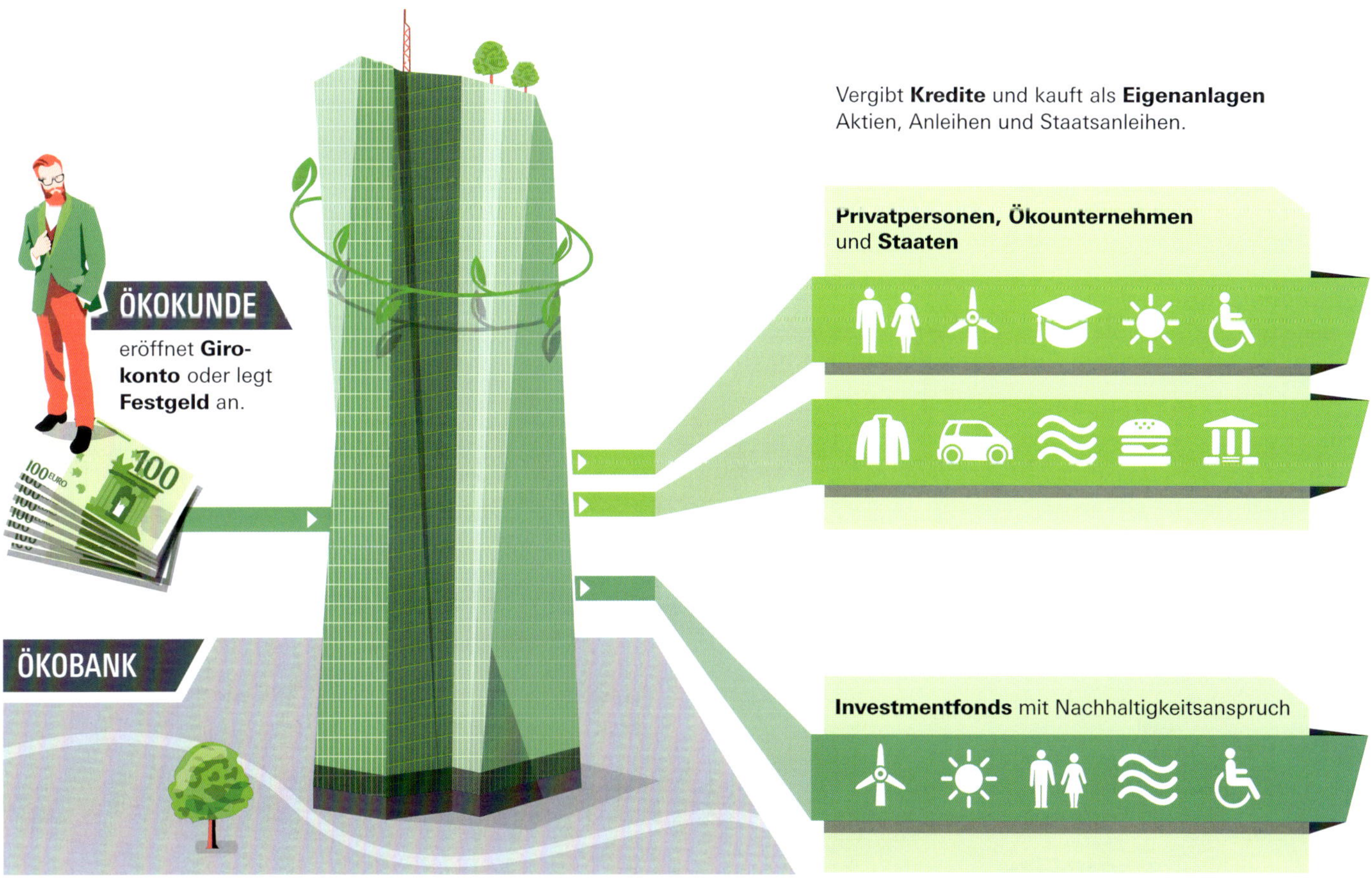

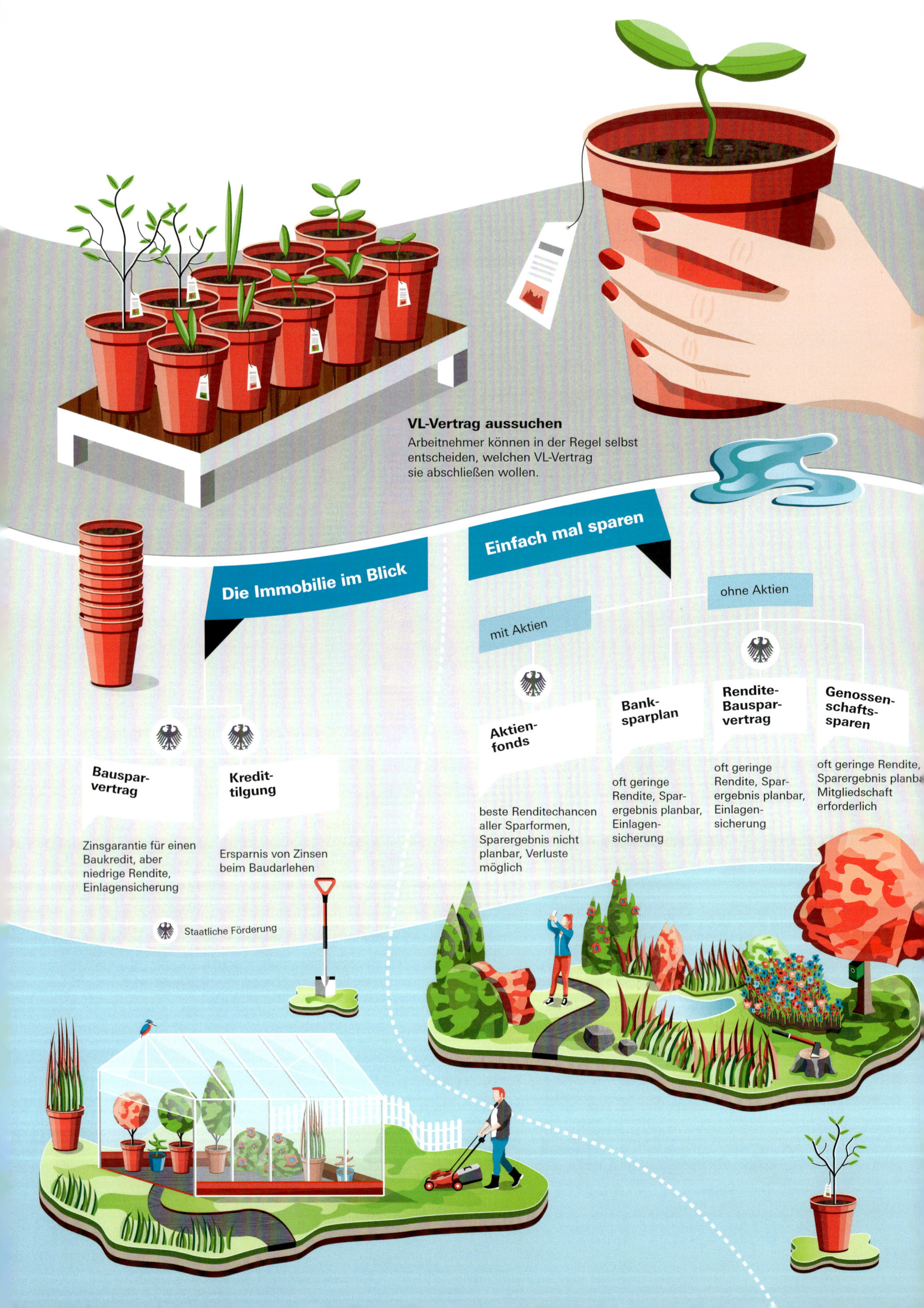
VL-Vertrag aussuchen
Arbeitnehmer können in der Regel selbst entscheiden, welchen VL-Vertrag sie abschließen wollen.
Die Immobilie im Blick
Bausparvertrag
Zinsgarantie für einen Baukredit, aber niedrige Rendite, Einlagensicherung
Kredittilgung
Ersparnis von Zinsen beim Baudarlehen
Einfach mal sparen
mit Aktien
ohne Aktien
Aktienfonds
beste Renditechancen aller Sparformen, Sparergebnis nicht planbar, Verluste möglich
Banksparplan
oft geringe Rendite, Sparergebnis planbar, Einlagensicherung
Rendite-Bausparvertrag
oft geringe Rendite, Sparergebnis planbar, Einlagensicherung
Genossenschaftssparen
oft geringe Rendite, Sparergebnis planba
Mitgliedschaft erforderlich
Staatliche Förderung

Mit Geld vom Chef zum kleinen Vermögen

Schätzungen zufolge verschenkt etwa die Hälfte aller Beschäftigten Geld. Denn sie nutzen nicht die vermögenswirksamen Leistungen (VL), die die Chefin oder der Chef ihnen zahlen würde. Wie hoch die sind, hängt vom Arbeits- oder Tarifvertrag ab. Bis zu 40 Euro monatlich sind drin. Das Geld zahlt der Betrieb erst, wenn Sie mit einem Anbieter einen Vertrag abgeschlossen haben. In der Regel können Sie sich selbst aussuchen, wo Sie das Geld anlegen, allerdings muss es ein spezielles Produkt für vermögenswirksame Leistungen sein. Sogar ein ETF-Sparplan lässt sich mit VL besparen (siehe S. 14). Bei niedrigen Einkommen schießt der Staat bei einigen Varianten mit der Arbeitnehmersparzulage sogar noch etwas dazu. Nach sieben Jahren dürfen Sie auf das gesparte Geld zugreifen.

Flecken trüben den Glanz

Gold, das unter guten sozialen und umweltschonenden Bedingungen abgebaut wurde, gibt es eigentlich nicht. Das Schürfen des Edelmetalls ist ein Raubbau an Mensch und Natur. Wer wissen möchte, woher sein Goldbarren im Safe stammt, kommt kaum an Informationen. Denn Banken und Händler geben selten Auskunft, auch sie können den Weg des Goldes nicht zurückverfolgen. Ebenfalls helfen die Zertifikate der Branche nicht weiter. Ob das Edelmetall wirklich konfliktfrei geschürft wurde, lässt sich wegen des weit verbreiteten Schmuggels kaum feststellen. Umweltaspekte betrachten die Zertifikate noch selten. Und wenn, dann ist es schwierig, die Einhaltung der Kriterien zu überprüfen.

VERBREITETE WEGE DER GOLDGEWINNUNG

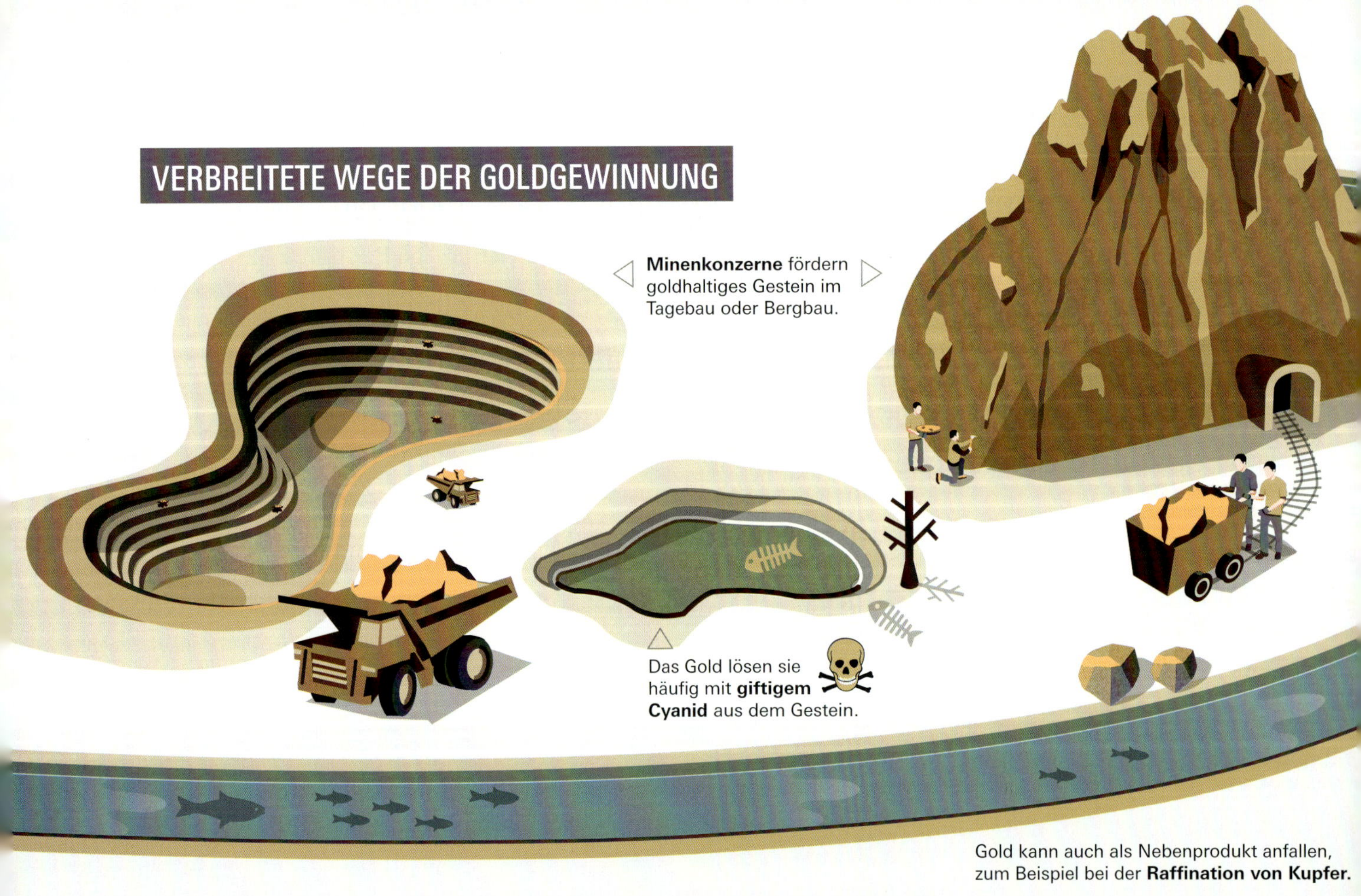

WIEDERVERWERTUNG VON GOLD

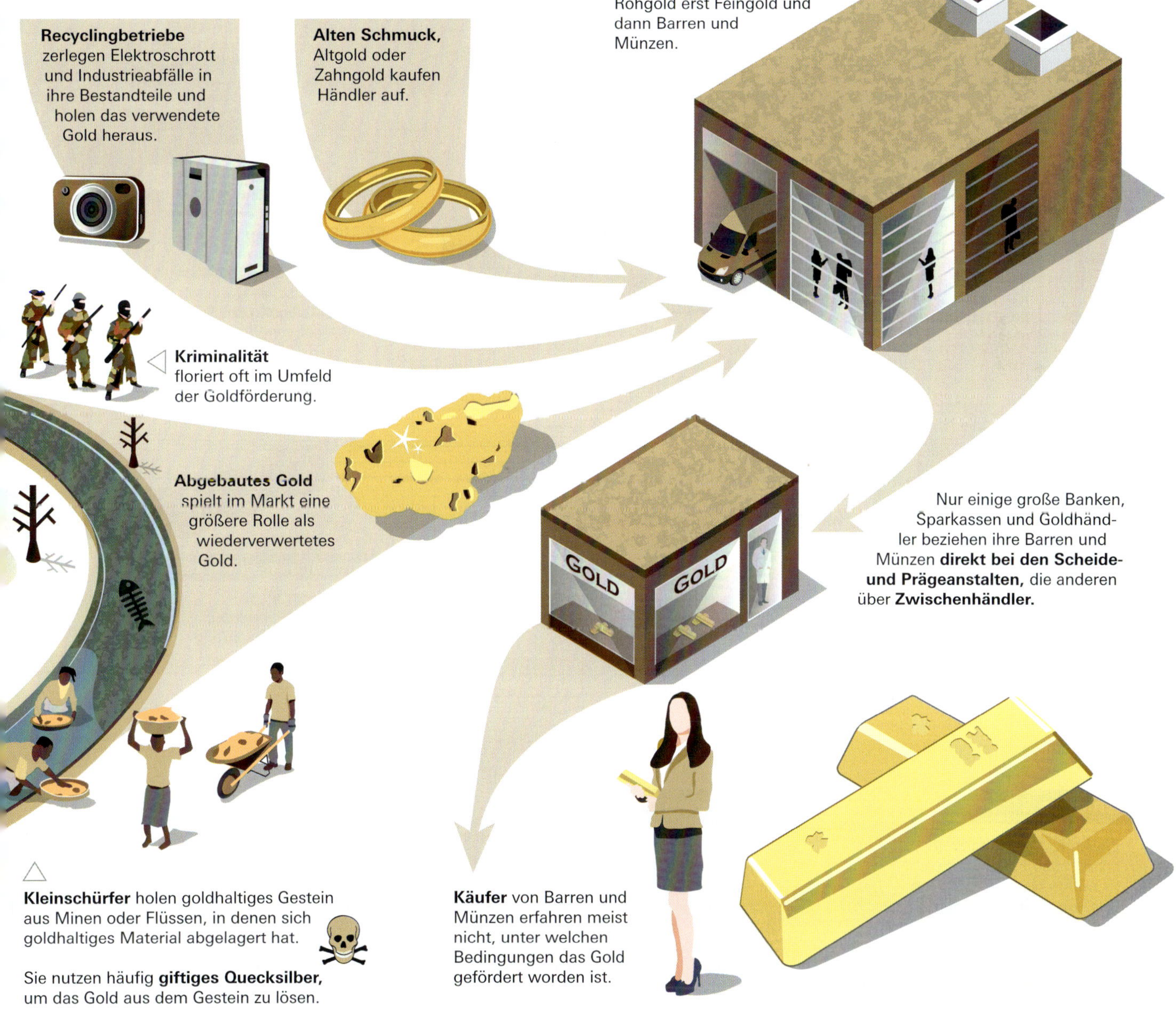

Investieren im Schwarm

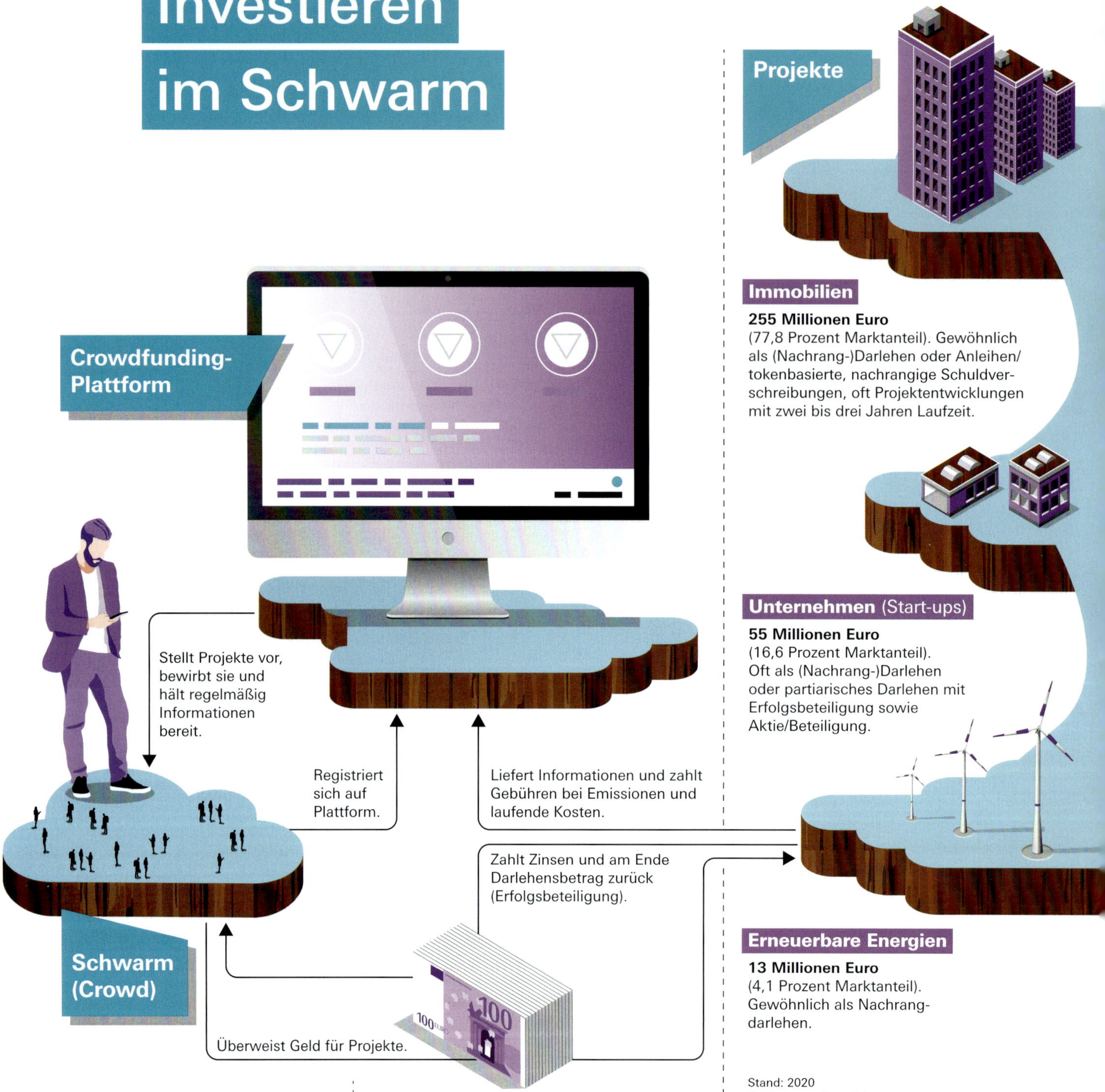

Anleger

Ein Anleger darf pro Projekt bis zu 1 000 Euro investieren. Es dürfen bis zu 10 000 Euro sein, wenn er nach eigener Auskunft mindestens 100 000 Euro freies Vermögen hat oder höchstens zwei Netto-Monatsgehälter einsetzt, maximal 25 000 Euro.

Plattformen

Hier werden Unternehmen und Projekte vorgestellt, die Geld benötigen. Das Geld der Anleger fließt in den meisten Fällen über Zahlungsdienstleister an die Unternehmen oder Projekte.
Die Plattformen sehen sich selbst nur als Vermittler, nicht aber als Berater der Anleger, prüfen also nicht, welche Projekte zu den Interessenten passen.

Unternehmen/Projekte

Ein Emittent darf in Deutschland bis zu 6 Millionen Euro für Vermögensanlagen und 8 Millionen Euro für Wertpapiere einsammeln. Vorgeschrieben sind nur ein Vermögensanlagen-Informationsblatt (drei Seiten) oder Wertpapier-Informationsblatt (vier Seiten) mit den wichtigsten Aspekten. Bei höherem Volumen ist ein ausführlicher Prospekt nötig.

Die Grundidee hat durchaus Charme: Beim Crowdfunding finden sich Menschen zusammen, um gemeinsam eine Idee zu finanzieren, die bei Banken und anderen Kapitalgebern kaum eine Chance hat. In den vergangenen Jahren wurde die Idee immer bekannter. 2020 sammelten Projekte in Deutschland insgesamt schon fast 328 Millionen Euro ein.

Der Gesetzgeber hat den Plattformen für eine Kapitalanlage relativ große Freiräume gewährt. So müssen die Projekte, die sich vorstellen, anders als beispielsweise Fonds, in der Regel keinen umfangreichen Verkaufsprospekt vorlegen. Informationsblätter mit wenigen Seiten reichen. Für Anlegerinnen und Anleger macht es das aber schwer, das Risiko des Projekts einzuschätzen. Zumal nicht klar ist, nach welchen Kriterien die Plattformen aussuchen, wer sich vorstellen darf.

Beim Crowdfunding ist das Risiko, Geld zu verlieren, relativ hoch. Viele Projekte verzögern sich oder scheitern ganz. Immobilienprojekte liefen lange weitgehend planmäßig. Mittlerweile häufen sich auch bei ihnen Probleme und Ausfälle.

Wichtig zu wissen: Die Anlageangebote haben oft nachrangigen Charakter. Geht das Projekt pleite, erhalten die Schwarm-Investorinnen und -Investoren ihr Geld erst nach allen anderen zurück – sofern noch etwas da ist. Die versprochenen Renditen sind angesichts des Risikos oft gering.

Mehr zum Thema → Seite 203

Von Flaute bis Sturm

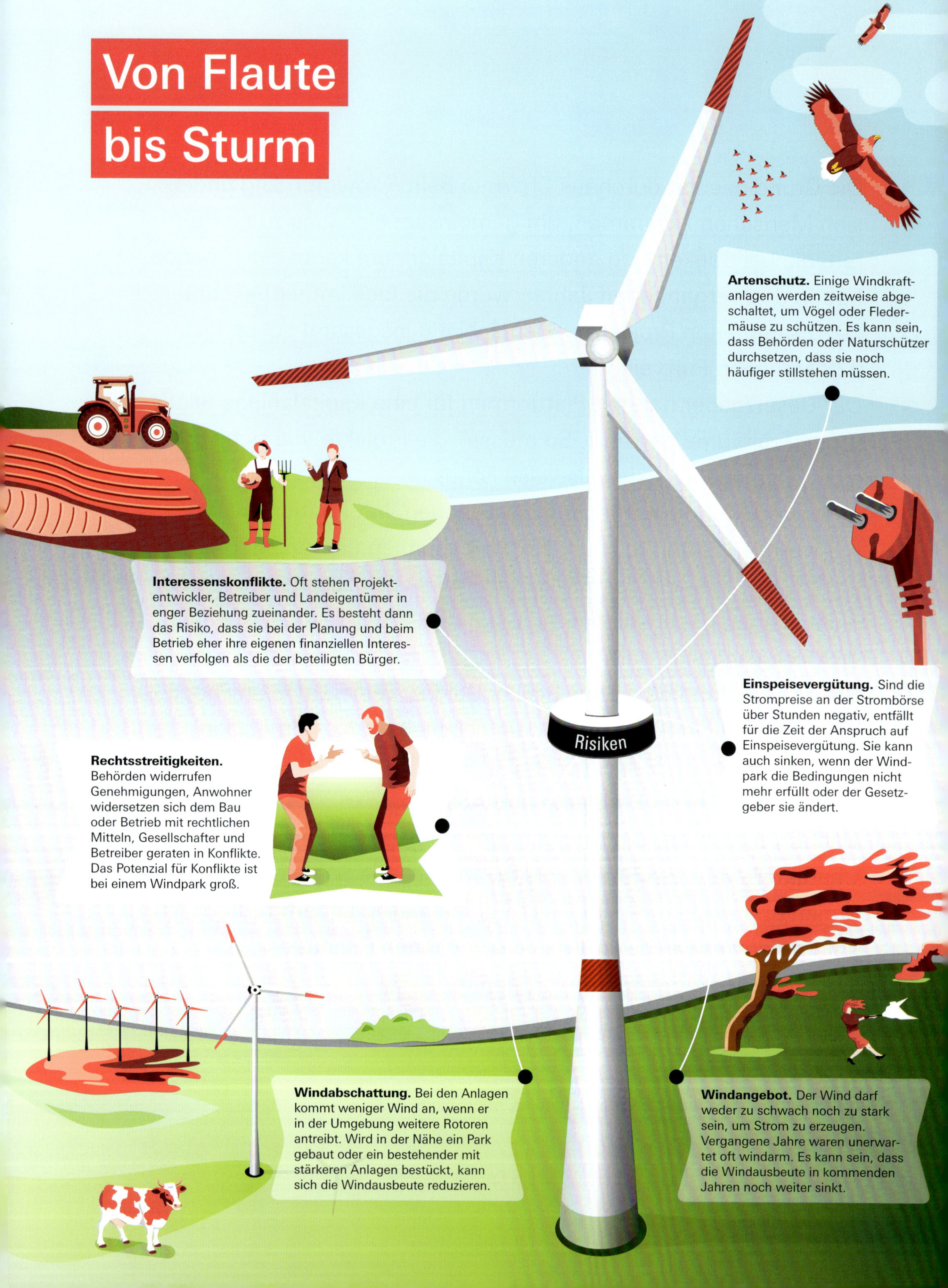

Artenschutz. Einige Windkraftanlagen werden zeitweise abgeschaltet, um Vögel oder Fledermäuse zu schützen. Es kann sein, dass Behörden oder Naturschützer durchsetzen, dass sie noch häufiger stillstehen müssen.

Interessenskonflikte. Oft stehen Projektentwickler, Betreiber und Landeigentümer in enger Beziehung zueinander. Es besteht dann das Risiko, dass sie bei der Planung und beim Betrieb eher ihre eigenen finanziellen Interessen verfolgen als die der beteiligten Bürger.

Einspeisevergütung. Sind die Strompreise an der Strombörse über Stunden negativ, entfällt für die Zeit der Anspruch auf Einspeisevergütung. Sie kann auch sinken, wenn der Windpark die Bedingungen nicht mehr erfüllt oder der Gesetzgeber sie ändert.

Rechtsstreitigkeiten. Behörden widerrufen Genehmigungen, Anwohner widersetzen sich dem Bau oder Betrieb mit rechtlichen Mitteln, Gesellschafter und Betreiber geraten in Konflikte. Das Potenzial für Konflikte ist bei einem Windpark groß.

Windabschattung. Bei den Anlagen kommt weniger Wind an, wenn er in der Umgebung weitere Rotoren antreibt. Wird in der Nähe ein Park gebaut oder ein bestehender mit stärkeren Anlagen bestückt, kann sich die Windausbeute reduzieren.

Windangebot. Der Wind darf weder zu schwach noch zu stark sein, um Strom zu erzeugen. Vergangene Jahre waren unerwartet oft windarm. Es kann sein, dass die Windausbeute in kommenden Jahren noch weiter sinkt.

Der Windenergie gehört die Zukunft, heißt es. Und wenn die Windräder schon vor der eigenen Haustür stehen, dann sollten die Anwohnerinnen und Anwohner daran wenigstens etwas verdienen. Das ist die Grundidee eines Bürgerwindparks. Anwohner investieren in Unternehmen, die in ihrer Nähe Windräder aufbauen oder betreiben. Das Geld ist langfristig dort gebunden, die Projekte haben oft eine Anlagedauer von 20 Jahren. Im Gegenzug werden sie an der Rendite beteiligt. Die Projektentwickler stellen in ihren Prospekten Gewinne zwischen dem Doppelten und dem Fünffachen der Investition in Aussicht. Doch die Erfahrung zeigt: In der Vergangenheit gab es häufig deutlich weniger Ausschüttung als versprochen. Die Prognosen der Gutachter lagen oft über der tatsächlichen Windausbeute. Zusätzlich hängt die Rendite aber auch von Faktoren ab, auf die die Investoren kaum Einfluss haben. Wer sein Erspartes in einen Bürgerwindpark stecken möchte, sollte sich also bewusst sein, dass es durchaus möglich ist, das Geld teilweise oder sogar ganz zu verlieren.

Ertragsgutachten. Gutachter schätzen ein, mit welcher Wahrscheinlichkeit wie viel Wind wohl bei den geplanten Windenergieanlagen ankommen wird. Sie stützen sich dabei auf Erfahrungswerte.

Entspannt vorsorgen

Wer 2021 zum ersten Mal eine Altersrente beantragte, bekam im Durchschnitt jeden Monat 1 089 Euro ausbezahlt. Männer erhalten dabei im Schnitt deutlich mehr als Frauen, denn die arbeiten häufig in Teilzeit und verdienen ohnehin oft weniger. Das hat zur Folge, dass die gesamte Altersvorsorge der Frauen leidet.

Für Frauen gilt es also umso mehr, sich schon früh um ihre Altersvorsorge zu kümmern. Denn wer früh anfängt, kann auch mit kleineren Sparbeiträgen ein gutes Polster ansammeln. Wer zu lange wartet, muss monatlich viel mehr zurücklegen. Doch auch Männer sollten die Altersvorsorge gut planen. Schon heute fällt die gesetzliche Rente bei vielen nicht gerade üppig aus. Und in Zukunft wird sie allein wohl kaum noch zum Leben reichen.

Ergänzungen müssen her. Dafür muss klar sein, wie hoch der bislang gesammelte Rentenanspruch und welche Altersvorsorge sinnvoll ist.

Auch für den Fall, dass Sie nach einem Unfall oder aufgrund einer Krankheit keine eigenen Entscheidungen treffen können, sollten Sie vorsorgen. Wünsche für Krankheit und Tod sollten Sie durchdenken und niederschreiben. Ein Testament kann Streit unter Erben vermeiden und Geld sparen. Ist eine Erbschaft klug geplant, fällt weniger Steuer an. Besonders wenn Immobilien zum Nachlass zählen, sind die Freibeträge für die Erbschaftssteuer durch die neue Bewertung des Finanzamts schnell überschritten.

Für die Rente punkten

Wie hoch die Rente später ist, hängt davon ab, wie viele Entgeltpunkte Sie durch Ihre Beiträge im Arbeitsleben sammeln. Punkte gibt es aber auch für Zeiten, in denen man nicht arbeitet, etwa für Kindererziehungszeiten. Wie viel ein Entgeltpunkt wert ist, legt die Deutsche Rentenversicherung nach einer speziellen Formel jedes Jahr im Juli neu fest.

1977

Punktestand **0,00**

Lisa Meyer wird im Dezember **1977 geboren.**

1996

Nach dem Abitur beginnt Lisa Meyer eine **dreijährige Ausbildung.** Sie wird so gestellt, als verdiene sie jeweils 75 Prozent des Durchschnittseinkommens. Das macht pro Jahr 0,75 Entgeltpunkte[1].

Punktestand **2,25**

1999

Punktestand **3,25**

Lisa Meyer schließt ein Studium an. In **Nebenjobs** verdient sie zwischen 400 und 800 Euro monatlich. Während ihr Arbeitgeber volle Sozialabgaben zahlt, muss sie nur reduzierte Beiträge leisten. Trotzdem erwirbt sie durch die Jobs Rentenansprüche. In ihren Uni-Jahren bis Ende 2004 kommt sie so auf einen zusätzlichen Entgeltpunkt.

1977 — 1996 — 1999 — 2005

2005

Ab Anfang des Jahres hat Lisa Meyer ihren **ersten richtigen Job.** Drei Jahre lang verdient sie das Durchschnittseinkommen, dann vier Jahre lang 40 Prozent über dem Durchschnitt. So sammelt sie zunächst dreimal 1 Punkt pro Jahr, dann viermal 1,4 Punkte pro Jahr.

Punktestand **11,85**

1) Der Wert eines Entgeltpunktes beträgt bis Juli 2024 37,60 Euro.
2) 58,02 Entgeltpunkte ergeben etwa 2 182 Euro Monatsrente.

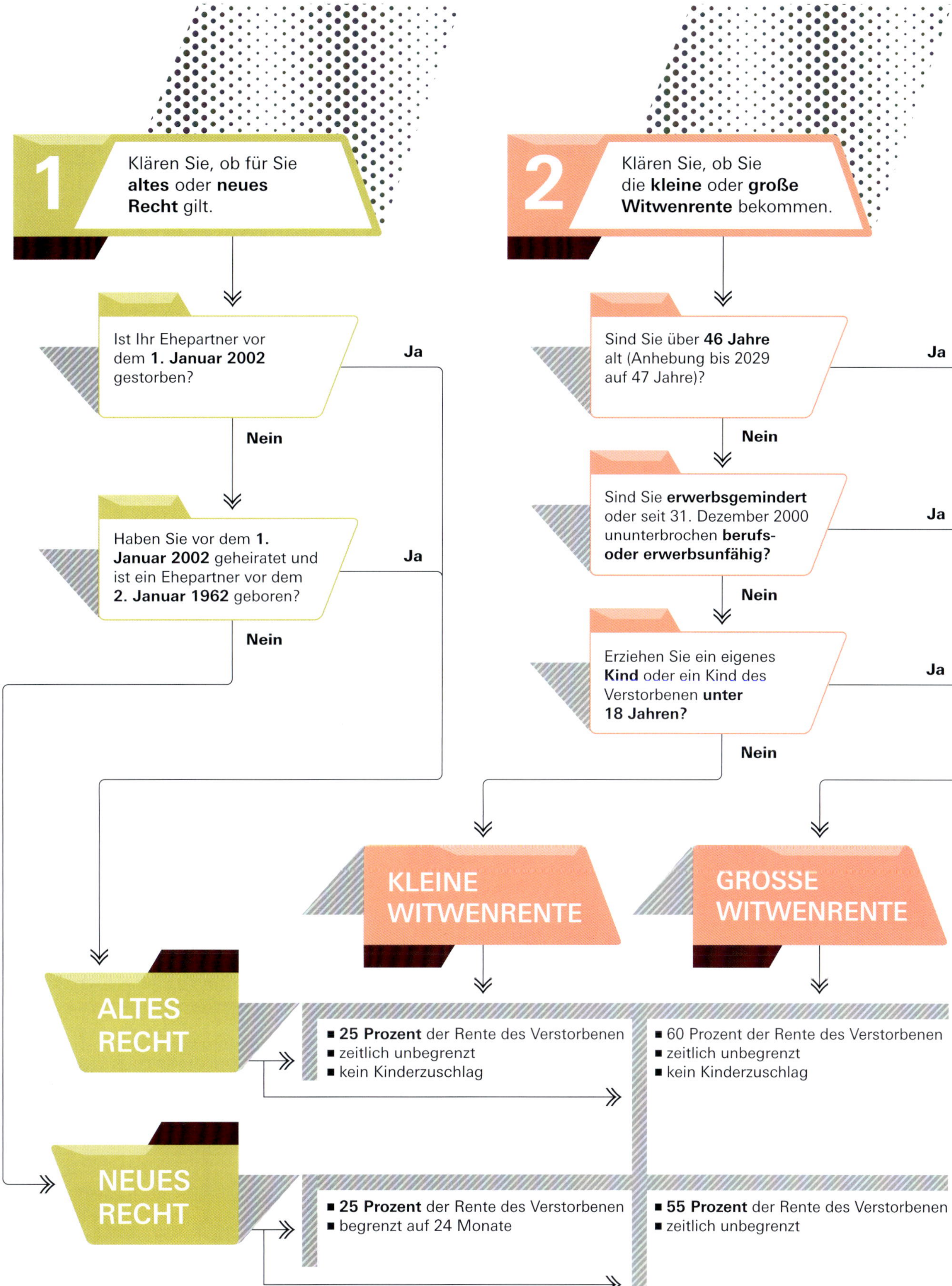

Stand: Januar 2023

Bald in Rente – so gibts Geld

Auch im Ruhestand soll monatlich Geld aufs Konto fließen. Damit das rechtzeitig geschieht, sollten baldige Ruheständler etwa ein halbes Jahr vor ihrem Rentenbeginn aktiv werden. Spätestens jetzt sollten Sie klären, ob die gesetzliche Rentenversicherung alle Versicherungszeiten korrekt gespeichert hat. Je früher Sie eine sogenannte Rentenkontenklärung machen, desto leichter lassen sich fehlende Dokumente noch auftreiben. Klären Sie auch, wann Ihre privaten und betrieblichen Rentenzahlungen beginnen. Gerade bei einer Frührente müssen die monatlichen Überweisungen nicht unbedingt gleichzeitig anfangen. Beantragen Sie die gesetzliche Rente nicht zu spät, Sie erhalten sie nur drei Monate rückwirkend. Wer zu lange wartet, muss auf Geld verzichten.

Mehr
zum Thema
→ Seite 203

Zusätzliches Polster

Die gesetzliche Rente ist für die meisten Menschen in Deutschland der wichtigste Pfeiler für die Altersvorsorge. Doch schon seit Jahren steht fest, dass besonders für heutige Arbeitnehmer diese Rente allein nicht zum Leben reichen wird. Wir müssen also zusätzlich Geld zurücklegen, um im Alter nicht auf die Grundsicherung angewiesen zu sein. Das gilt umso mehr für Selbstständige, denn die zahlen häufig gar keine Beiträge in die gesetzliche Rentenversicherung ein.

Das klassische Produkt für die private Altersvorsorge war über Jahrzehnte eine private Rentenversicherung. Doch die lohnt sich heute nur noch in Ausnahmefällen. Welche sinnvollen Möglichkeiten es zum Sparen fürs Alter gibt, hängt nicht zuletzt von der individuellen Situation ab. Besonders flexibel sind Sie mit ETF, einer speziellen und günstigen Form von Investmentfonds (siehe S. 14). Außerdem versprechen sie die Chance auf eine höhere Rendite als etwa ein Tagesgeldkonto. Auch Riester-Verträge können sich trotz aller berechtigter Kritik durchaus lohnen, vor allem für Familien mit Kindern.

Die betriebliche Altersvorsorge lohnt sich dagegen meist nur, wenn der Chef mehr einzahlt, als er ohnehin muss.

Mehr zum Thema → Seite 203

Gesetzliche Rente

Pflichtversicherung für Arbeitnehmer, freiwillig für Selbstständige und Beamte

Einkommen? alle Einkommenshöhen

Für wen? Arbeitnehmer, Selbstständige, Beamte

Was? Nicht pflichtversicherte Selbstständige, Beamte, Hausfrauen und Frührentner können freiwillig einzahlen. Pflichtversicherte können ab ihrem 50. Lebensjahr freiwillig einzahlen, auf diese Weise bei vorzeitigem Rentenbeginn fällige Abschläge ausgleichen oder ihre Rente aufstocken, wenn sie doch bis zu ihrem regulären Rentenbeginn weiterarbeiten.

Infos? test.de/freiwilligerente und test.de/altersvorsorge-selbststaendige

Rürup-Rente

Staatlich geförderte Altersvorsorge

Einkommen? überdurchschnittlich

Für wen? ~~Arbeitnehmer~~, Selbstständige, ~~Beamte~~

Was? Eine steuerlich geförderte Vorsorge. Sie lohnt sich nur für sehr gut verdienende Sparer, die viel Steuern sparen können. Eine Kapitalauszahlung ist nicht möglich.

Infos? test.de/ruerup

Riester-Rente

Staatlich geförderte Altersvorsorge

Einkommen? alle Einkommenshöhen

Für wen? Arbeitnehmer, Selbstständige[2], Beamte

Was? Die Förderung läuft über Zulagen und Steuervorteile. Eine Riester-Rente lohnt sich allein aufgrund der staatlichen Förderung mehr als eine vergleichbare Altersvorsorge – vorausgesetzt, der Sparer nutzt die volle Förderung. Eine teilweise Kapitalzahlung ist möglich.

Infos? Leider kaum noch neue Verträge.

Pantoffel-Portfolio

Mischung aus Aktien-ETF und Zinsanlagen

Einkommen? alle Einkommenshöhen

Für wen? Arbeitnehmer, Selbstständige, Beamte

Was? Das von uns entwickelte Pantoffel-Portfolio ist in seiner defensiven oder ausgewogenen Variante mit Risikopuffer als ergänzende Altersvorsorge zu empfehlen. Es gibt zwar keine Garantie auf eine lebenslange Rente. Doch gut kalkuliert, kommt man der sehr nahe.

Infos? test.de/pantoffel-portfolio und test.de/pufferpantoffel

Betriebliche Altersvorsorge

Staatlich geförderte Altersvorsorge

Einkommen? alle Einkommenshöhen[1]

Für wen? Arbeitnehmer, ~~Selbstständige~~, ~~Beamte~~

Was? Aus Ihrem Bruttogehalt können Arbeitnehmer Geld in eine betriebliche Vorsorge stecken. Der Arbeitgeber muss mindestens 15 Prozent des Beitrags drauflegen. Doch damit sich die Vorsorge lohnt, muss sich der Chef noch mehr beteiligen.

Infos? test.de/bav

Private Rentenversicherung

„Alte Klassik"

Garantierte Kapitalzahlung kann über der Beitragssumme liegen

Einkommen? durchschnittlich bis überdurchschnittlich

Für wen? ~~Arbeitnehmer~~, Selbstständige, ~~Beamte~~

Was? Rein private Vorsorge, bei der Neukunden auf den Beitrag nach Abzug der Kosten einen festen Mindestzins von maximal 0,25 Prozent bekommen. Hinzu kann eine Überschussbeteiligung kommen.

Private Rentenversicherung

„Neue Klassik"

Vorsorge mit geringerer Kapitalgarantie

Einkommen? überdurchschnittlich

Für wen? ~~Arbeitnehmer~~, Selbstständige, ~~Beamte~~

Was? Rein private Vorsorge, bei der die Kunden weniger garantiert bekommen. Dafür machen die Versicherer Hoffnung auf höhere Überschüsse, die möglich sind, weil sie etwas risikoreicher anlegen können.

1) Wenn sich die Firma am Beitrag beteiligt.
2) Pflichtversichert in der gesetzlichen Rentenversicherung.

Versicherung oder Eigenbau? Vorsorgen mit Fonds

Mit ETF (siehe S. 12) bleiben Vorsorgesparer auch auf lange Sicht flexibel. Sie können ihre Sparrate jederzeit anpassen oder unterbrechen. Auch die Kosten von ETF sind niedrig. Der Haken daran ist, dass sich baldige Rentner selbst darum kümmern müssen, was aus ihrem Vermögen wird, wenn sie im Ruhestand sind. Wer regelmäßige Rentenzahlungen haben möchte, muss sich sein Geld selbst einteilen oder in eine Sofortrente einzahlen. Nicht jeder will das. Eine Alternative sind Fondspolicen, Fonds im Versicherungsmantel. Auch damit können Sparer gezielt aussuchen, mit welchen Fonds sie sparen möchten. Allerdings sind diese Verträge nicht flexibel und die Kosten sind deutlich höher als bei einem selbst gemachten Fondssparplan. Wer seinen Vertrag durchhält und später eine lebenslange Rente ausgezahlt bekommt, kann aber steuerlich profitieren. Dadurch lohnt sich eine Fondspolice im Einzelfall trotzdem.

VERSICHERUNG MIT FONDS

Günstige Tarife eignen sich für Sparer, die
- sicher sind, dass sie den Vertrag durchhalten.
- bei Abschluss sicher sind, dass sie später eine Auszahlung als lebenslange Rente wünschen.

FONDSSPARPLAN

Eignet sich für Sparer,
- denen geringe Kosten und Flexibilität in der Ansparphase wichtig sind.
- die sich offenhalten möchten, wie sie das Endvermögen später einsetzen.

	Versicherung mit Fonds	Fondssparplan
FONDSAUSWAHL	Angebot auf die Vorgaben der Versicherungsgesellschaft beschränkt.	Sehr groß, je nach Depotbank oft mehrere Hundert aktiv gemanagte Fonds und Indexfonds/ETF.
KOSTEN	Mittel bis hoch.	Sehr gering bis gering.
FLEXIBILITÄT	Gering, bei Veränderung und Aussetzung der Ratenzahlung muss der Vertrag extra angepasst werden. Aufgrund der höheren Kostenbelastung in den ersten Vertragsjahren ist ein vorzeitiger Ausstieg mit großen Nachteilen verbunden.	Sehr groß, Sparplan lässt sich jederzeit starten, aussetzen oder auflösen. Keine Nachteile bei vorzeitigem Ausstieg. Ratenhöhe kann kurzfristig geändert werden.
STEUERN IN DER ANSPARPHASE	Keine Steuern auf Erträge in der Ansparzeit, keine Steuern auf Kursgewinne bei Umschichtungen in der Ansparzeit.	Abgeltungssteuer auf zugeflossene Kapitalerträge, zum Beispiel aus Dividenden, und auf Kursgewinne bei Umschichtungen in einen anderen Fonds.
STEUERN BEI KAPITALAUSZAHLUNG	Sofern der Vertrag mindestens zwölf Jahre bestanden hat und das Alter des Versicherten mindestens 62 Jahre beträgt, muss nur die Hälfte des nach Abzug von 15 Prozent verbleibenden Gesamtertrags mit dem persönlichen Steuersatz versteuert werden.	Bei Aktienfonds Abgeltungssteuer inklusive Solidaritätszuschlag in Höhe von 26,375 Prozent auf 70 Prozent der realisierten Kursgewinne und Kapitalerträge.
VERRENTUNG	Automatischer steuerfreier Übergang von der Anspar- in die Rentenphase. Die Rentenzahlung wird mit dem sogenannten Ertragsanteil besteuert. Seine Höhe richtet sich nach dem Renteneintrittsalter und bleibt dann konstant.	Das beim Verkauf versteuerte Fondsvermögen kann in eine Sofortrente gezahlt werden. Dabei fallen teils über 5 Prozent Kosten an. Besteuerung der Rente: siehe links.

Wie Ihr Geld wächst

Je früher Sie beginnen, zusätzlich vorzusorgen, desto besser. Sie haben dann nicht nur mehr Zeit, Geld anzusparen, sondern profitieren zusätzlich vom Zinseszinseffekt. Nach 30 Jahren werden durch ihn aus 36 000 Euro Einzahlung bei 3 Prozent Zinsen – oder Rendite – fast 60 000 Euro.

Wer früher anfängt, muss dadurch außerdem pro Monat weniger Geld zurücklegen, um am Ende auf die gleiche Summe zu kommen.

Auch wenn Sie anfangs nur wenig Geld sparen können, sollten Sie damit auf jeden Fall schon einmal anfangen.

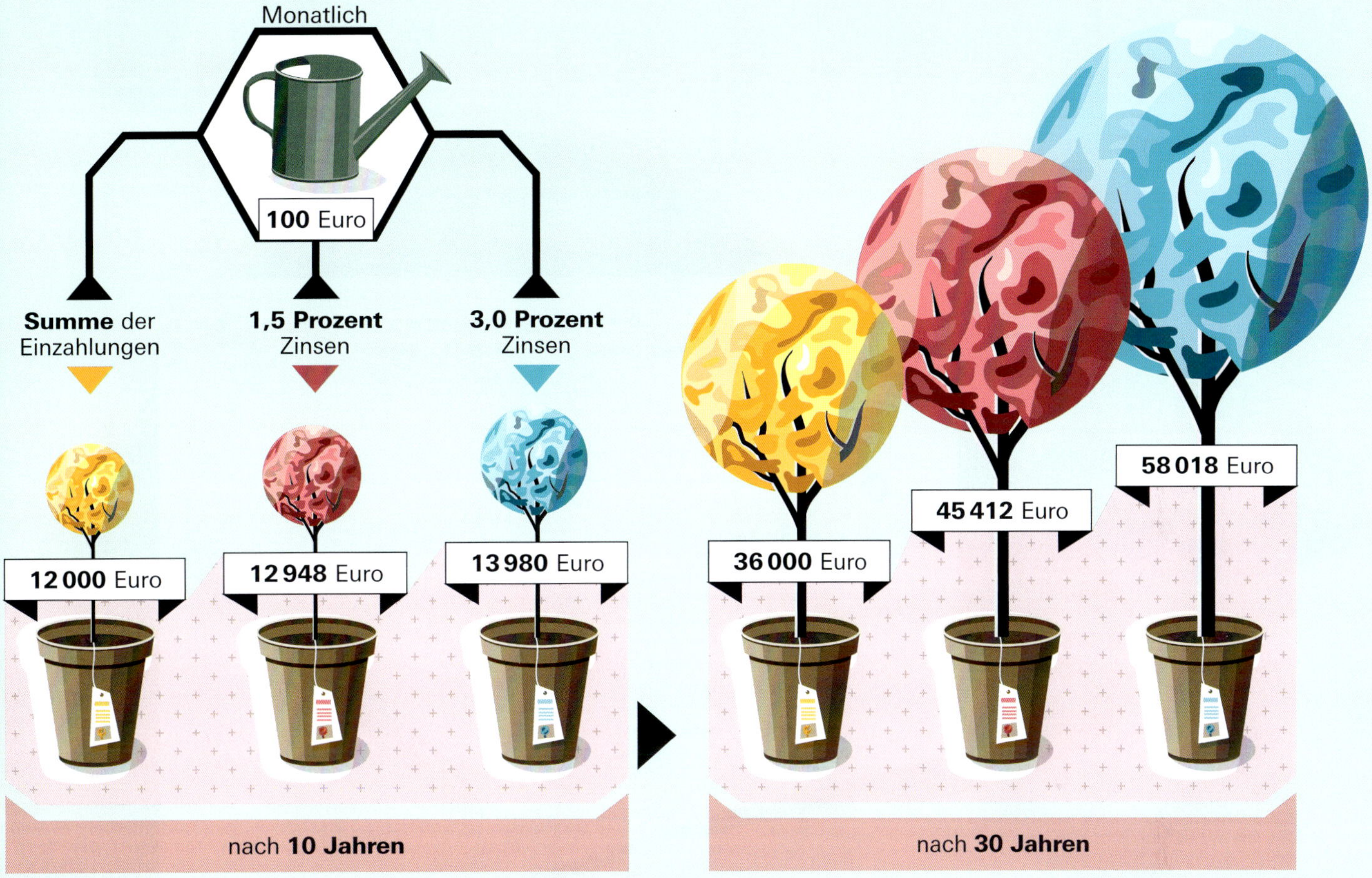

Für 100 000 Euro Guthaben müssen Sparer umso höhere Beiträge leisten, je weniger Zeit ihnen bis zum Ruhestand bleibt (Durchschnittsverzinsung: 3 Prozent).

Wer bis zur Rente noch **30 Jahre** Zeit hat, erreicht sein Sparziel mit 172 Euro monatlich.

Bleiben nur **20 Jahre** zum Sparen, steigt der Monatsbeitrag schon auf 305 Euro.

Spätstarter, deren Ruhestand schon in **10 Jahren** beginnt, müssen 715 Euro sparen.

Für den Notfall vorsorgen

Vorhandene Vorsorgedokumente melden

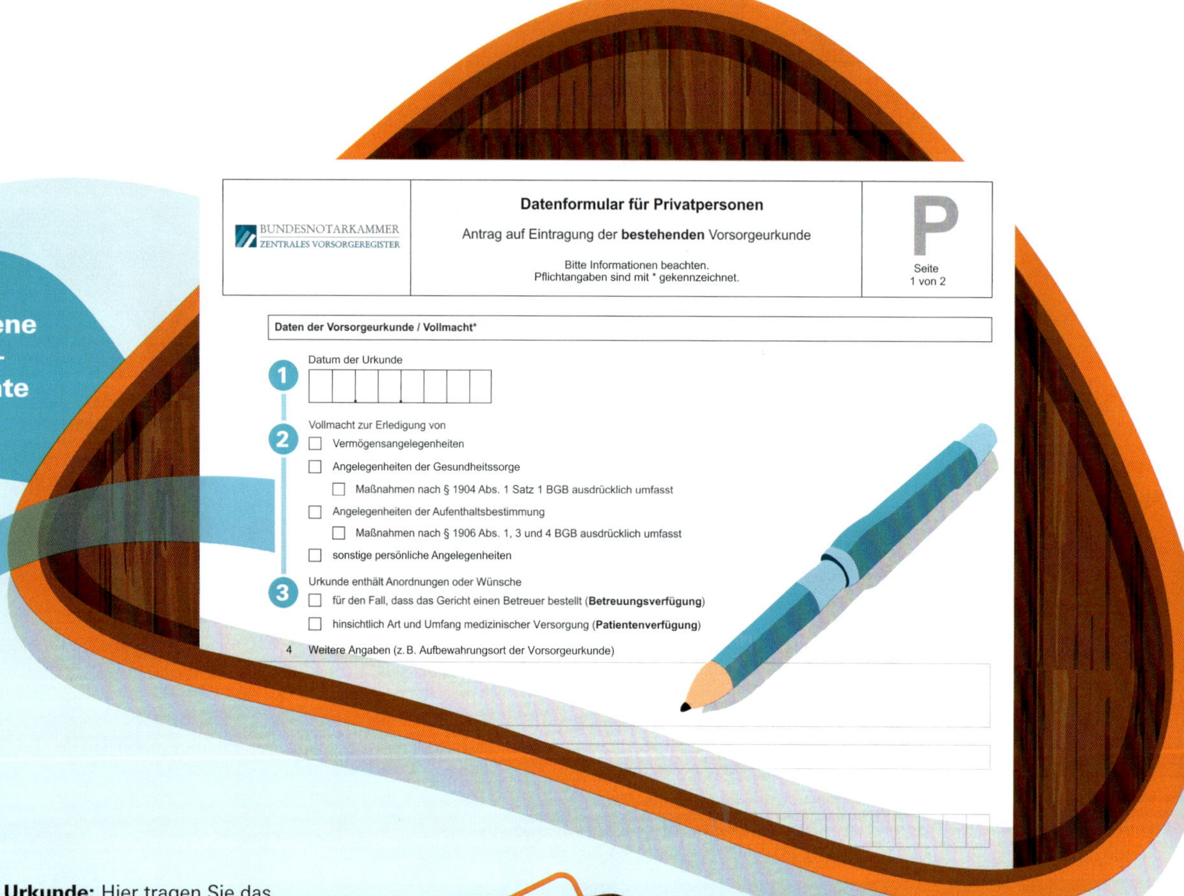

BUNDESNOTARKAMMER
ZENTRALES VORSORGEREGISTER

Datenformular für Privatpersonen

Antrag auf Eintragung der **bestehenden** Vorsorgeurkunde

Bitte Informationen beachten.
Pflichtangaben sind mit * gekennzeichnet.

P
Seite
1 von 2

Daten der Vorsorgeurkunde / Vollmacht*

1 Datum der Urkunde

2 Vollmacht zur Erledigung von
- ☐ Vermögensangelegenheiten
- ☐ Angelegenheiten der Gesundheitssorge
  - ☐ Maßnahmen nach § 1904 Abs. 1 Satz 1 BGB ausdrücklich umfasst
- ☐ Angelegenheiten der Aufenthaltsbestimmung
  - ☐ Maßnahmen nach § 1906 Abs. 1, 3 und 4 BGB ausdrücklich umfasst
- ☐ sonstige persönliche Angelegenheiten

3 Urkunde enthält Anordnungen oder Wünsche
- ☐ für den Fall, dass das Gericht einen Betreuer bestellt (**Betreuungsverfügung**)
- ☐ hinsichtlich Art und Umfang medizinischer Versorgung (**Patientenverfügung**)

4 Weitere Angaben (z. B. Aufbewahrungsort der Vorsorgeurkunde)

1 **Datum der Urkunde:** Hier tragen Sie das Datum Ihrer Vorsorgevollmacht ein. Haben Sie nur eine Betreuungsverfügung, tragen Sie das Datum dieser Verfügung ein.

2 Die Angaben zum Umfang Ihrer **Vorsorgevollmacht** sind freiwillig, erleichtern dem Betreuungsgericht jedoch, den Inhalt Ihrer Vollmacht frühzeitig zu beurteilen. Hier übertragen Sie die Daten aus Ihrer **Vorsorgevollmacht** und kreuzen an, für welche Bereiche der Bevollmächtigte zuständig ist. Es geht vor allem um **Vermögensfragen,** die **Gesundheitssorge** und das **Aufenthaltsbestimmungsrecht.**

3 Hier kreuzen Sie an, ob Sie eine **Betreuungsverfügung** haben, in der Sie eine Person als **Betreuer** vorschlagen. Das Gericht prüft, ob diese Person als Betreuer geeignet ist. Falls nicht, darf es auch eine andere Person benennen. Ebenfalls kreuzen Sie an, ob Sie eine **Patientenverfügung** haben.

Eintrag ins Register:
Per Papier-Meldeverfahren oder Onlineregistrierung.

In manchen Situationen können Sie selbst keine Entscheidungen mehr treffen. Etwa wenn Sie im Koma liegen. Auch für solche Fälle sollten Sie vorsorgen. Mit einer Patientenverfügung, einer Vorsorgevollmacht und einer Betreuungsverfügung können Sie festlegen, wer sich dann um Ihre Angelegenheiten kümmern soll und welche medizinische Behandlung Sie wünschen. In allen Fällen müssen Bevollmächtigte in Ihrem Sinne entscheiden. Alles sind mehrseitige Dokumente, die Sie sicher verwahren sollten. Damit Ärztinnen und Ärzte im Notfall schnell erfahren, wen sie ansprechen können, sollten Sie beim Vorsorgeregister eintragen lassen, dass Sie diese Vorkehrungen getroffen haben. Auch ein Zettel im Portemonnaie mit dem Hinweis hilft ihnen weiter.

Mehr zum Thema → Seite 204

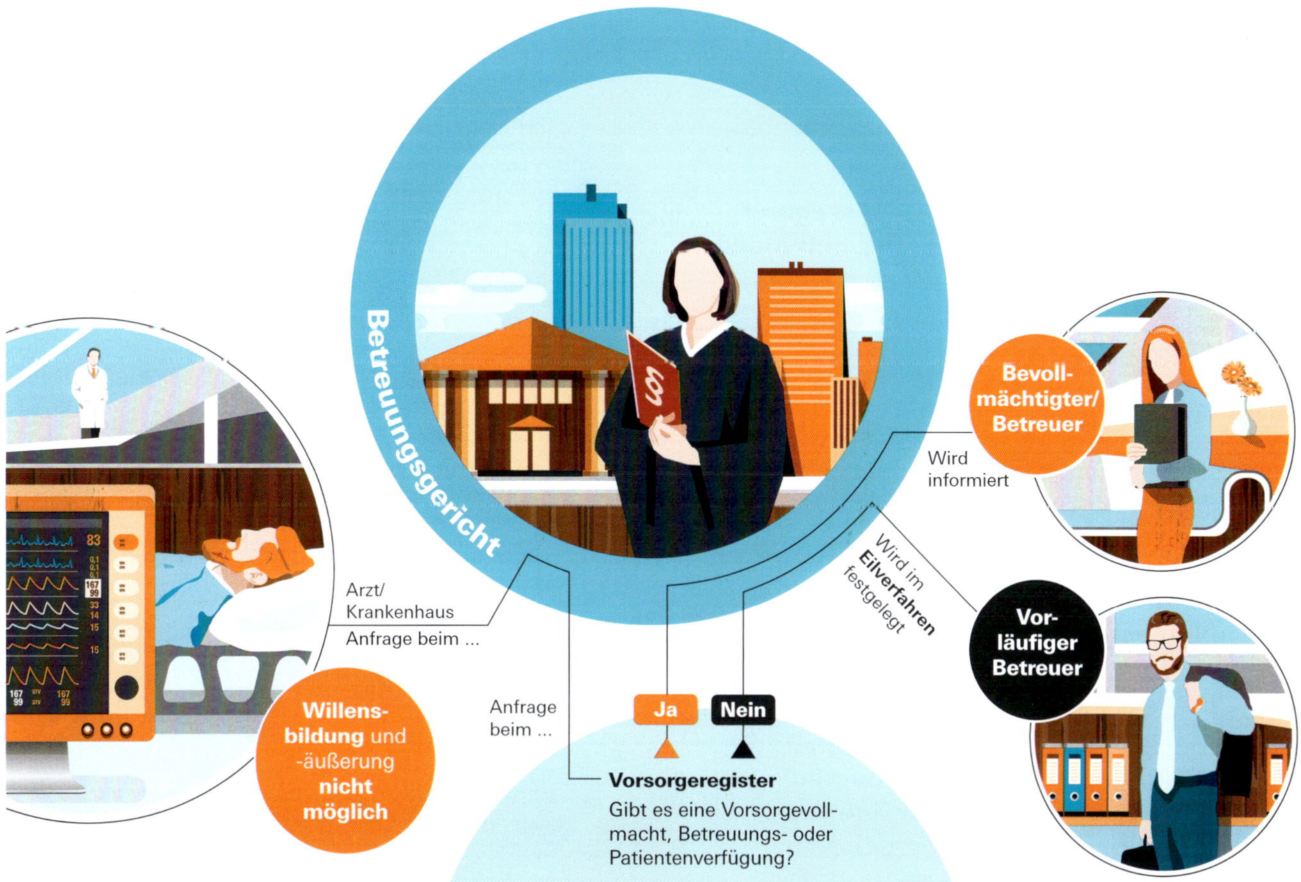

Kann ein Patient nicht selbst entscheiden, übernimmt das ein Betreuer in seinem Sinne. Dafür wenden sich Ärzte an das Betreuungsgericht, das den Betreuer festlegt.

Betreuungsverfügung

Eine Betreuungsverfügung ist Ergänzung oder Ersatz für eine Vorsorgevollmacht. Wer keine nahe Vertrauensperson hat, kann in der Verfügung einen Betreuer festlegen. Sie ist auch Ersatz, wenn etwa die in der Vorsorgevollmacht genannte Person selbst verstorben ist. Der Betreuer kümmert sich um die Finanzen, die Krankenversicherung und alles, was anfällt, wenn Sie es selbst nicht mehr können.

Das kann zum Beispiel ein Ehrenamtlicher eines Betreuungsvereins sein, eine Anwältin oder ein Betreuer vom Wohlfahrtsverband. Auch Bekannte und Freunde können Sie einsetzen. Ein Betreuer vor Ort kann sich die Aufgabe auch mit jemandem teilen, der in der Vorsorgevollmacht genannt ist. Zum Beispiel einer Familienangehörigen, die weit entfernt wohnt.

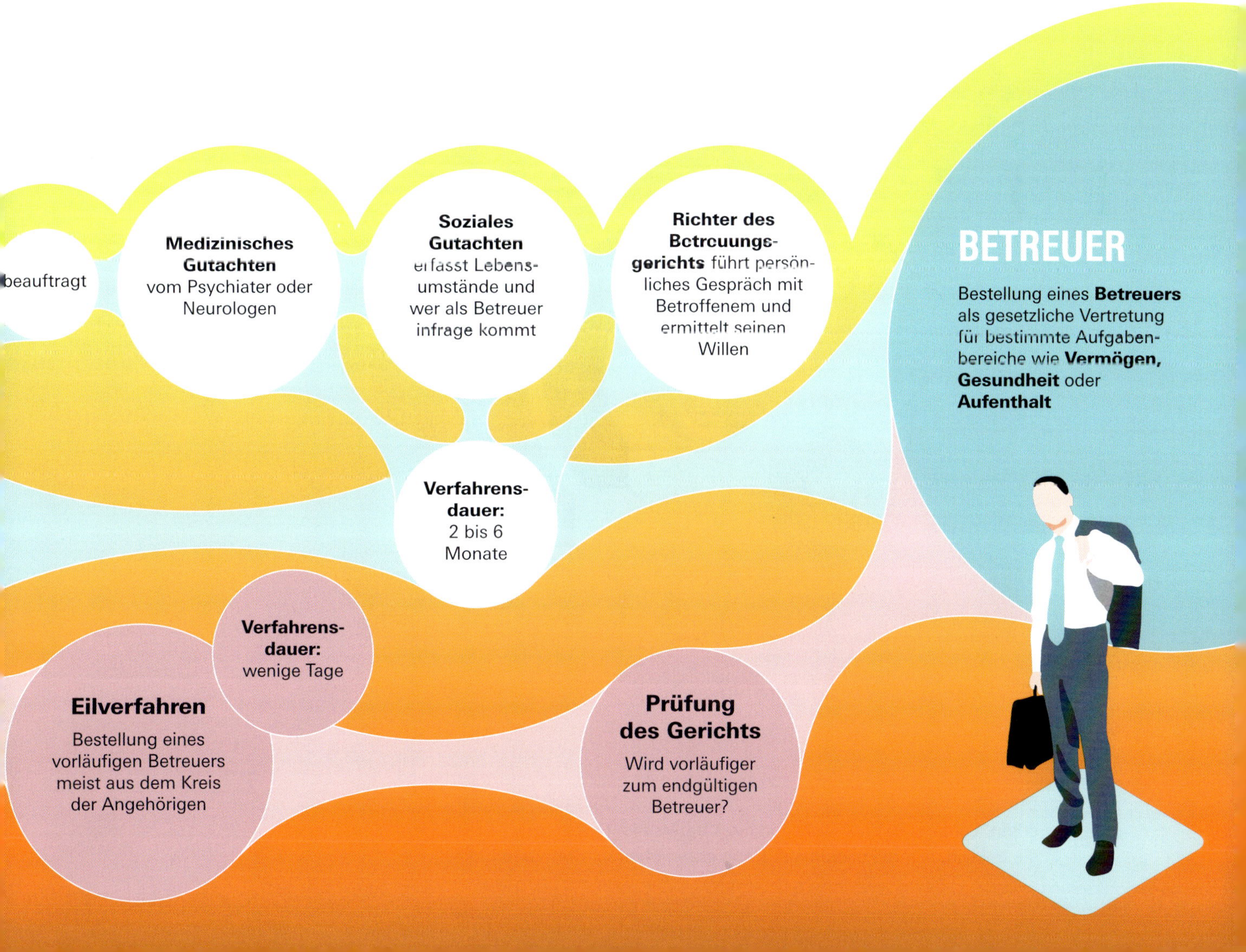

Erben ist Familiensache

Im Gesetz gibt es eine festgelegte Erbfolge. Haben Verstorbene nichts anderes verfügt, tritt auf jeden Fall diese Reihenfolge in Kraft. Dabei gilt, dass nur erben kann, wer zur Familie gehört. Unverheiratete Lebenspartner haben keinen Erbanspruch. Das kann besonders knifflig werden, wenn Partner zusammen eine Immobilie besitzen. Falls Ihre gesetzlichen Erben nicht Ihre Wunscherben sind, müssen Sie unbedingt ein Testament verfassen oder einen Erbvertrag schließen.

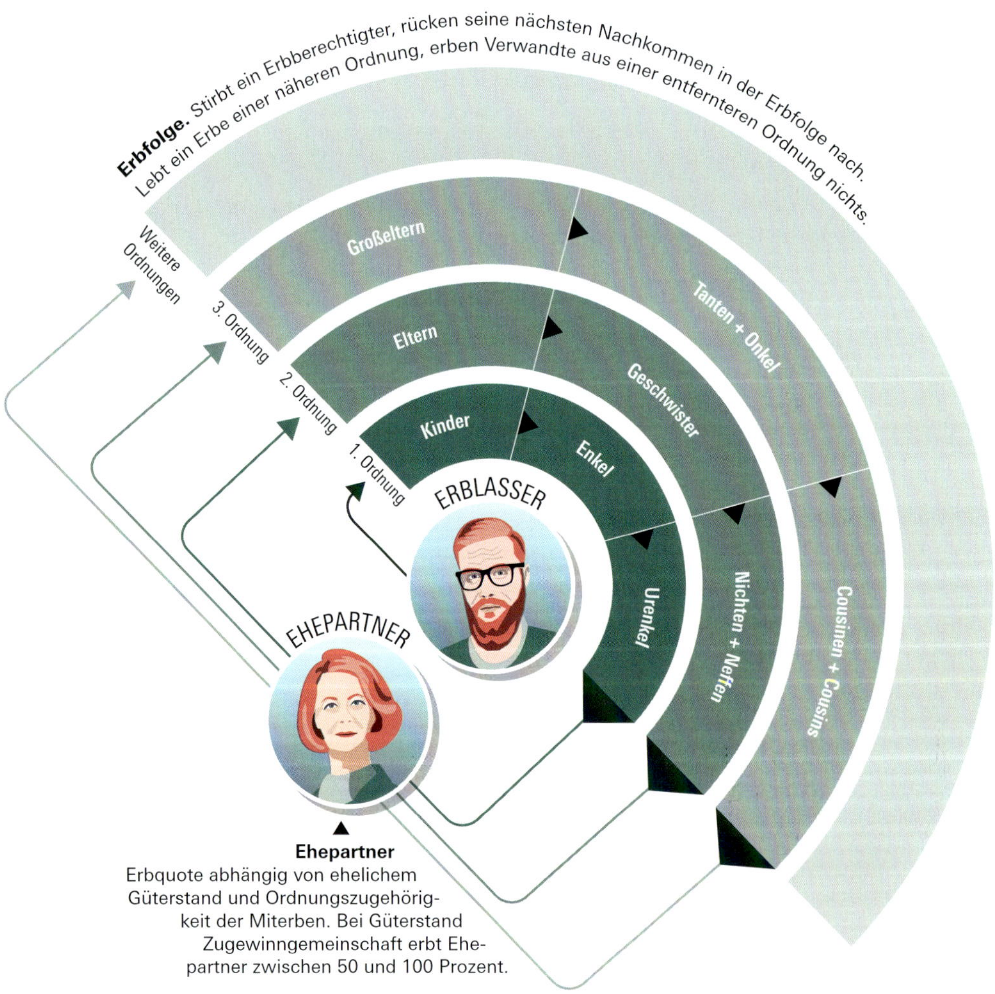

Ohne Testament: Ein Ehemann und Vater stirbt. Nur Ehefrau, Tochter und Sohn erben. Lebt die Tochter beim Tod ihres Vaters nicht mehr, rückt deren Tochter, die Enkelin, in ihre Position auf. Dann erben Ehefrau, Sohn und Enkelin.

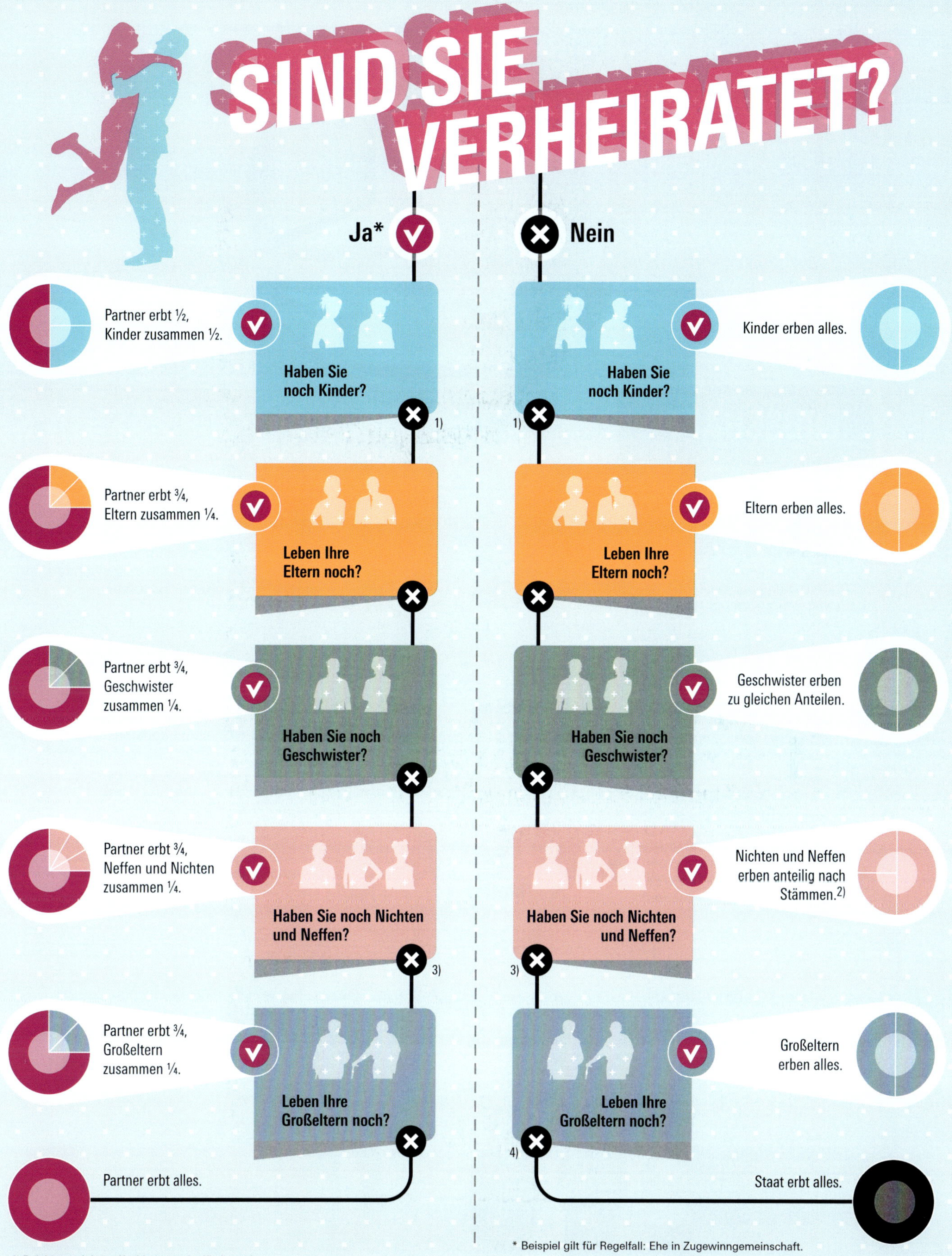

* Beispiel gilt für Regelfall: Ehe in Zugewinngemeinschaft.

1) Es leben auch keine Nachkommen der Kinder mehr.
2) Beispiel: Schwester und Bruder des Erblassers leben nicht mehr. Die zwei noch lebenden Kinder des Bruders bilden einen Familienstamm, das Einzelkind der Schwester den anderen. Die Stämme erben zu gleichen Teilen. Folge: Die beiden Kinder des Bruders bekommen zusammen eine Hälfte, das Einzelkind der Schwester die andere Hälfte.
3) Es leben auch keine Nachkommen der Nichten und Neffen mehr.
4) Auch leben keine sonstigen Verwandten mehr oder sind nicht ermittelbar.

ERBSCHAFT	VERMÄCHTNIS
Erben nehmen als Gesamtrechtsnachfolger die Stellung der verstorbenen Person ein und bekommen den gesamten Nachlass.	Vermächtnisnehmer erhalten nur einen ausgewählten Teil des Nachlasses.
Gibt es mehrere Erben, müssen sie als Erbengemeinschaft gemeinsam über den Nachlass entscheiden.	Vermächtnisnehmer werden nicht Erben und somit auch nicht Teil einer Erbengemeinschaft.
Erben müssen den Nachlass abwickeln und für Schulden einstehen, wenn sie die Erbschaft nicht ausschlagen.	Vermächtnisnehmer müssen sich nicht um Schulden oder sonstige Nachlassverbindlichkeiten kümmern.
Liegt kein Testament oder Erbvertrag vor, legt die gesetzliche Erbfolge fest, wer erbt.	Ein Vermächtnis muss zwingend im Testament oder Erbvertrag angeordnet werden.
Der Nachlass geht automatisch auf den oder die Erben über.	Im Erbfall müssen Vermächtnisnehmer das Vermächtnis aktiv von den Erben fordern.

Erbschaft oder Vermächtnis?

Eine Erbschaft und ein Vermächtnis werden häufig in einen Topf geworfen. Dabei gibt es große Unterschiede. Wer erbt, übernimmt alle Rechte und Pflichten vom Erblasser. Das bedeutet, dass Erben etwa Verträge kündigen oder Schulden tilgen müssen, sofern sie die Erbschaft nicht ausschlagen. Vermächtnisnehmer erhalten dagegen ausschließlich den Teil des Nachlasses, der ihnen überlassen werden soll. Erben werden sie dadurch nicht. So lässt sich ein Vermögen gezielt verteilen. Personen, gemeinnützigen Einrichtungen oder Vereinen lässt sich etwas Konkretes vermachen. Etwa ein Grundstück, ein Schmuckstück oder eine bestimmte Summe. Das Vermächtnis muss im Testament oder einem Erbvertrag festgehalten werden.
Auch Vermächtnisnehmer zahlen Steuern, sofern ihr Anteil ihren Freibetrag übersteigt. Die Grenzen sind dieselben wie bei einer Erbschaft und hängen vom Verwandtschaftsgrad zum Verstorbenen ab. Ein Vermächtnis müssen Bedachte bei den Erben einfordern.

Immobilien übertragen

Einfamilienhaus	
nahe Braunschweig	
Wert	**380 000** Euro
sanierungsbedürftig	

Frank und **Katrin Mahlert** überlegen mit ihren erwachsenen Kindern **Inga** und **Ingo**, wie sie steuerlich günstig einen Teil ihres Vermögens übertragen. Die Eltern wollen weiter im Einfamilienhaus wohnen, das Frank gehört. Es stehen 50 000 Euro Sanierungskosten an.

Frank (Vater)

Katrin (Mutter)

Inga (Tochter)

Ingo (Sohn)

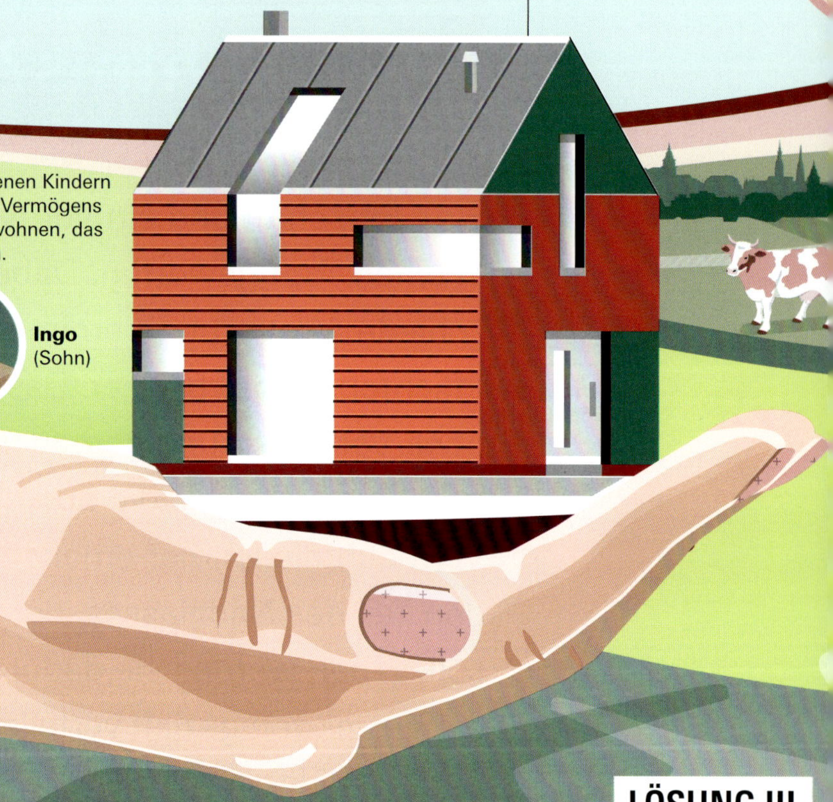

LÖSUNG I

Einfamilienhaus – Katrin

Geschenk an Ehefrau

Eltern **wohnen** im Haus

Steuer: **0 Euro**[1]

Wer zahlt Sanierung? Eltern zahlen die Sanierung. Von 6 000 Euro Lohn- und Fahrtkosten für Handwerker und von bis zu 20 000 Euro für haushaltsnahe Dienste gehen 20 Prozent direkt von ihrer Steuer ab. Materialkosten zählen nicht.

+

Geldvermögen – Inga, Ingo

Geschenk an **Tochter** und **Sohn**

jeweils **200 000** Euro

Steuer: **0 Euro**[2]

LÖSUNG II

Einfamilienhaus – Ingo

Geschenk an Sohn

Eltern **wohnen** im Haus

Steuer: **0 Euro**[2]

Wer zahlt Sanierung? Ingo muss als neuer Eigentümer voll für die anstehenden Sanierungskosten aufkommen, steuerlich kann er dafür keine Kosten geltend machen. Für die Immobilienübertragung muss er allerdings keine Grunderwerbssteuer zahlen.

+

Geldvermögen – Inga

Geschenk an **Tochter**

330 000 Euro

Steuer: **0 Euro**[2]

LÖSUNG III

Einfamilienhaus – Ingo

Geschenk an Sohn

Sohn **vermietet** an Eltern

Steuer: **0 Euro**[2]

Wer zahlt Sanierung? Ingo kann als Vermieter neben anderen Werbungskosten die Sanierungskosten voll absetzen und das Haus mit jährlich 2 Prozent auf Basis der alten Baukosten des Hauses seines Vaters über 50 Jahre abschreiben. Er muss als neuer Eigentümer keine Grunderwerbssteuer zahlen. Die Eltern zahlen mindestens 66 Prozent der ortsüblichen Miete[3].

+

Geldvermögen – Inga

Geschenk an **Tochter**

330 000 Euro

Steuer: **0 Euro**[2]

1) Wird nicht auf Freibetrag der Ehefrau angerechnet. 2) Steuerfrei, da jeweils unter 400 000 Euro Freibetrag für Kinder.
3) Kaltmiete zuzüglich Nebenkosten, die für vergleichbare Wohnungen üblich ist. 4) Verkauf der selbst genutzten Immobilie ist steuerfrei.

Geldvermögen

500 000 Euro

STEUERREGELN SCHENKUNGEN

Der Ehepartner kann jeweils **500 000 Euro** steuerfrei erben oder dem anderen steuerfrei schenken. Ein Kind kann von jedem Elternteil **400 000 Euro** erhalten. Diese Freibeträge gibt es alle zehn Jahre neu. Zusätzlich können sich Ehepartner ihr Eigenheim zu Lebzeiten gegenseitig steuerfrei schenken.

LÖSUNG IV

Einfamilienhaus

Verkauf an Sohn

Sohn **vermietet** an Eltern

Steuer **0** Euro[4]

Ingo

Wer zahlt Sanierung? Ingo kann neben anderen Werbungskosten die Sanierungskosten voll absetzen, wenn diese ohne Mehrwertsteuer in den ersten drei Jahren 15 Prozent der Kaufkosten für das Haus nicht übersteigen. Zudem kann er das Haus mit jährlich 2 Prozent über 50 Jahre abschreiben. Er muss keine Grunderwerbssteuer zahlen. Die Eltern zahlen mindestens 66 Prozent der ortsüblichen Miete[3].

+

Geldvermögen

Geschenk an **Tochter** und **Sohn**

jeweils **200 000** Euro

Steuer **0** Euro[2]

Inga

Ingo

Die eigene Immobilie macht meist einen großen Teil des Vermögens aus. Familien sollten sich deshalb schon früh Gedanken darüber machen, was damit passieren soll. Vor allem bei wertvolleren Immobilien sind die Steuerfreibeträge der Erben schnell ausgeschöpft. Es kann sich lohnen, schon zu Lebzeiten das Familienhäuschen und einen Teil des Geldvermögens an die Angehörigen zu verschenken. Das hilft beim Steuersparen und kann zum Familienfrieden beitragen. Dann ist alles schon geklärt – auch Sanierungsfragen. Alle zehn Jahre gelten die Freibeträge wieder neu. Wer ein großes Vermögen hat, sollte früh mit der Schenkung anfangen. Wichtig ist, dass die Schenkenden dabei auch an ihre eigene Absicherung denken. Geht das Haus an die Kinder, können sie sich beispielsweise ein lebenslanges Wohnrecht sichern. So können sie weiter dort wohnen bleiben. Eine Immobilienschenkung muss notariell beglaubigt werden. Der Notar oder die Notarin berät Sie zum Erbrecht. Zusätzlich ist eine Steuerberatung sinnvoll.

Wie das Finanzamt Immobilien bewertet

VERGLEICHSWERT-VERFAHREN

Eigentumswohnungen sowie auch Ein- und Zweifamilienhäuser.

Das Vergleichswertverfahren ist für alle Immobilienarten vorrangig anzuwenden.

ERTRAGSWERT-VERFAHREN

Insbesondere Mehrfamilien- und Geschäftshäuser sowie Gewerbeimmobilien.

Wie wird der Wert ermittelt?

KAUFPREISE
für vergleichbare Objekte

GUTACHTER-AUSSCHÜSSE
ermitteln durchschnittliche Richtwerte auf Basis von ...

... notariell geschlossenen **IMMOBILIEN-KAUFVERTRÄGEN** und vergleichen dafür Grundstücksgröße, Baujahr, regionale Lage, Wohnfläche, Ausstattung, Vertragsdatum.

Wie wird der Wert ermittelt?

Objektspezifischer **BODENWERT** plus **ROHERTRAG**

ROHERTRAG
Er wird anhand der tatsächlichen oder üblichen Jahresmiete berechnet, unter anderem werden Bewirtschaftungskosten abgezogen. Der Reinertrag wird mit dem sogenannten Kapitalisierungsfaktor multipliziert, der vom Liegenschaftszinssatz und der Restnutzungsdauer abhängt.

BODENWERT
Gibt den Wert eines unbebauten oder fiktiv freigelegten Grundstücks an. Er berechnet sich aus Bodenrichtwert mal Grundstückfläche in Quadratmetern.

FINANZAMT
bestimmt den Wert und setzt Schenkungs- beziehungsweise Erbschaftssteuer fest.

SACHWERT-VERFAHREN

Ein- und Zweifamilienhäuser sowie andere Immobilien, bei denen Vergleichswerte und übliche Mieten nicht vorliegen, weil sie beispielsweise in ländlichen Gebieten liegen oder außergewöhnlich sind wie Bauernhöfe, Villen oder Burgen.

Für manche Erben oder Beschenkte wird die Wertbestimmung durch das Finanzamt zur Zitterpartie. Dessen Einschätzung entscheidet nämlich darüber, ob und wie viel Erbschafts- oder Schenkungssteuer fällig wird. Der Knackpunkt ist der Freibetrag der Begünstigten (siehe S. 68): Falls der festgelegte Wert darunterbleibt, kann die Immobilie steuerfrei übergeben werden. Die Beamtinnen und Beamten stützen sich bei der Feststellung in der Regel auf die Aktenlage. Nur in den seltensten Fällen fahren sie hin und besichtigen das Haus oder die Wohnung. Drei Bewertungsverfahren gibt es, vorrangig soll das Finanzamt das Vergleichswertverfahren nutzen. Es kommt vor, dass das Finanzamt den Wert der Immobilie zu hoch ansetzt. Erben und Beschenkte haben deshalb die Möglichkeit, gegen die Feststellung Widerspruch einzulegen. Mit einem Gutachten eines öffentlich bestellten und vereidigten Sachverständigen können sie den angesetzten Wert widerlegen.

Stets passend versichert

Eine Versicherung gegen Krebs, eine für das Handy und das Gepäck im Urlaub: Verträge gibt es für vieles, oft teuer bezahlt und überflüssig. Andere Versicherungen sind dagegen wichtig, zum Beispiel eine Haftpflicht- oder Berufsunfähigkeitsversicherung. Doch eine Auswertung der Versicherungswirtschaft zeigt, dass etwa jeder fünfte Haushalt keine Haftpflichtpolice hat und nur jeder vierte gegen Berufsunfähigkeit abgesichert ist.
Deutlich häufiger liegt stattdessen eine Hausratversicherung in der Schublade. Wie für viele andere Policen auch, gibt es für deren Abschluss keine allgemeingültige Empfehlung. Oft kommt es stattdessen auf die individuelle Lebenssituation an, welche Absicherung tatsächlich gebraucht wird. Junge Familien sollten sich zum Beispiel anders versichern als Rentner.

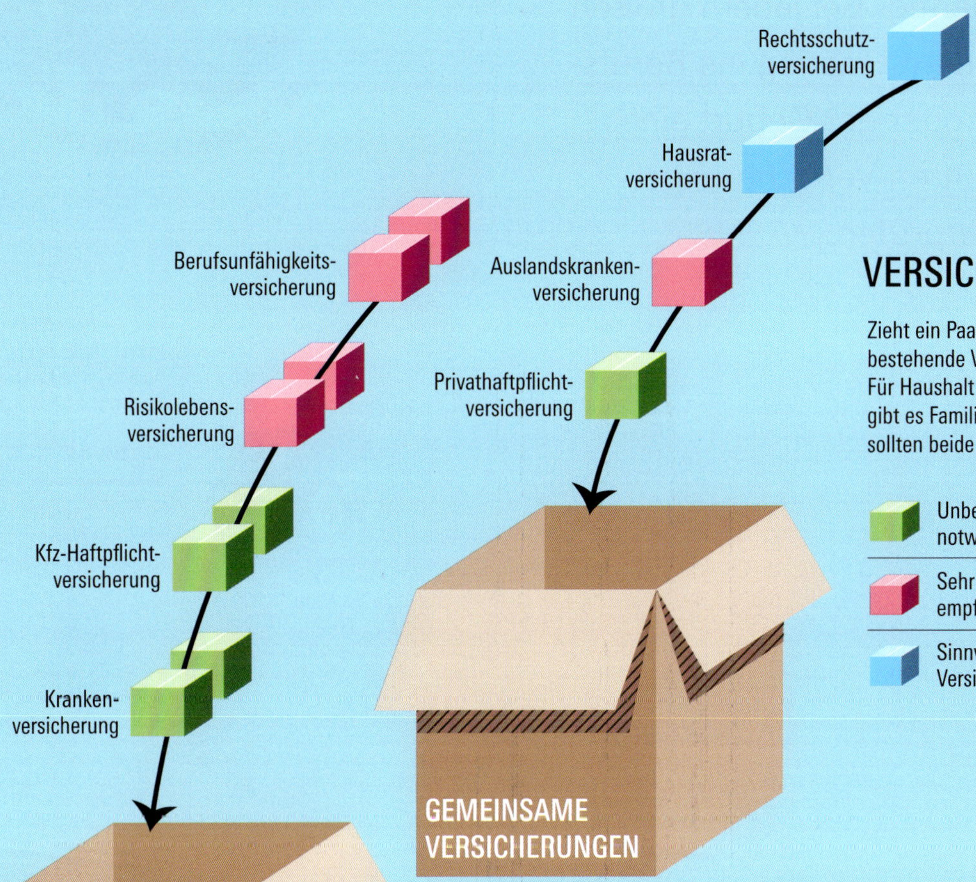

Mehr zum Thema → Seite 204

VERSICHERUNGS-CHECK

Zieht ein Paar zusammen, sollte es bestehende Versicherungen abgleichen. Für Haushalt und Schutz der Familie gibt es Familienverträge. Unverheiratete sollten beide im Vertrag stehen.

- Unbedingt notwendig
- Sehr zu empfehlen
- Sinnvolle Versicherung

Als Daumenregel gilt: Vor allem existenzbedrohende Risiken sollten versichert sein. Bei der genaueren Einschätzung, was wichtig ist, hilft unsere Übersicht auf S. 74. Für Paare, die zusammenziehen, gilt jedenfalls, dass sie manchen Vertrag kündigen können, weil sie ihn nicht doppelt brauchen.

Was tatsächlich jeder haben muss – und das ist gesetzlich vorgeschrieben –, sind Kranken- und Pflegeversicherung. Die bezahlen nicht nur die Behandlung bei Ärztin oder Arzt, sondern auch Reha, Kur und Pflege.

Sicher durchs Leben

Im Laufe des Lebens werden andere Versicherungen wichtig. Bei jedem großen Ereignis wie etwa dem Einstieg ins Berufsleben, einer Heirat oder der Geburt eines Kindes sollten Sie Ihren Versicherungsschutz deshalb überprüfen.

EIGENES AUTO

Eine **Kfz-Haftpflichtversicherung** für das Auto ist in Deutschland Pflicht.

Eine **Teil-** oder **Vollkaskoversicherung** ist keine Pflichtversicherung.

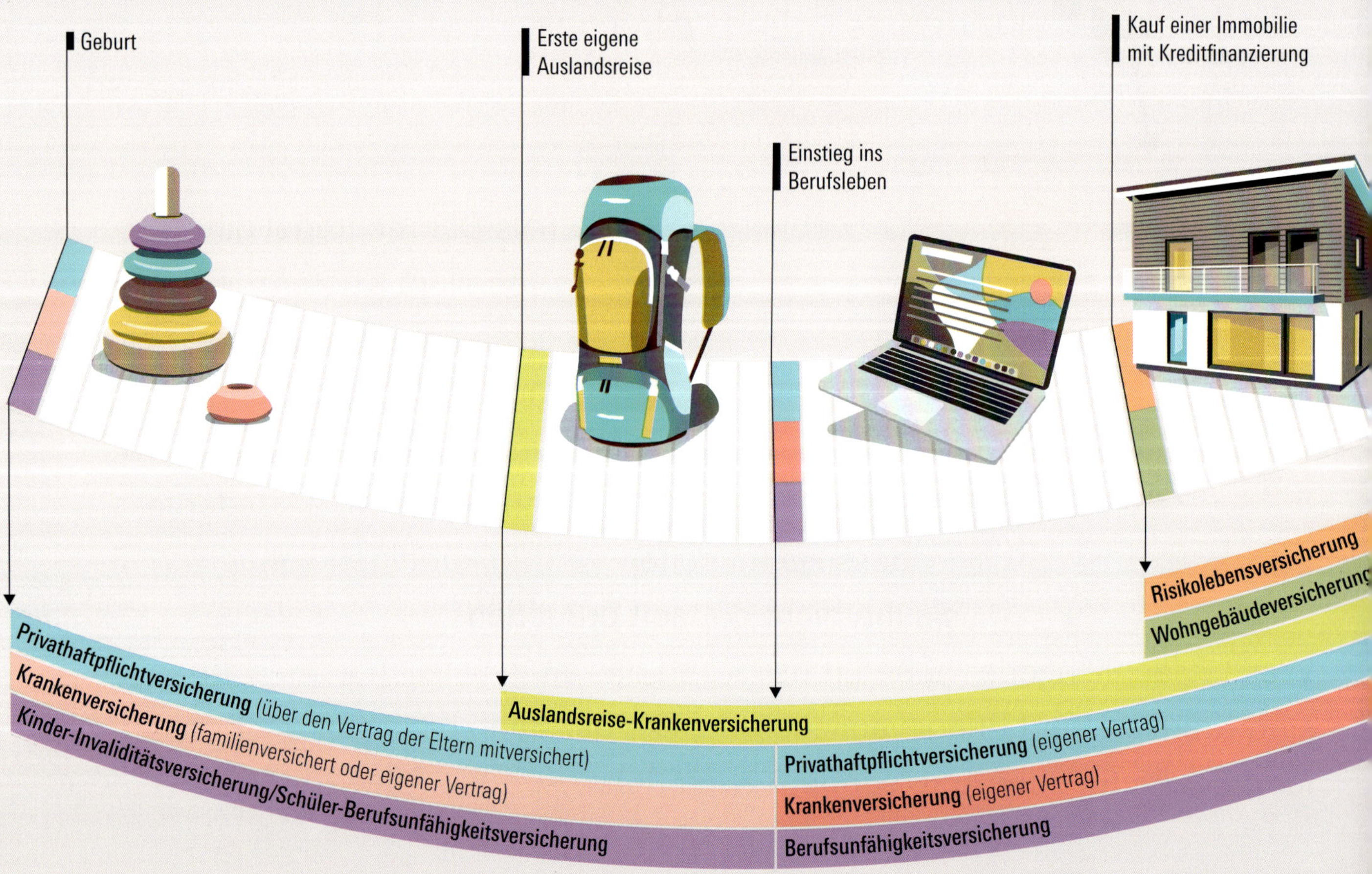

EIGENE IMMOBILIE

Eigentümer einer Immobilie brauchen eine **Wohngebäudeversicherung**, um Gebäudeschäden, etwa durch Feuer oder Leitungswasser, abzusichern.

Wer einen Öltank hat, braucht Schutz entweder über die **Privat-** oder eine **Gewässerschadenhaftpflicht.** Für Bauherren ist eine **Bauherrenhaftpflicht** notwendig, für Eigentümer und Vermieter unbebauter Grundstücke eine **Haus- und Grundbesitzerhaftpflicht**.

EIGENES TIER

Wer ein Pferd oder einen Hund besitzt, benötigt unbedingt eine **Tierhalter-Haftpflichtversicherung**.

Tierhalter haften, wenn durch ihr Tier ein Schaden entsteht. Für Hunde ist eine **Hundehalter-Haftpflichtversicherung** in einigen Bundesländern Pflicht.

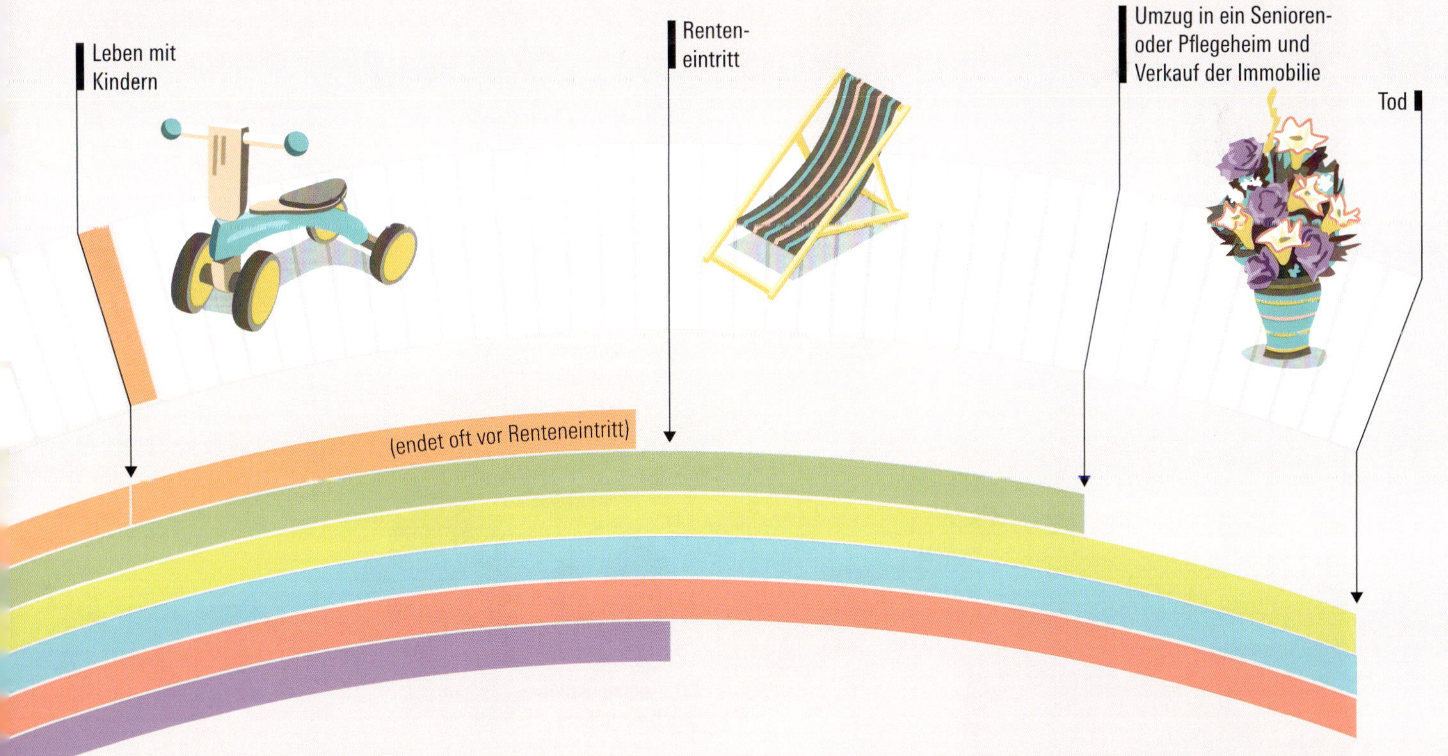

Diese Grafik zeigt, welche Versicherungen im Laufe eines Lebens notwendig und welche empfehlenswert sind. Sie orientiert sich an der Basis-Finanzanalyse für Privathaushalte des Din-Instituts.

Nachhaltige Policen

Manche Versicherungsunternehmen verwalten große Anlagesummen. Wenn sie diese klimaneutral anlegen, ist das ein wichtiges Zeichen. Bis 2050 will die Branche dieses Ziel erreichen.

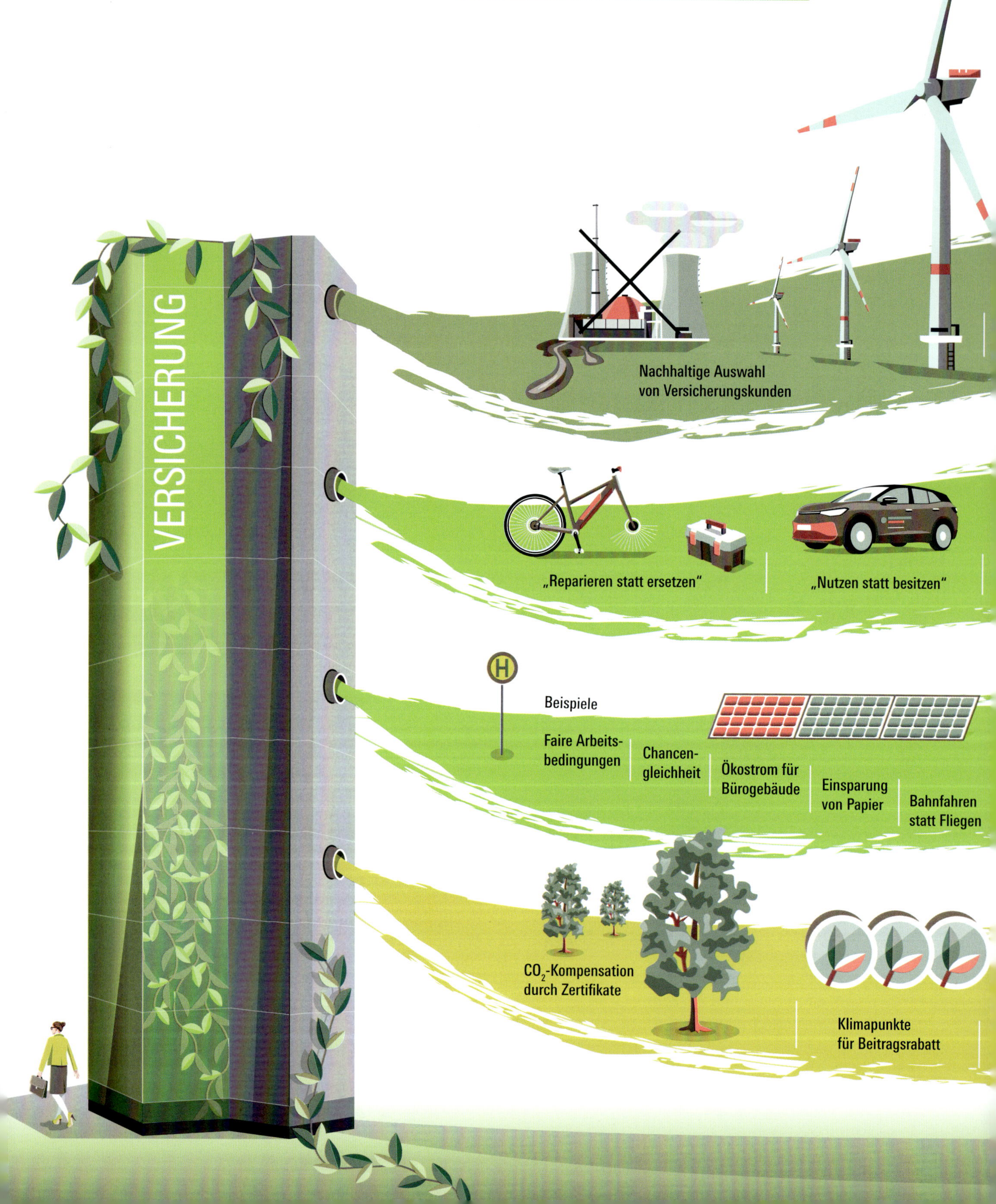

Noch ist es aber nicht so weit: Manche Unternehmen locken Kunden mit grünem Anstrich ihrer Verträge, etwa bei Hausrat oder Privathaftpflicht. Schauen Sie daher besser genau hin, denn manchmal ist es mehr Schein als Sein. In der Grafik sehen Sie, worauf es ankommt.

INVESTITIONEN UND RISIKEN

Was wirklich zählt

Nachhaltige Kapitalanlage

Am wichtigsten ist, dass die Versicherung Nachhaltigkeitskriterien in ihren Kapitalanlagen berücksichtigt und schädliche Investitionen ausschließt. Ebenfalls wichtig ist, dass sie langfristig keine Großkunden mehr versichert, die Klimaschutzzielen entgegenstehen, etwa Kohlekraftwerke.

LEISTUNGSMANAGEMENT

Umdenken sinnvoll

„Build back better"

Ein Versicherungsfall kann nachhaltiger reguliert werden. Etwa durch die Übernahme von Mehrkosten für Reparaturen, durch die Förderung von Sharingangeboten oder durch das Prinzip „build back better". Danach wird etwa ein von Hochwasser zerstörtes Haus ökologischer wieder aufgebaut.

UNTERNEHMENSFÜHRUNG

Fair und ökologisch arbeiten

Ein ökologisches Versicherungsunternehmen arbeitet nachhaltig und achtet neben der Klimabilanz unter anderem auf Chancengleichheit und faire Arbeitsbedingungen. Oft wird hier viel Lärm um kleine Maßnahmen gemacht. Ökostrom und Papiersparen allein ist jedoch noch nicht nachhaltig.

SONSTIGE VERSPRECHEN

Verlockende Werbeversprechen

Ein neu gepflanzter Baum pro Vertrag

Baumpflanzaktionen, Rabatte für Nachhaltigkeit im Alltag oder CO_2-Kompensation sprechen das Klimabewusstsein vieler Menschen an. Davon sollten sich Versicherte aber nicht locken lassen. Der Nutzen für die Umwelt ist teils nur gering und „grüne" Tarife sind trotz Rabatt oft teuer.

Viel Schutz im Alltag

Die private Haftpflichtversicherung ist eine Absicherung, die wirklich jede und jeder haben sollte. Denn sie zahlt für Schäden, die Sie anderen Personen oder Sachen zufügen. Gerade Personenschäden, also Verletzungen, die vielleicht Verdienstausfall und lange Behandlungen zur Folge haben, können richtig teuer werden. Gute Tarife versichern mindestens 10 Millionen Euro.

+ In der Regel im Vertrag mitversichert.

! **Check!** Vertrag prüfen, ob Risiko abgesichert ist.

EINFAMILIENHAUS

! **Öltank**

läuft aus und verseucht Grundwasser.

Versichert sind oft oberirdische Tanks bis 5 000 Liter. Größere und unterirdische brauchen meist eine **Gewässerschaden-Haftpflichtversicherung**.

! **Photovoltaikanlage**

Element der Photovoltaikanlage löst sich und fällt auf parkendes Auto.

Kleine Anlagen meist versichert, größere brauchen eine **Photovoltaikpolice**.

Die fünf Mitglieder unserer Beispielfamilie sind viel unterwegs. Wir zeigen, wann die **Haftpflichtversicherung** der Familie greift, wenn es zum Schaden kommt.

Mehr zum Thema → Seite 204

VATER

… hilft dem Nachbarn beim Einzug und lässt Fernseher fallen.

In der Regel sind solche Gefälligkeiten mitversichert.

… verletzt beim Radfahren einen Fußgänger.

Versichert. Risikosport wie Tauchen und Klettern dagegen meist nicht.

… lässt die geliehene Bohrmaschine fallen.

Check! Sind geliehene und gemietete Sachen mitversichert?

… rammt mit Surfbrett ein Motorboot.

Versichert sind Surfbrett und Paddelboot. Für größeres Motor- und Segelboot **Bootshaftpflichtpolice** nötig.

MUTTER

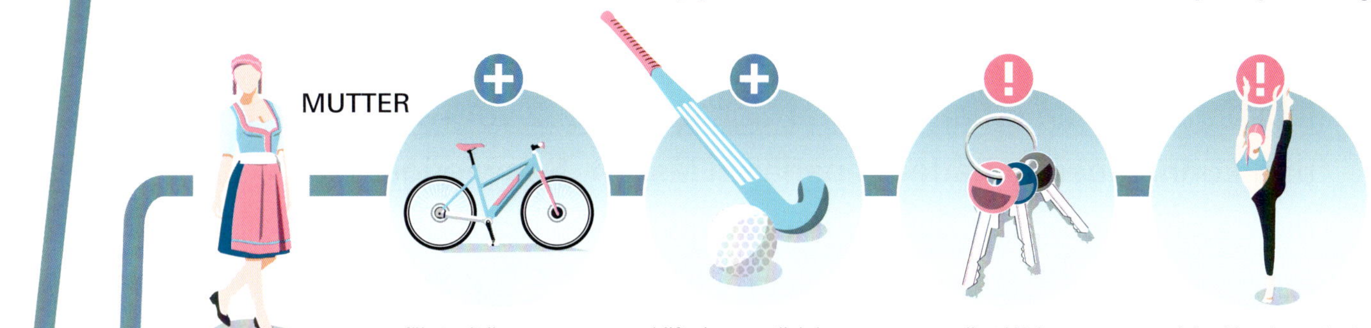

… fährt mit ihrem Pedelec gegen ein Auto.

Versichert bis 250 Watt und 25 km/h. Darüber **Mofaversicherung** notwendig.

… hilft ehrenamtlich im Hockeyverein und lässt Beamer fallen.

Versichert. Für Verantwortliche wie Vorstände **Vereinshaftpflichtpolice**.

… verliert Wohnungsschlüssel einer Freundin.

Check! Sind Schlüssel im Vertrag mitversichert?

... leitet Yogakurse in der Volkshochschule, macht Musikanlage kaputt.

Einige Verträge schützen bis zu einer bestimmten Höhe der Einnahmen.

TOCHTER

20 Jahre

… ist Studentin und wohnt nicht mehr zu Hause.

Versichert sind volljährige Kinder bis zum Ende der ersten Ausbildung oder des Bachelors.

… jobbt als Babysitterin und verletzt ein Kind.

Versichert oft bis 400 Euro Einkommen im Monat und bis zu fünf betreute Kinder.

… lädt Virus auf Laptop einer Mitstudentin.

Versichert sind Schäden meist bis zu 50 000 Euro.

… studiert für ein halbes Jahr im Ausland.

Versichert sind oft Aufenthalte für mindestens drei Jahre in der EU und ein Jahr weltweit.

SOHN

6 Jahre

Kinder unter 7 Jahren sind **deliktunfähig,** Eltern haften nur, wenn sie ihre Aufsichtspflicht verletzen. Im Straßenverkehr bis zu 10 Jahren.

… schießt mit Ball in Fensterscheibe des Nachbarn.

Check! Sind deliktunfähige Kinder mitversichert?

SOHN

12 Jahre

… geht mit Nachbars Hund Gassi, der beißt anderen Hund.

Versichert ist das Hüten eines fremden Hundes. Eigenes Tier benötigt **Hundehalterhaftpflicht**.

… spielt auf Handy Pokemón go und verursacht Verkehrsunfall.

Versichert.

Entschädigung für Schmerzen

Das Fahrrad ist kaputt, das Auto durch einen Unfall beschädigt: In solchen Fällen erhalten Opfer Schadenersatz vom Verursacher und können den Schaden reparieren lassen. Schwieriger ist es, die gesundheitlichen Schäden infolge von Verletzungen zu entschädigen. Opfer erhalten Schmerzensgeld. Die Summe soll immaterielle Schäden finanziell ausgleichen, etwa erlittene Schmerzen oder den Verlust von Lebensqualität. Ein Anspruch auf Schmerzensgeld kann zum Beispiel durch einen Verkehrsunfall oder einen ärztlichen Behandlungsfehler entstehen. Aber auch bei Verletzung der psychischen Gesundheit, etwa durch Mobbing. Anders als der Wert eines kaputten Fahrrads lässt sich der Wert von Schmerzen aber nicht so einfach bestimmen. Eine allgemeingültige Regel gibt es nicht. Faktoren wie die Schwere der Verletzung, das Alter des Geschädigten oder etwaige Dauerfolgen zählen mit hinein. Besonders wenn junge Menschen lange mit den Folgen leben müssen, kann das Schmerzensgeld hoch ausfallen. In der Regel übernimmt die Haftpflichtversicherung des Verursachers die Kosten, sofern dieser eine besitzt.

AUTOUNFALL

Eine Beifahrerin wurde im Pkw bei unverschuldetem Auffahrunfall an Ampelkreuzung verletzt.

Leichte HWS-Distorsion (Verspannungen und Beschwerden in Nacken und Kopf)

300 Euro Schmerzensgeld

UNGEZIEFER IM HOTEL

Eine Familie wurde über mehrere Nächte im Hotelbett von Insekten gebissen.

Unangenehme, juckende Insektenbisse, Urlaubsbeeinträchtigung

1 000 Euro Schmerzensgeld

HUNDEBISS

Eine Frau wurde von fremdem Hund in die Hand gebissen, nachdem sie ihn zu streicheln versuchte.

Bisswunden und Narben an der rechten Hand, Hundephobie

1 190 Euro Schmerzensgeld

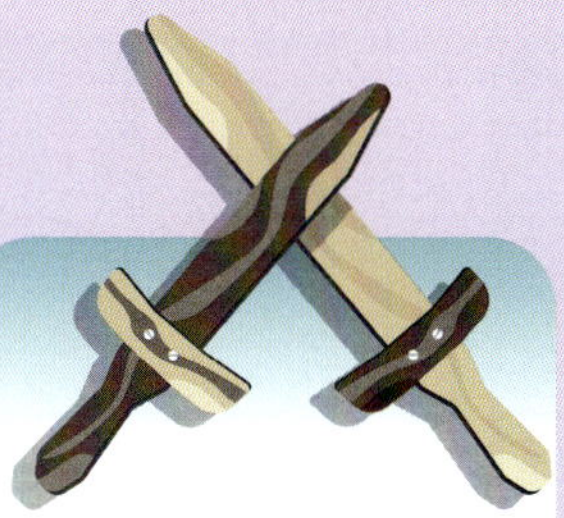

SPIELVERLETZUNG

Ein Dreizehnjähriger bekam Schlag ins Gesicht beim spielerischen Kämpfen mit Holzstöcken.

Verlust eines Schneidezahns

1 500 Euro Schmerzensgeld

BELEIDIGUNG

Ein angeblich unfreundlicher Verkäufer wurde von Influencerin mit über 600 000 Followern auf Social-Media-Kanälen beleidigt und bedroht.

Verletzung des Persönlichkeitsrechts, Beleidigung, Drohung

10 000 Euro Schmerzensgeld

MOBBING

Eine Angestellte wurde am Arbeitsplatz schikaniert, unter anderem Kontaktverbot zu anderen Mitarbeitenden, Versetzung in Büro ohne Telefon, keine Einladungen zu Betriebsfeiern.

Verletzung des Persönlichkeitsrechts, Mobbing

10 000 Euro Schmerzensgeld

STURZ BEI GLATTEIS

Eine Frau stürzte bei Glatteis vor Geschäft, Verletzung der Streu- und Räumpflicht.

Mehrere Verrenkungen des Hüftgelenks, Einsatz zwei künstlicher Hüftgelenke, Einschränkung des Bewegungsvermögens für drei Monate

22 500 Euro Schmerzensgeld

MOTORRADUNFALL

Ein Motorradfahrer stürzte nach Kollision mit Pkw, der die Vorfahrt missachtete.

Oberschenkelbruch, schwere Verletzung des Sprunggelenks, Berufswunschvereitelung

42 000 Euro Schmerzensgeld

FAHRRADUNFALL

Ein Radfahrer stürzte über schlecht sichtbare Stacheldrahtabsperrung eines Feldwegs, die von Jagdpächtern aufgestellt wurde.

Querschnittslähmung ab dem vierten Halswirbel, Depressionen, lebenslanger Pflegebedarf

800 000 Euro Schmerzensgeld

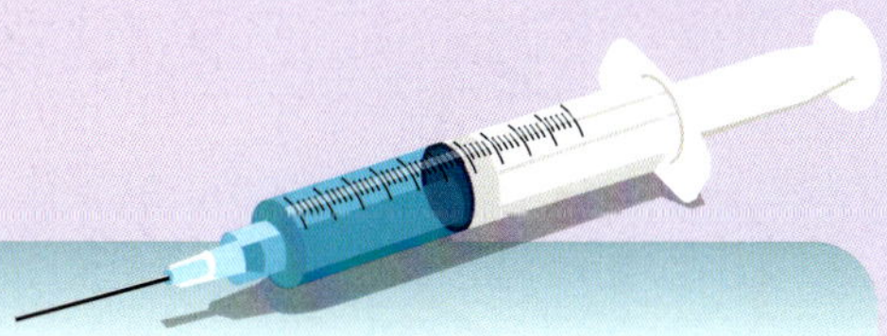

BEHANDLUNGSFEHLER

Ein Einjähriger wurde wegen einer Lungenentzündung im Krankenhaus behandelt, bekam beim Essen eine Injektion von einer Pflegerin, verschluckte sich und erlitt Sauerstoffmangel.

Schwere Hirnschädigung, Epilepsie, Verlust des Seh-, Sprach- und Bewegungsvermögens, lebenslanger Pflegebedarf

1 000 000 Euro Schmerzensgeld

Wertvolle Arbeitskraft

IN FÜNF SCHRITTEN ZUM GUTEN VERTRAG

1 ANGEBOTE AUSWÄHLEN

Sind Sie gesund, orientieren Sie sich unter test.de/berufsunfaehigkeit an unseren Modellkunden und wählen Sie unter den sehr guten Angeboten die preisgünstigsten aus. Achten Sie auf den Tarifbeitrag.

Längst nicht jeder bekommt einen Vertrag. Wenn Sie in den letzten fünf Jahren ernsthaft krank waren, chronisch krank sind oder in einem Risikoberuf arbeiten, dann lassen Sie sich beraten.

! BERATEN LASSEN

Wenden Sie sich an einen unabhängigen Versicherungsberater oder einen Versicherungsmakler – diese können anonyme Risikovoranfragen stellen.

2 ANFRAGEN ABSENDEN

Fragen Sie mehrere Versicherer parallel nach Angeboten und lassen Sie sich diese zuschicken. Geben Sie Alter, Beruf, Laufzeit, Rentenhöhe, Rauchgewohnheit an.

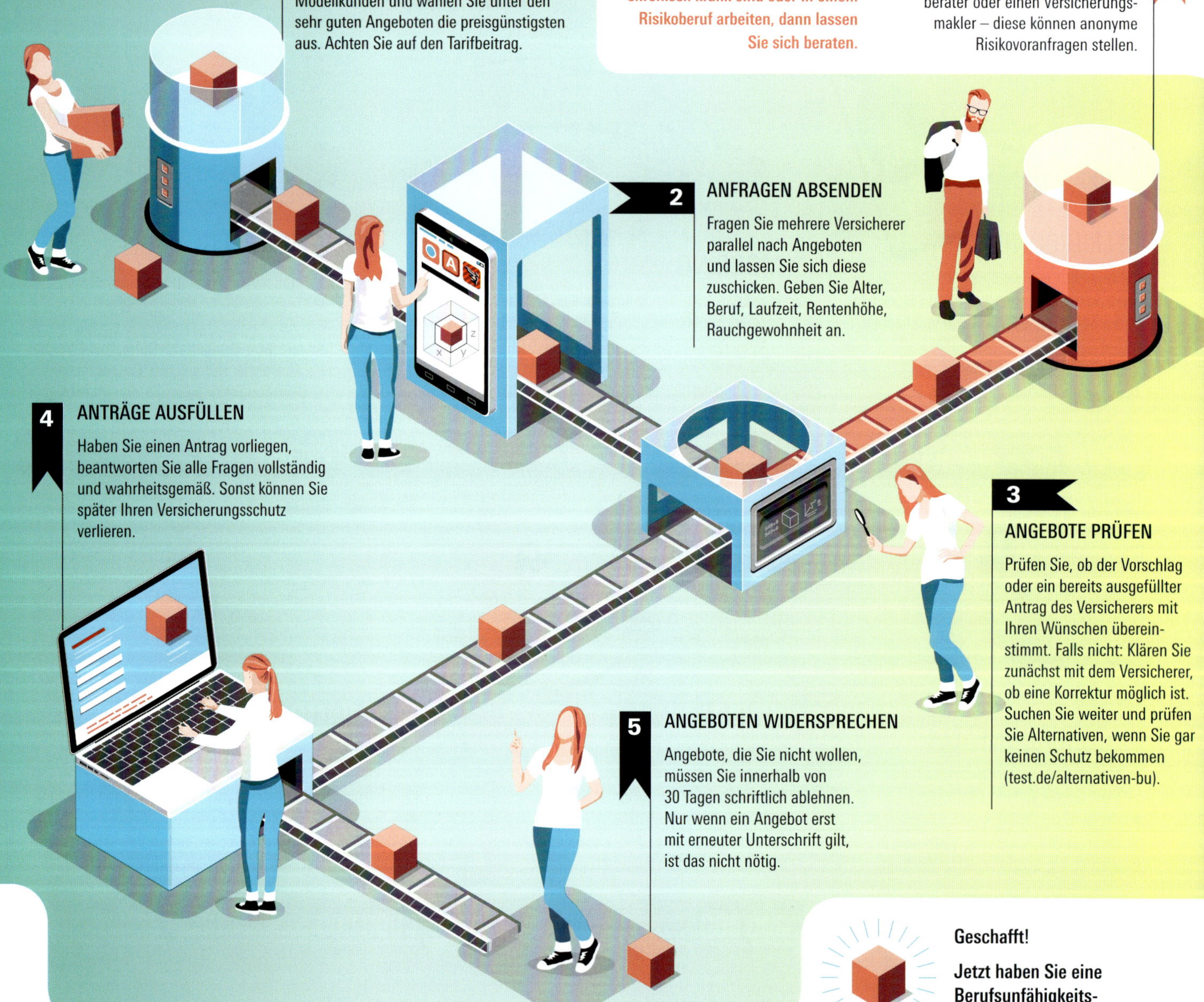

3 ANGEBOTE PRÜFEN

Prüfen Sie, ob der Vorschlag oder ein bereits ausgefüllter Antrag des Versicherers mit Ihren Wünschen übereinstimmt. Falls nicht: Klären Sie zunächst mit dem Versicherer, ob eine Korrektur möglich ist. Suchen Sie weiter und prüfen Sie Alternativen, wenn Sie gar keinen Schutz bekommen (test.de/alternativen-bu).

4 ANTRÄGE AUSFÜLLEN

Haben Sie einen Antrag vorliegen, beantworten Sie alle Fragen vollständig und wahrheitsgemäß. Sonst können Sie später Ihren Versicherungsschutz verlieren.

5 ANGEBOTEN WIDERSPRECHEN

Angebote, die Sie nicht wollen, müssen Sie innerhalb von 30 Tagen schriftlich ablehnen. Nur wenn ein Angebot erst mit erneuter Unterschrift gilt, ist das nicht nötig.

Geschafft!

Jetzt haben Sie eine Berufsunfähigkeitsversicherung.

Wer durch Krankheit oder Unfall im Job ausfällt, bekommt noch eine Zeit lang Krankengeld oder Krankentagegeld. Doch sobald das endet, wird es für viele finanziell eng. Zwar zahlt die gesetzliche Rentenversicherung unter Umständen eine Erwerbsminderungsrente, aber die reicht oft nicht aus, um das Existenzminimum zu sichern. Selbstständige und Freiberufler stehen manchmal sogar ganz ohne Absicherung da.

Dabei trifft die Berufsunfähigkeit viele. Fast jeder Vierte muss vorzeitig aus dem Arbeitsleben aussteigen, etwa wegen der Psyche, kaputter Knochen oder Krebs.

In solchen Fällen hilft eine Berufsunfähigkeitsversicherung. Sie zahlt jeden Monat die vereinbarte Rente. Allerdings ist der Schutz recht teuer. Und wer schon Erkrankungen hat, braucht bei der Suche nach einem Tarif Unterstützung. Gesunde Menschen können sich aber durchaus allein um einen Vertrag kümmern.

Mehr zum Thema › Seite 204

Berufsunfähigkeits-rente erhöhen

Eine Berufsunfähigkeitsversicherung läuft über viele Jahre. Doch mit der Zeit ändert sich bei vielen Versicherten der Lebensstandard. Eine einst vereinbarte Rentenhöhe reicht dann vielleicht nicht mehr aus. Versicherte haben verschiedene Möglichkeiten, die Summe anzupassen.
Schon bei Vertragsschluss können sie eine Beitragsdynamik vereinbaren. Durch den steigenden Beitrag erhöht sich die versicherte Rente. Wer eine Leistungsdynamik abschließt, erhält im Leistungsfall regelmäßig eine Rentenerhöhung. Auch das kostet extra. Außerdem können Versicherte in vielen Verträgen ihre Rente auch während der Laufzeit erhöhen. Dies geht über die sogenannte Nachversicherungsgarantie bei Eintritt bestimmter Anlässe, zum Beispiel Gehaltserhöhungen, Heirat oder Geburt eines Kindes.

SCHLIESST EINEN VERTRAG AB →

ERHÖHT DIE RENTE UM 500 EURO →

ERHÖHT DIE RENTE UM WEITERE 500 EURO →

ERHÄLT EINE BERUFSUNFÄHIGKEITSRENTE

Beitragsdynamik

Höhe der Rente

1 000 Euro monatlich

Höhe der Rente

1 500 Euro monatlich

Höhe der Rente

2 000 Euro monatlich

Leistungsdynamik

Höhe der Rente

2 000 Euro monatlich plus X

Nachversicherungsgarantie

Ereignisunabhängig und ohne erneute Gesundheitsprüfung möglich, teils ohne Risikoprüfung

0–5 Jahre nach Vertragsschluss
Alter maximal oft 35 Jahre

Nachversicherungsgarantie

Ereignisabhängig und ohne erneute Gesundheitsprüfung möglich, teils ohne Risikoprüfung

Über 5 Jahre nach Vertragsschluss
Alter maximal oft 50 Jahre

Die Rente fällt durch die Vereinbarung einer Beitrags- und Leistungsdynamik höher aus.

Bei solchen Ereignissen ist oft eine Nachversicherung möglich

Abschluss einer Ausbildung, Heirat, Geburt oder Adoption eines Kindes, Aufnahme eines Baukredits für eine selbst genutzte Immobilie, Start in die Selbstständigkeit, Gehaltserhöhung

Das kann eine Nachversicherung gefährden:

- Risikoprüfung durch den Versicherer
- Obergrenzen für finanziell angemessene Rentenerhöhung
- Altersgrenzen
- Antrag auf Leistung aus einer Berufsunfähigkeitsversicherung ist bereits gestellt
- Arbeitsunfähigkeit
- Beitragsfreistellung
- Erwerbsminderung
- Schwerbehinderung

Möglichkeiten zur Rentenerhöhung checken

Nachversicherungsgarantie
Die Rente kann sprunghaft um einen größeren Betrag erhöht werden.

Beitragsdynamik
Der Beitrag steigt jährlich um beispielsweise 2 oder 3 Prozent, damit die Rente steigt.

Leistungsdynamik
Die Rente steigt im Leistungsfall jährlich um beispielsweise 1 oder 3 Prozent.

Mehr zum Thema → Seite 204

Risikoleben: So hoch muss die Versicherung sein

Eine Risikolebensversicherung ist wichtig, sobald Angehörige zu versorgen sind. Mit ihr lässt sich die Familie finanziell absichern, für den Fall, dass ein Partner stirbt. Dafür muss die Versicherungssumme hoch genug gewählt sein. In der Regel sollte sie die monatlichen Ausgaben decken, bis die Kinder eigenes Geld verdienen. Braucht die Familie beispielsweise 20 Jahre lang jeden Monat 600 Euro, sind rund 150 000 Euro Versicherungssumme nötig.

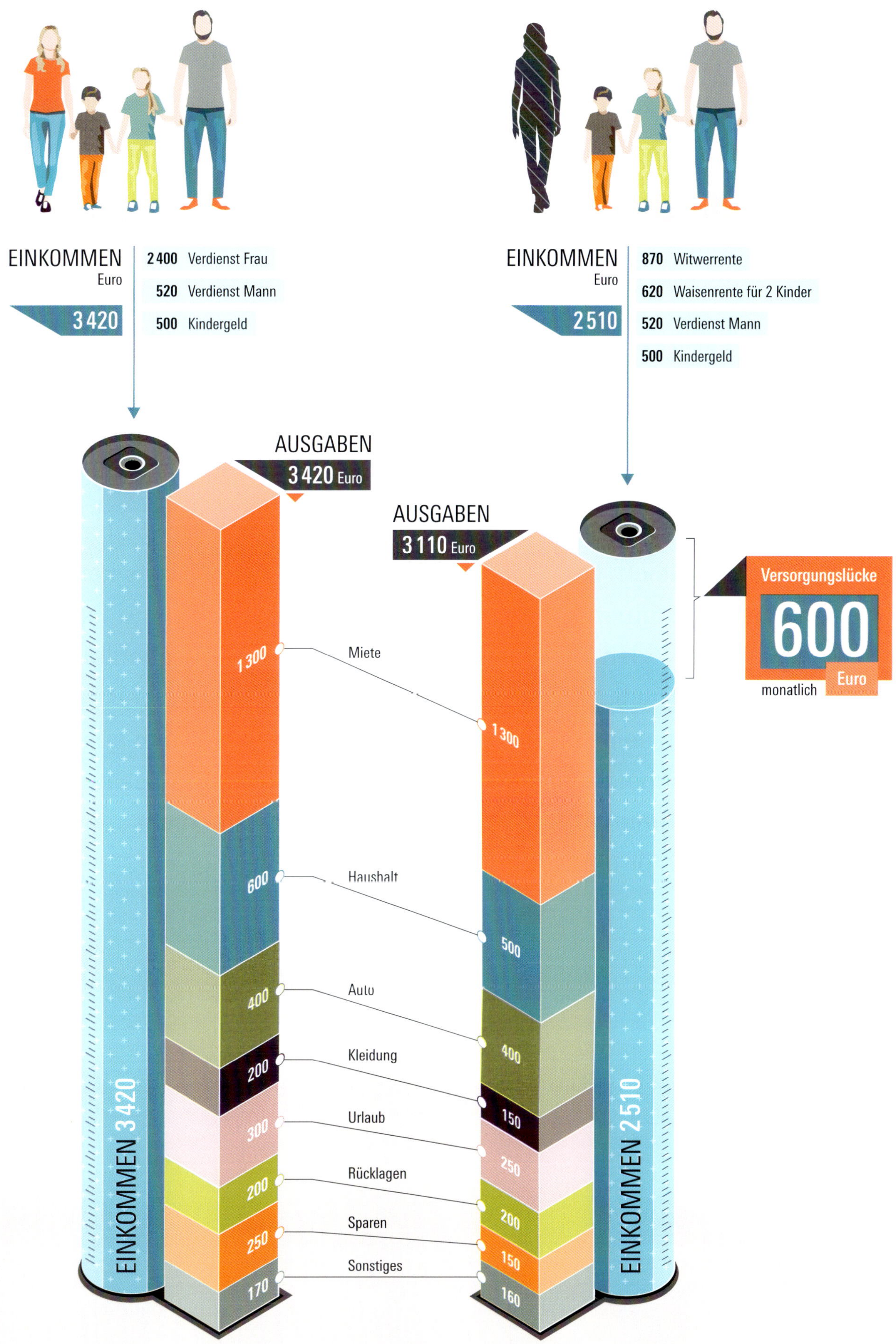
EINKOMMEN
Euro
3 420
2 400 Verdienst Frau
520 Verdienst Mann
500 Kindergeld
EINKOMMEN
Euro
2 510
870 Witwerrente
620 Waisenrente für 2 Kinder
520 Verdienst Mann
500 Kindergeld
AUSGABEN
3 420 Euro
AUSGABEN
3 110 Euro
Versorgungslücke
600
Euro
monatlich
1 300
Miete
1 300
600
Haushalt
500
400
Auto
400
200
Kleidung
150
300
Urlaub
250
200
Rücklagen
200
250
Sparen
150
170
Sonstiges
160
EINKOMMEN 3 420
EINKOMMEN 2 510

Pflicht und Kür der Krankenkassen

Die meisten Leistungen, die gesetzliche Krankenkassen bezahlen, sind in einem Katalog per Gesetz vorgeschrieben. Leistungen, die die medizinische Grundversorgung betreffen, sind deshalb bei allen Anbietern gleich. Doch einen kleinen Teil ihres Angebots kann jede Kasse selbst bestimmen. In diesen Zusatzleistungen, Boni und Extraservices kann für jeden Versicherten der Unterschied zwischen einer für ihn guten und schlechten Kasse liegen. Wer bestimmte Leistungen schätzt, sollte sich seine Krankenversicherung gezielt danach aussuchen. Außerdem unterscheiden sich die Kassen in der Höhe des Zusatzbeitrags, den sie erheben. Doch der Beitrag allein sollte nicht ausschlaggebend für die Wahl der Krankenversicherung sein.

Mehr zum Thema → Seite 204

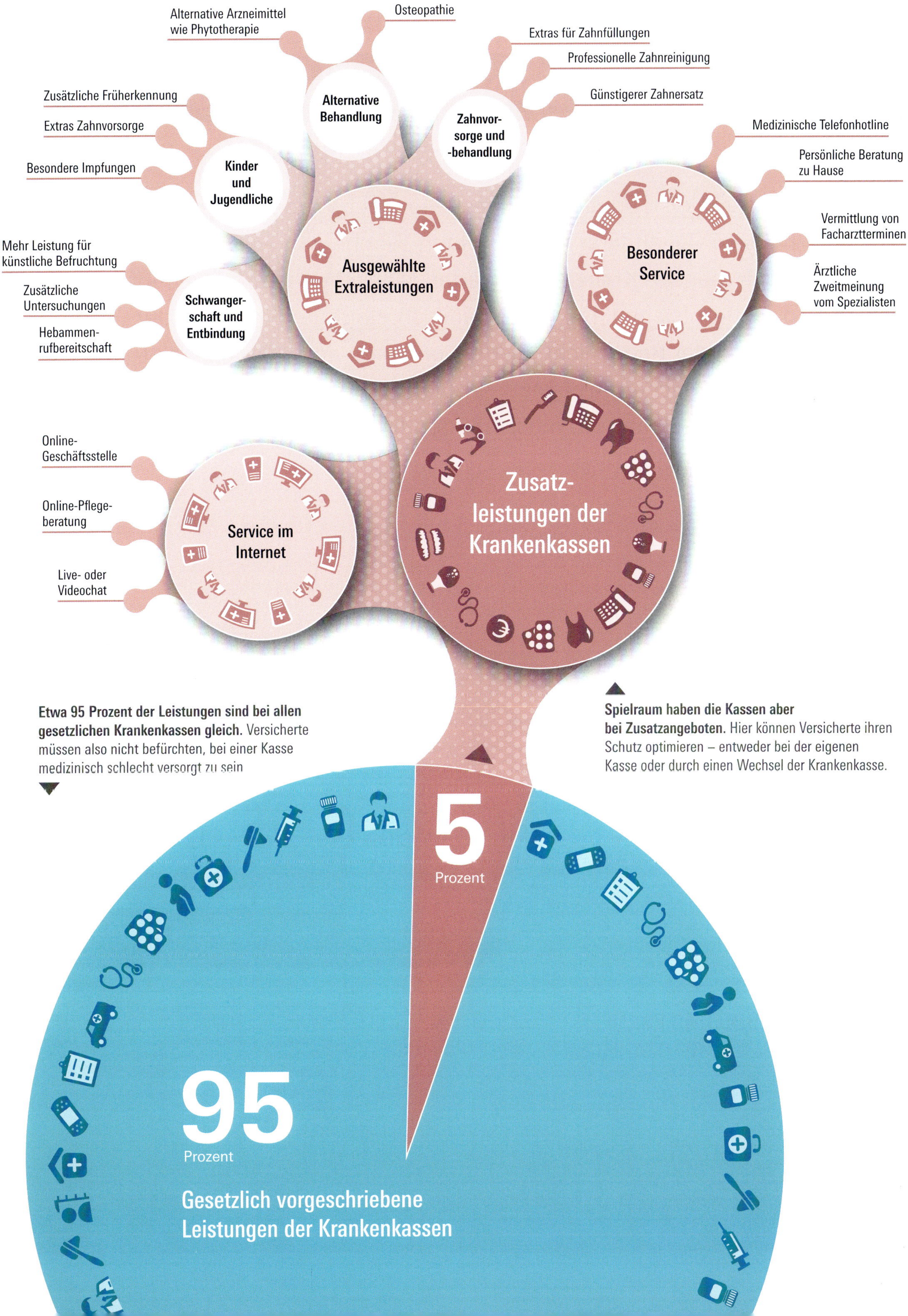

Etwa 95 Prozent der Leistungen sind bei allen gesetzlichen Krankenkassen gleich. Versicherte müssen also nicht befürchten, bei einer Kasse medizinisch schlecht versorgt zu sein.

Spielraum haben die Kassen aber bei Zusatzangeboten. Hier können Versicherte ihren Schutz optimieren – entweder bei der eigenen Kasse oder durch einen Wechsel der Krankenkasse.

Häppchenweise Krankengeld

Wer krank ist, erhält als Angestellter sechs Wochen lang weiterhin sein Gehalt, erst ab der siebten Woche gibt es Krankengeld. Doch manche Krankheiten werfen Menschen immer wieder aus dem Berufsleben. Bei Folgekrankschreibungen fängt die Uhr dann in der Regel nicht wieder von vorne an zu laufen. Stattdessen rutschen Arbeitnehmer gleich wieder ins Krankengeld. Wer länger krank ist, muss mit deutlichen Einbußen rechnen.

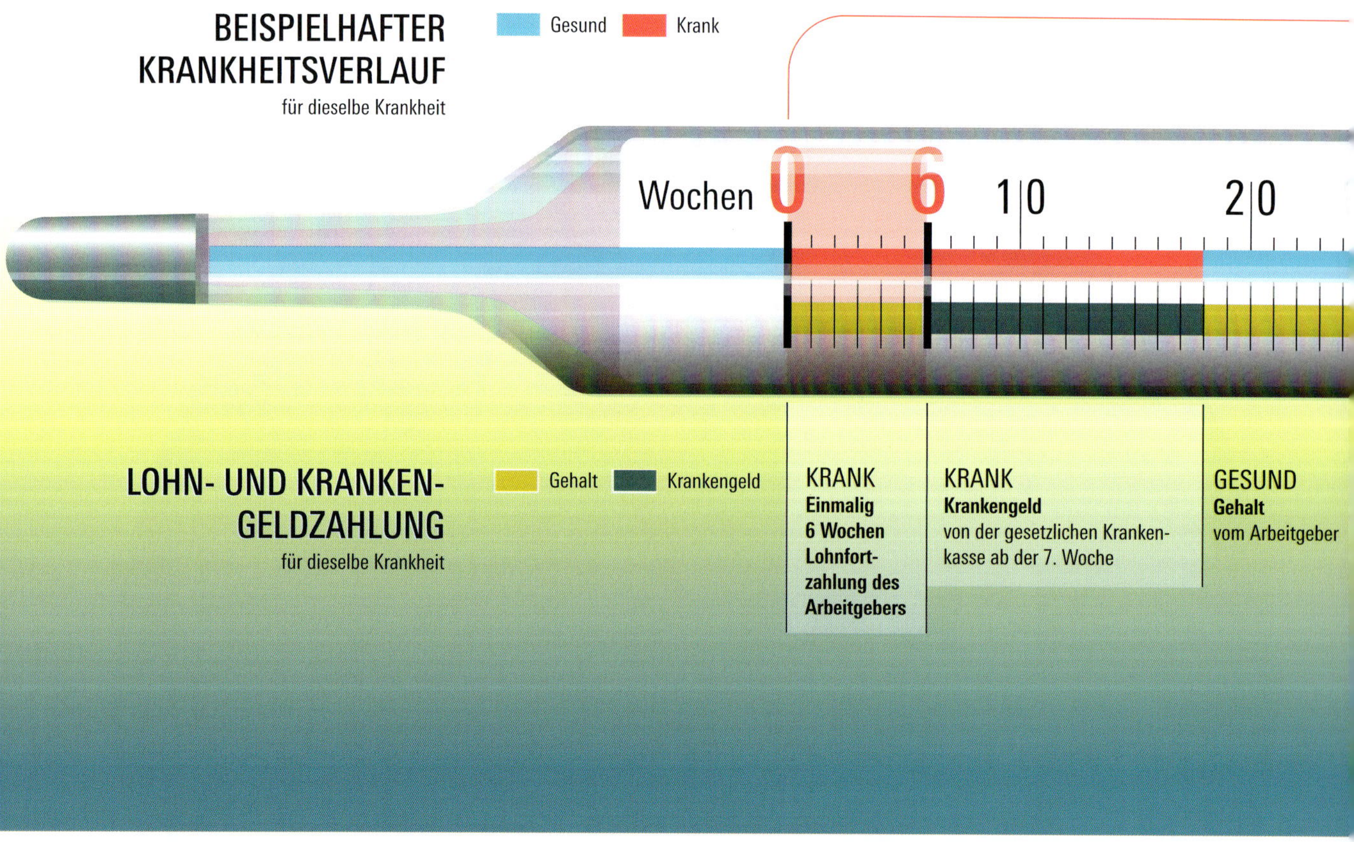

Denn die Zahlung der Krankenkasse ist niedriger als das normale Gehalt. Sie beläuft sich auf 70 Prozent des Brutto-, aber nicht mehr als 90 Prozent des Nettogehalts. Auch Selbstständige können Krankengeld bekommen, falls sie Mitglied einer gesetzlichen Krankenversicherung sind. Wenn sie sich diese Option offenhalten wollen, müssen sie dafür aber den Regelbeitrag von derzeit 14,6 Prozent wählen.

NACH AUSLAUFEN DES KRANKENGELDES

Wieder im Beruf einsteigen	Dauerhaft krank	Weiter krankgeschrieben
	Berufsunfähigkeitsrente (wenn Vertrag abgeschlossen) oder Erwerbsminderungsrente	Antrag auf Arbeitslosengeld I (Anspruch, wenn mindestens 12 Monate vor Erkrankung versicherungspflichtige Anstellung) selbst bei noch gültigem Arbeitsvertrag

– **Insgesamt 78 Wochen einschließlich der Lohnfortzahlung für dieselbe Krankheit möglich** (innerhalb von 3 Jahren)

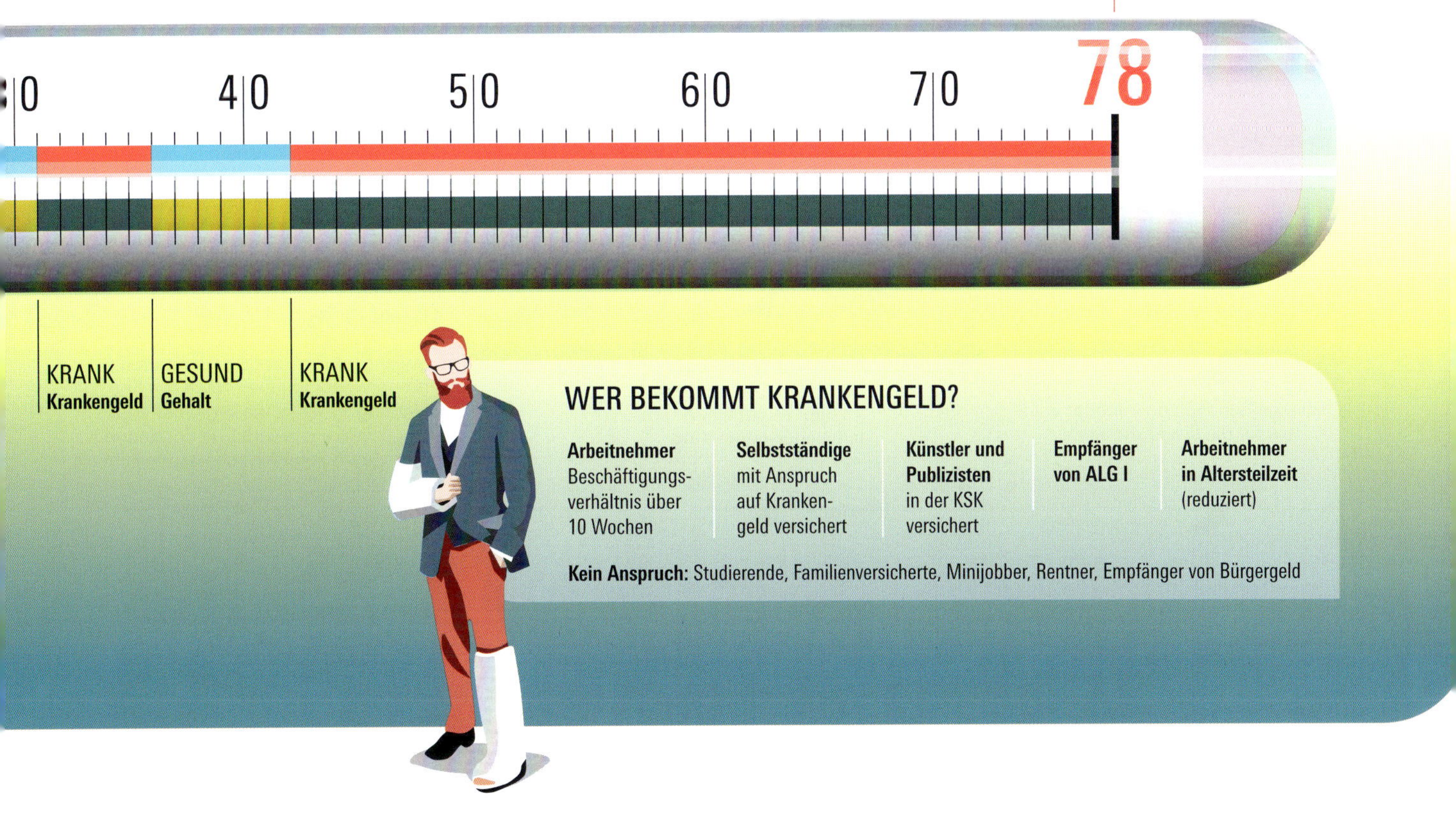

WER BEKOMMT KRANKENGELD?

Arbeitnehmer	Selbstständige	Künstler und Publizisten	Empfänger von ALG I	Arbeitnehmer in Altersteilzeit
Beschäftigungsverhältnis über 10 Wochen	mit Anspruch auf Krankengeld versichert	in der KSK versichert		(reduziert)

Kein Anspruch: Studierende, Familienversicherte, Minijobber, Rentner, Empfänger von Bürgergeld

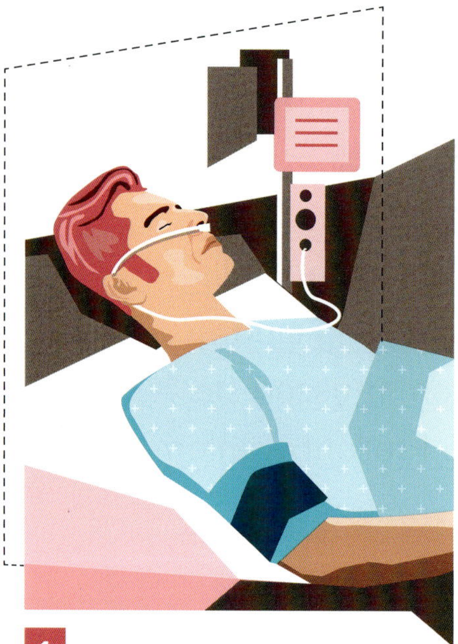

1 KRANKENHAUS, REHA, KUR …

Voraussetzung

Kind unter zwölf Jahren oder behindertes hilfsbedürftiges Kind lebt im Haushalt und Versicherter erhält:
- Stationäre Behandlung im Krankenhaus oder
- Medizinische Vorsorgeleistung oder
- Medizinische Rehabilitation oder
- Häusliche Krankenpflege

Beispiele

- Kur, Mutter-/Vater-Kind-Kur
- Medizinische Rehamaßnahme, z. B. nach Operation oder Unfall
- Häusliche Krankenpflege, (z.B.) Wundversorgung

Dauer

Solange Behandlung benötigt wird – etwa für die Dauer der Reha

Kosten

Zuzahlung pro Tag: 10 Prozent der Kosten – mindestens 5 Euro, höchstens 10 Euro

2 SCHWERE KRANKHEIT

Voraussetzung

Gesundheitliche Beeinträchtigungen wegen schwerer Krankheit oder Verschlimmerung einer Krankheit – insbesondere nach stationärer oder ambulanter Krankenhausbehandlung oder ambulanter Operation. Versicherter ist nicht pflegebedürftig mit Grad 2 bis 5

Beispiele

- Künstliches Hüftgelenk eingesetzt
- Bandscheibenoperation
- Lähmungen nach Schlaganfall

Dauer

Je Krankheitsfall höchstens:
- 4 Wochen ohne Kind
- 26 Wochen mit Kind unter 12 oder mit behindertem hilfsbedürftigem Kind

Kosten

Zuzahlung pro Tag: 10 Prozent der Kosten – mindestens 5 Euro, höchstens 10 Euro

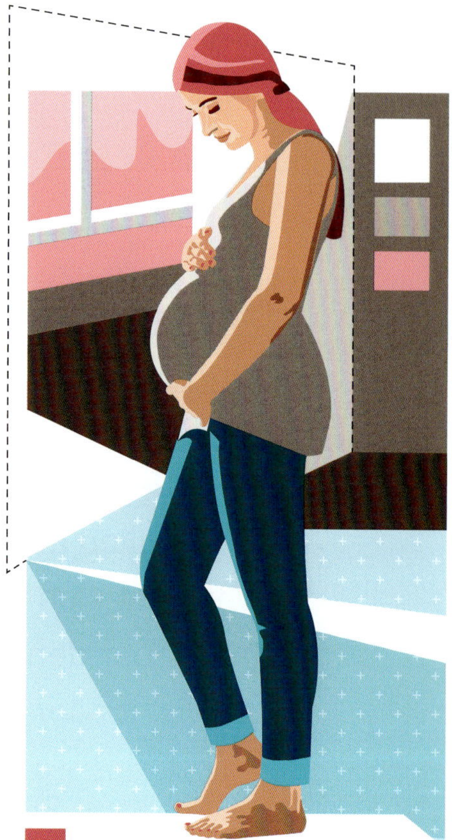

3 SCHWANGERSCHAFT/GEBURT

Voraussetzung

Typische Beschwerden in der Schwangerschaft oder nach der Geburt. Kommt eine Krankheit dazu, gibt es eventuell Haushaltshilfe aufgrund von Fall 1 oder 2

Beispiele

- Bettruhe, wenn erneut Fehlgeburt droht
- Probleme bei Risikoschwangerschaft oder nach Kaiserschnitt

Dauer

So lange, wie Arzt oder Hebamme es für notwendig halten. Nach der Entbindung meist sechs Tage, nur so lange, wie die Frau durch Entbindung oder deren Folgen noch geschwächt ist

Kosten

Keine Zuzahlung

GESETZLICHER ANSPRUCH AUF EINE HAUSHALTSHILFE

Wann gibt es Hilfe im Haushalt?

In Familien ist der Alltag oft ein fragiles Konstrukt. Sobald ein Elternteil wegen Krankheit ausfällt, können sie Unterstützung gut gebrauchen. Erkrankt ein Elternteil schwer und sind die Kinder noch klein, bezahlt die gesetzliche Krankenversicherung eine Haushaltshilfe, sofern keine andere Person im Haushalt die Aufgaben übernehmen kann. Eine Hilfe bringt zum Beispiel bei Bedarf die Kinder in die Kita, putzt, kocht oder kümmert sich um die Wäsche. Kinder sind aber nicht immer Voraussetzung für Unterstützung. Auch Schwangere, frisch gebackene Mütter oder beispielsweise Menschen nach einer Operation haben mitunter Anspruch.
Die Grafik zeigt, was gesetzlich vorgeschrieben ist. Bei vielen Kassen gehört die Haushaltshilfe zu den Zusatzleistungen, sie bieten also mehr Leistungen als gesetzlich vorgeschrieben (siehe S. 88).

Ihr Weg zur Erholung

Zur Vorsorge | Zur Wiederherstellung (Rehabilitation)

ANLASS

SIE WOLLEN SICH FRÜHZEITIG UM IHRE GESUNDHEIT KÜMMERN

und zum Beispiel Stress abbauen, Übergewicht loswerden oder aufhören zu rauchen? Sie leiden unter Herz-Kreislauf-Problemen, Atemwegserkrankungen, Rückenschmerzen, Allergien, Erschöpfung oder Sie stehen kurz vor dem Burnout?

SIE SIND BEREITS (SCHWER) ERKRANKT,

hatten einen Unfall oder eine Operation? Und jetzt sollen die Folgen, eine Pflegebedürftigkeit oder Behinderung abgewendet werden?

MASSNAHME

Ambulante Vorsorgekur

Stationäre Vorsorgekur

Kuren für pflegende Angehörige

Kuren für Eltern

Ambulante Rehabilitation

(Teil-) stationäre Rehabilitation

ANTRAG

- Beantragen Sie die Maßnahme gemeinsam mit Ihrem behandelnden Arzt bei der **gesetzlichen Krankenversicherung.**

- Beantragen Sie die Maßnahme gemeinsam mit Ihrem behandelnden Arzt bei der **gesetzlichen Krankenversicherung.**

- Beantragen Sie die Maßnahme gemeinsam mit Ihrem behandelnden Arzt bei der **gesetzlichen Krankenversicherung** oder, wenn es um Ihren Weg zurück ins Arbeitsleben geht, bei der **Deutschen Rentenversicherung.**

KOSTEN

- Arbeitnehmer müssen Urlaub nehmen.
- Die Krankenkasse übernimmt die Kosten für den Kurarzt und 90 Prozent der Kurmittel.
- Ihre Eigenbeteiligung beträgt 10 Euro pro Verordnung und 10 Prozent der Kurmittel.
- Unterkunft und Verpflegung zahlen Sie. Ein Zuschuss der Krankenkasse bis zu 16 Euro am Tag ist möglich.

- Arbeitnehmer sind krankgeschrieben.
- Die Krankenkasse übernimmt die Kosten für Behandlung, Unterkunft und Verpflegung.
- Ihre Eigenbeteiligung beträgt 10 Euro pro Tag (max. 28 Tage pro Jahr, Krankenhausaufenthalte werden angerechnet).

- Arbeitnehmer sind krankgeschrieben.
- Gesetzliche Krankenversicherung (GKV) oder Deutsche Rentenversicherung (DRV) zahlen die Kosten.
- Ihre Eigenbeteiligung beträgt 10 Euro pro Tag (max. 28 Tage [GKV] bzw. 42 Tage [DRV] pro Jahr, Krankenhausaufenthalte werden angerechnet).

Eine Kur oder Reha hilft dabei, wieder Kraft zu tanken oder gesund zu werden. Wer ernsthaft krank ist, operiert wurde oder einen Unfall hatte, den soll eine Reha unterstützen, wieder auf die Beine zu kommen.

Eine Vorsorgekur dagegen ist für Menschen gedacht, die bisher nur leichte gesundheitliche Beschwerden haben und vorsorglich etwas für ihre Gesundheit tun möchten. Solange die Maßnahme ärztlich verschrieben ist, zahlt die Krankenkasse etwas dazu. In der Regel haben Versicherte alle drei Jahre Anspruch auf eine Kur.

Die ambulante Vorsorgekur soll beispielsweise Risikofaktoren für die Gesundheit vermindern und etwa bei Stress, Übergewicht oder Überbelastung einzelner Gelenke helfen. Die Behandlung findet nicht in einer Klinik, sondern in einem Kurzentrum in einem Kurort statt. Die Patienten haben bei der Auswahl des Ortes ein Mitspracherecht.

Manche Kuren zielen auf bestimmte Gruppen, beispielsweise auf Eltern oder pflegende Angehörige.

Lehnt die Krankenkasse einen Antrag auf Kur ab, lohnt es sich, nicht aufzugeben. Die Erfahrung zeigt, dass ein Widerspruch gegen die Entscheidung oft Erfolg hat.

Die Seele früh entlasten

Früher mussten Menschen mit psychischen Problemen oft lange warten, bis sie zum ersten Mal mit einem Therapeuten sprechen konnten. Damit das schneller geht, wurde vor einigen Jahren die Sprechstunde beim Psychotherapeuten eingeführt. Alle Therapeuten, die mit den gesetzlichen Krankenkassen abrechnen, müssen einmal pro Woche eine solche Sprechstunde anbieten. Patienten können dort ohne Überweisung einen Termin machen. Nach der Sitzung kann, falls nötig, eine längerfristige Behandlung festgelegt werden. Die Terminservicestellen der Kassenärztlichen Vereinigungen helfen bei der Suche. Innerhalb von vier Wochen soll jeder Patient einen Termin bekommen. Allerdings haben sie dann kein Mitspracherecht bei der Auswahl des Therapeuten.
Wer in einer psychischen Krise steckt, kann außerdem eine Akutbehandlung in Anspruch nehmen. Zwölf Therapiestunden sind bei einem Psychotherapeuten möglich, ohne dass die Kasse diese genehmigen muss.
Erst wenn die Therapie nach der Akutbehandlung oder einer ersten Sprechstunde verlängert werden soll, muss der Patient bei seiner Krankenkasse einen Antrag einreichen.

DIE HILFE BEGINNT IN DER SPRECHSTUNDE

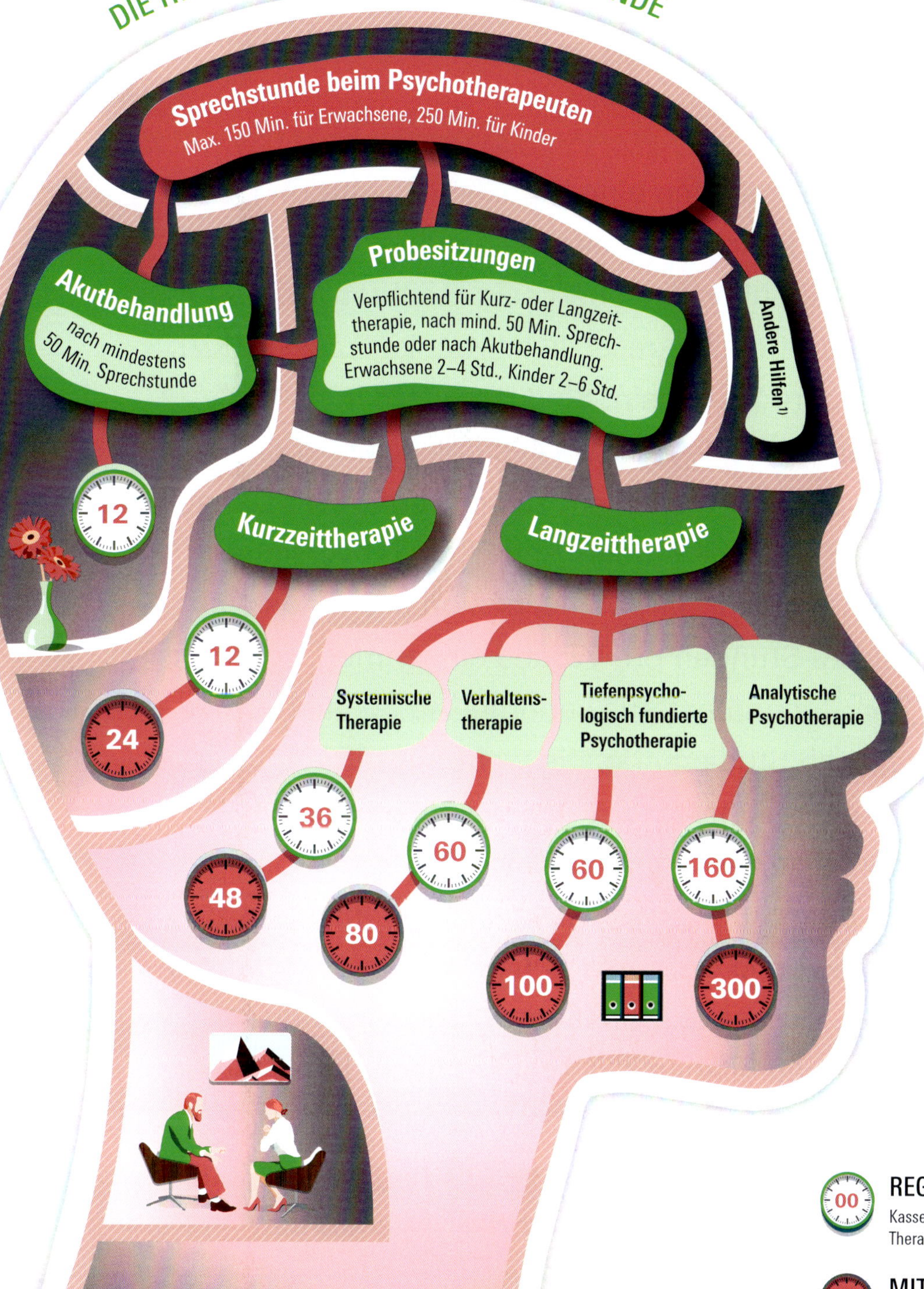

00 **REGULÄRE THERAPIE**
Kasse bewilligt bis zu ... Therapiestunden á 50 Minuten.

00 **MIT VERLÄNGERUNG**
Bis zu ... Therapiestunden.

1) Andere Hilfen: Selbsthilfegruppe, Schuldnerberatung, Facharzt, Beratungsstellen und psychologische Trainings

Erstsemester haben die Wahl

Studierende brauchen eine Krankenversicherung. Zum Studienstart können sie entscheiden, ob sie gesetzlich oder privat krankenversichert sein möchten. Für die Mehrzahl dürfte eine gesetzliche Krankenkasse (GKV) die günstigere Wahl sein. Sind die Eltern in der GKV, bleiben Studierende über sie kostenlos versichert, bis sie 25 sind – sofern sie nicht zu viel verdienen. Danach gibt es die günstige studentische Krankenversicherung. Im Semester darf der Nebenjob allerdings nicht mehr als 20 Stunden pro Woche einnehmen, sonst geht der Studentenstatus verloren. Ab 30 Jahren müssen sich Studierende, die weiter gesetzlich versichert sein möchten, freiwillig bei ihrer Kasse versichern. Sie zahlen mehr als jüngere Kommilitonen. Wer vor dem Studium privat versichert war, kann zu Studienbeginn in die gesetzliche Krankenversicherung wechseln. Das ist oft günstiger. Wer der privaten Versicherung treu bleiben möchte, hat nach dem Studium nur noch die Chance, in die GKV zu wechseln, wenn danach eine sozialversicherungspflichtige Anstellung winkt, bei der das Gehalt unter der sogenannten Jahresarbeitsentgeltgrenze liegt.

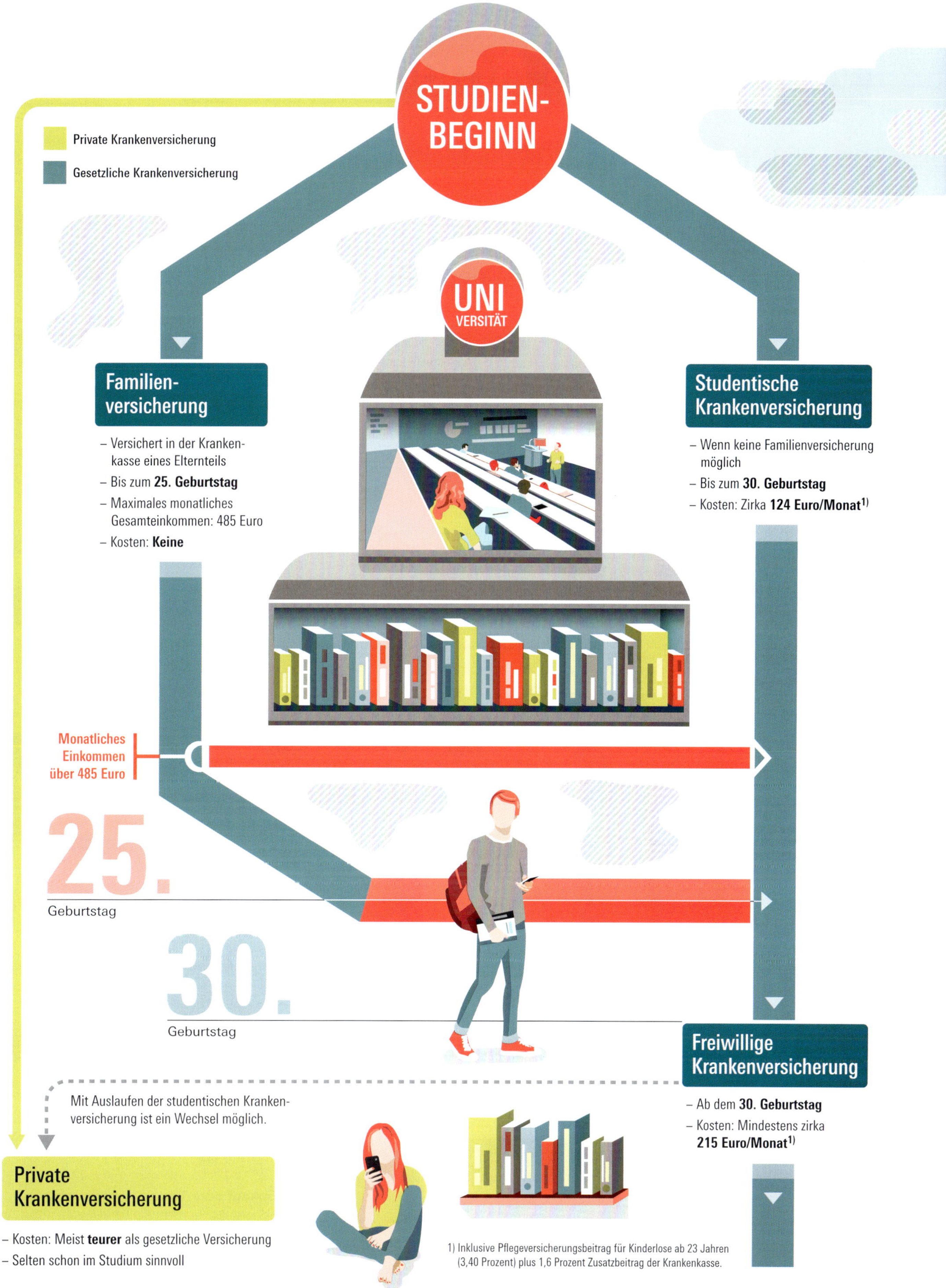

Fürs Studium gebunden. Zum Studienstart haben Erstsemester die Wahl zwischen der gesetzlichen und einer privaten Krankenversicherung. Bis zum Abschluss sind sie an ihre Wahl gebunden. Studierende, die sich für die private Absicherung entscheiden, müssen aufpassen: Sind sie nach dem Studium arbeitslos oder machen sie sich selbstständig, bleiben sie oft privat versichert.

Was zählt als Arbeitsunfall?

Ob auf dem Weg zur Arbeit, in der Mittagspause oder beim Betriebssport – Unfälle können überall passieren. Damit die gesetzliche Unfallversicherung zahlt, muss der Unfall in einem inneren Zusammenhang mit der Arbeit stehen.

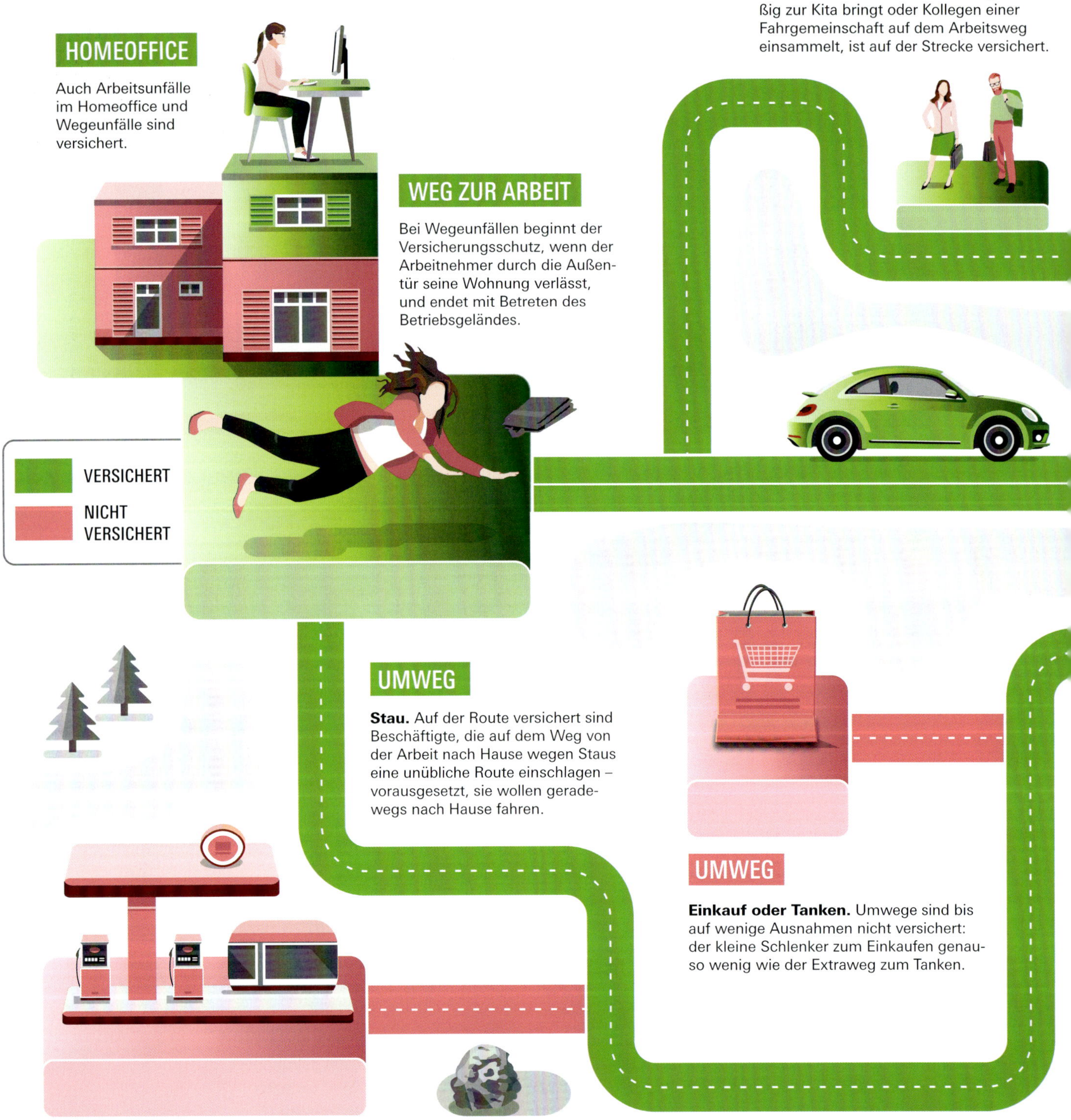

HOMEOFFICE

Auch Arbeitsunfälle im Homeoffice und Wegeunfälle sind versichert.

WEG ZUR ARBEIT

Bei Wegeunfällen beginnt der Versicherungsschutz, wenn der Arbeitnehmer durch die Außentür seine Wohnung verlässt, und endet mit Betreten des Betriebsgeländes.

UMWEG

Fahrgemeinschaft. Unfälle von Beschäftigten auf dem unmittelbaren Weg zur oder von der Arbeit sind versichert. Auch wer sein Kind regelmäßig zur Kita bringt oder Kollegen einer Fahrgemeinschaft auf dem Arbeitsweg einsammelt, ist auf der Strecke versichert.

UMWEG

Stau. Auf der Route versichert sind Beschäftigte, die auf dem Weg von der Arbeit nach Hause wegen Staus eine unübliche Route einschlagen – vorausgesetzt, sie wollen geradewegs nach Hause fahren.

UMWEG

Einkauf oder Tanken. Umwege sind bis auf wenige Ausnahmen nicht versichert: der kleine Schlenker zum Einkaufen genauso wenig wie der Extraweg zum Tanken.

BETRIEBSFEIER

Versichert, wenn die Veranstaltung
- vom Chef ausgerichtet wird,
- sich an alle Betriebsangehörigen richtet und
- der Zusammengehörigkeit dient.

Ein Arbeitsunfall liegt vor, wenn eine Arbeitnehmerin auf einer Betriebsfeier zu Schaden kommt, weil sie im Laufe eines Grillabends auf dem Weg zur Toilette umknickt.

BETRIEBSSPORT

Versichert, wenn
- der Sport als Ausgleich für körperliche, geistige oder nervliche Belastungen am Arbeitsplatz dient,
- der Sport regelmäßig stattfindet,
- ein klarer organisatorischer Bezug zum Unternehmen besteht und
- Teilnehmer im Wesentlichen Beschäftigte des Betriebes sind,
- keine sportlichen Höchstleistungen oder die Teilnahme an Wettkämpfen im Vordergrund stehen.

ARBEIT

Versichert sind Unfälle, die Arbeitnehmer in Zusammenhang mit der versicherten Tätigkeit erleiden.

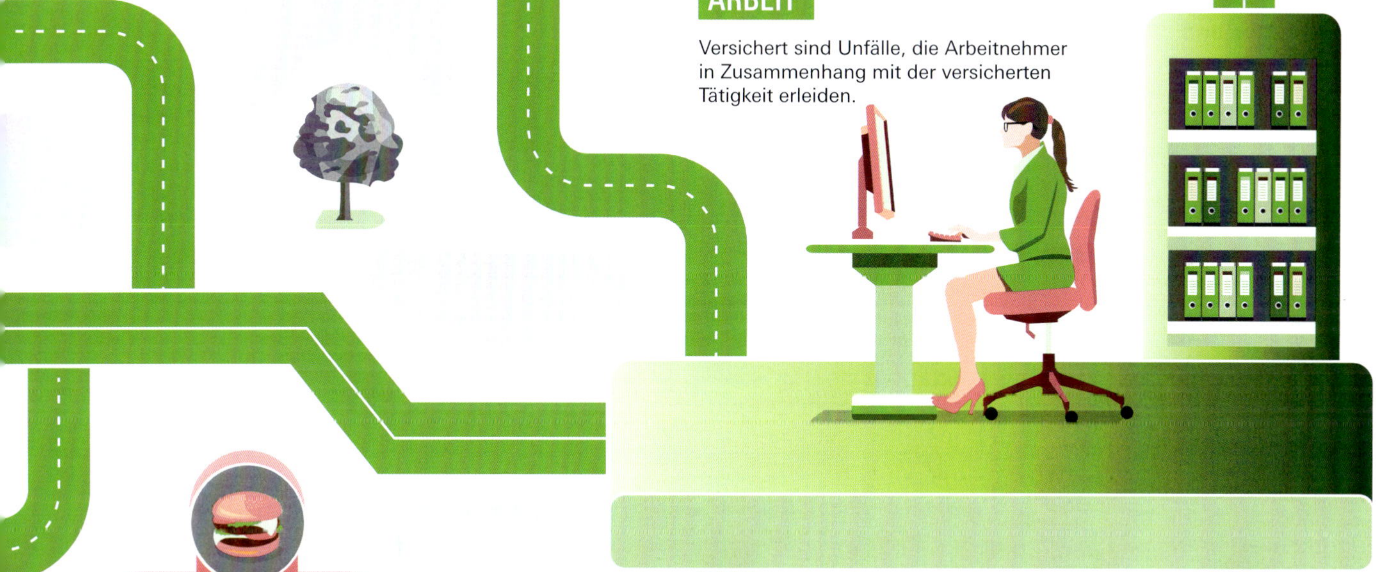

MITTAGSPAUSE

Verunglückt eine Arbeitnehmerin in der Mittagspause, liegt ein Arbeitsunfall nur vor, wenn der Unfall auf dem direkten Weg zum Essen außer Haus geschehen ist. Ein Unfall bei anderen Erledigungen zählt nicht als Arbeitsunfall. Der Aufenthalt in der Gaststätte oder Kantine selbst ist unversichert.

FIRMENTOILETTE

Kein versicherter Fall sind Verletzungen auf der Firmentoilette. Der Besuch der Toilette ist privater Natur. Es liegt keine besondere betriebliche Gefahr vor.

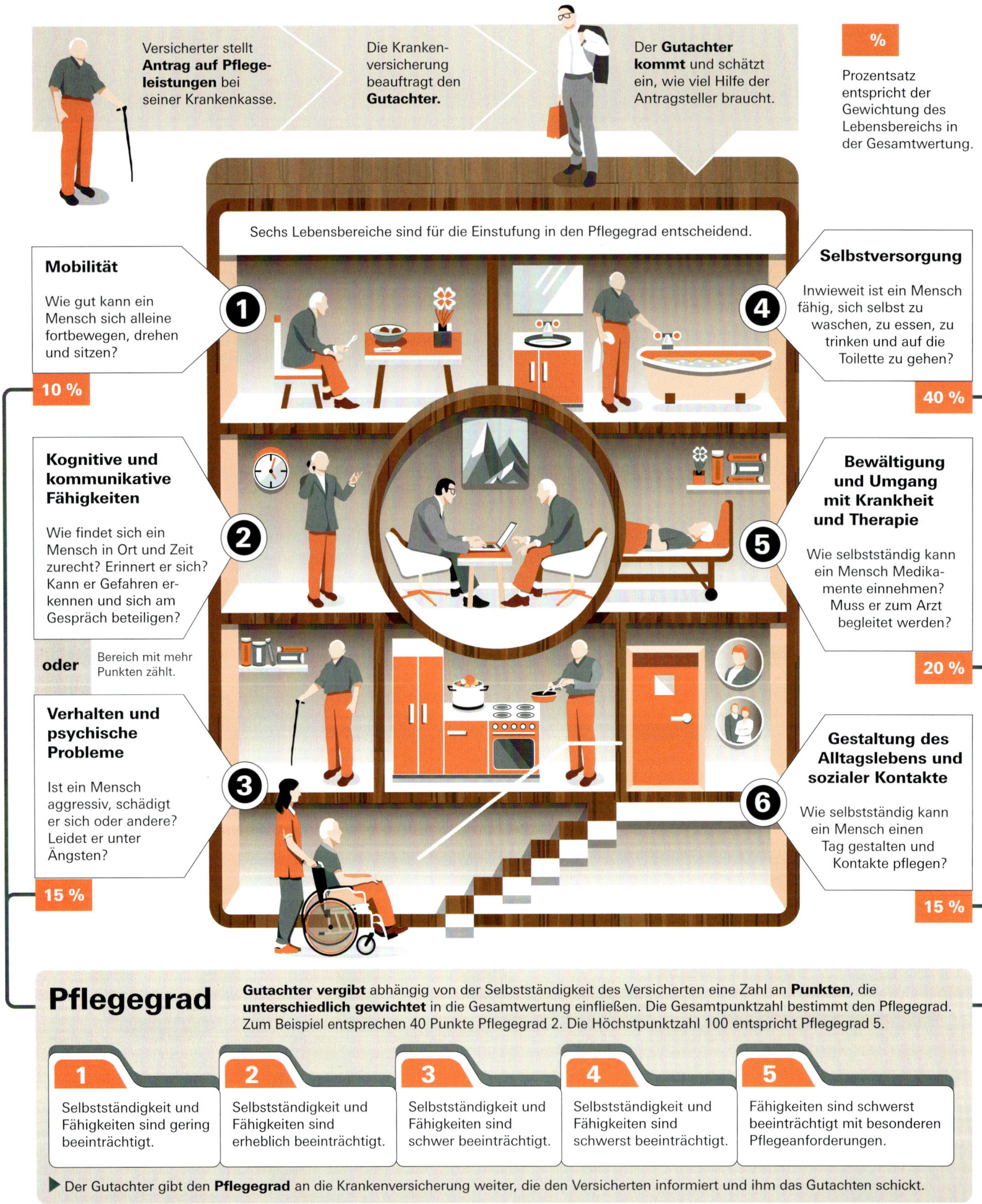

Versicherter stellt **Antrag auf Pflegeleistungen** bei seiner Krankenkasse.
Die Krankenversicherung beauftragt den **Gutachter.**
Der **Gutachter kommt** und schätzt ein, wie viel Hilfe der Antragsteller braucht.
%
Prozentsatz entspricht der Gewichtung des Lebensbereichs in der Gesamtwertung.
Sechs Lebensbereiche sind für die Einstufung in den Pflegegrad entscheidend.
1
Mobilität
Wie gut kann ein Mensch sich alleine fortbewegen, drehen und sitzen?
10 %
2
Kognitive und kommunikative Fähigkeiten
Wie findet sich ein Mensch in Ort und Zeit zurecht? Erinnert er sich? Kann er Gefahren erkennen und sich am Gespräch beteiligen?
oder
Bereich mit mehr Punkten zählt.
3
Verhalten und psychische Probleme
Ist ein Mensch aggressiv, schädigt er sich oder andere? Leidet er unter Ängsten?
15 %
4
Selbstversorgung
Inwieweit ist ein Mensch fähig, sich selbst zu waschen, zu essen, zu trinken und auf die Toilette zu gehen?
40 %
5
Bewältigung und Umgang mit Krankheit und Therapie
Wie selbstständig kann ein Mensch Medikamente einnehmen? Muss er zum Arzt begleitet werden?
20 %
6
Gestaltung des Alltagslebens und sozialer Kontakte
Wie selbstständig kann ein Mensch einen Tag gestalten und Kontakte pflegen?
15 %
Pflegegrad
Gutachter vergibt abhängig von der Selbstständigkeit des Versicherten eine Zahl an **Punkten**, die **unterschiedlich gewichtet** in die Gesamtwertung einfließen. Die Gesamtpunktzahl bestimmt den Pflegegrad. Zum Beispiel entsprechen 40 Punkte Pflegegrad 2. Die Höchstpunktzahl 100 entspricht Pflegegrad 5.
1
Selbstständigkeit und Fähigkeiten sind gering beeinträchtigt.
2
Selbstständigkeit und Fähigkeiten sind erheblich beeinträchtigt.
3
Selbstständigkeit und Fähigkeiten sind schwer beeinträchtigt.
4
Selbstständigkeit und Fähigkeiten sind schwerst beeinträchtigt.
5
Fähigkeiten sind schwerst beeinträchtigt mit besonderen Pflegeanforderungen.
▶ Der Gutachter gibt den **Pflegegrad** an die Krankenversicherung weiter, die den Versicherten informiert und ihm das Gutachten schickt.

Der Weg zum Pflegegrad

Um Leistungen aus der Pflegekasse zu erhalten, müssen Gutachter zuerst einschätzen, wie hoch der Pflegebedarf ist. Dafür schicken die Krankenkassen den Medizinischen Dienst (MD) vorbei. Privatversicherte erhalten dann Besuch von Medicproof. Anhand eines umfassenden Fragenkatalogs begutachten die Experten, was Pflegebedürftige noch können und wo sie Unterstützung brauchen. Nach einem Punktesystem errechnet sich am Ende der Pflegegrad, der über die Höhe der Leistungen bestimmt.
Wer einen Pflegegrad beantragt, kann sich auf die Begutachtung vorbereiten und beispielsweise wichtige Unterlagen wie den Medikamentenplan heraussuchen. Außerdem sollten immer Angehörige dabei sein, um ihre Sicht beizusteuern.

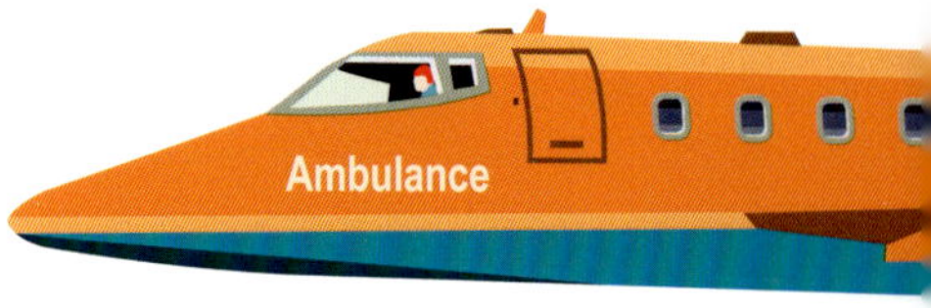

Rücktransport für Kranke

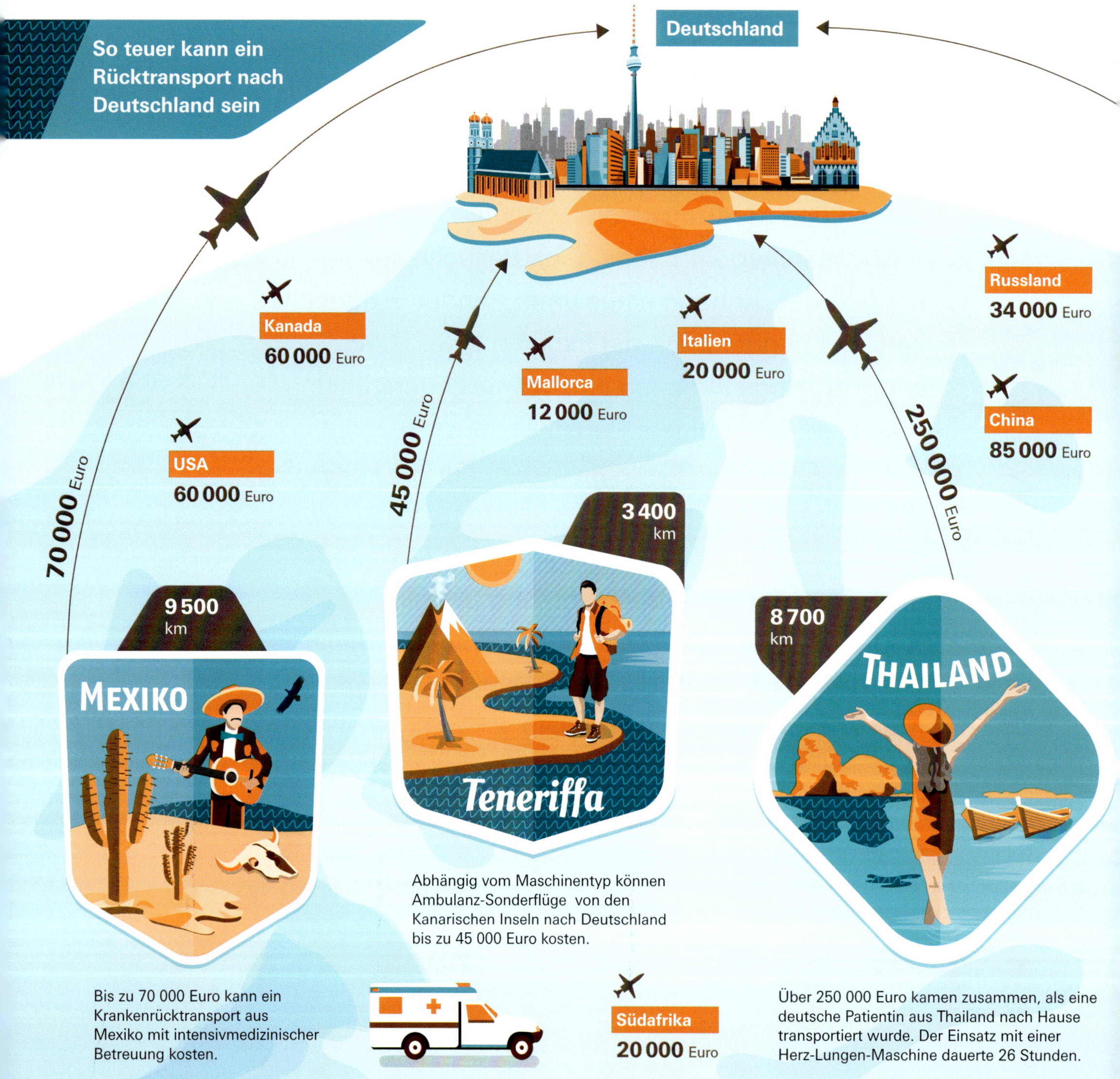

Abhängig vom Maschinentyp können Ambulanz-Sonderflüge von den Kanarischen Inseln nach Deutschland bis zu 45 000 Euro kosten.

Bis zu 70 000 Euro kann ein Krankenrücktransport aus Mexiko mit intensivmedizinischer Betreuung kosten.

Über 250 000 Euro kamen zusammen, als eine deutsche Patientin aus Thailand nach Hause transportiert wurde. Der Einsatz mit einer Herz-Lungen-Maschine dauerte 26 Stunden.

Quellen: ADAC / Europäische Reiseversicherung AG

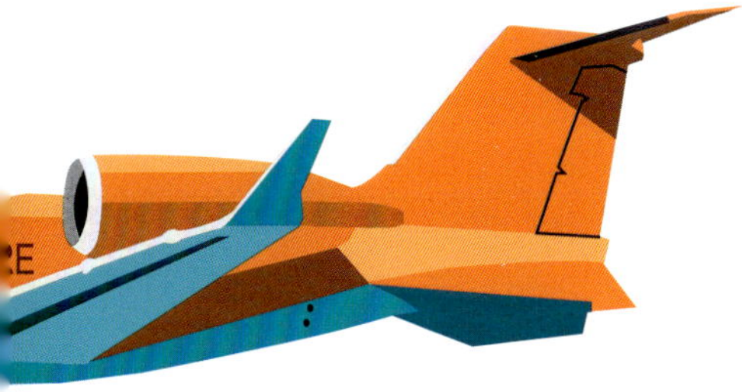

Bei Krankenrücktransporten aus dem Ausland kommen auch **Spezialflugzeuge** zum Einsatz wie dieser Bombardier Learjet 60 XR.

In den Flugzeugen gibt es eine **moderne intensivmedizinische Ausstattung** inklusive Beatmungsgerät, Defibrillator und Blutgasanalysegerät.

Hauptursachen für die Krankenrücktransporte per Flugzeug sind nach Angaben des ADAC **Herz-Kreislauf-Erkrankungen, Schlaganfälle, Hirnblutungen** sowie **Verkehrs- und Sportunfälle.**

Je weiter der Reiseort von Deutschland entfernt ist, umso teurer wird der Rücktransport. Aus Australien kann er bis zu 130 000 Euro kosten.

Alle, die ihren Urlaub im Ausland verbringen, sollten eine Auslandskrankenversicherung abschließen. Die gesetzliche Krankenversicherung bezahlt eine medizinische Behandlung nämlich nur in Europa. Und auch nur in der Höhe, die gesetzlich Versicherte in dem Land erstattet bekommen.

Mit einer Auslandskrankenversicherung sind Reisende dagegen auf der sicheren Seite. Die Versicherung übernimmt weltweit die Kosten etwa für ärztliche Behandlung und Medikamente. Sie bezahlt, anders als die Krankenkasse, auch den Rücktransport nach Deutschland. Und der kann richtig teuer werden. Gute Tarife erstatten die Kosten nicht nur für einen„medizinisch notwendigen“ Transport, sondern auch schon wenn er „medizinisch sinnvoll“ ist.

Privatversicherte sollten sich bei ihrem Anbieter über die Absicherung im Ausland erkundigen.

Mehr zum Thema → Seite 204

- ● Wer haftet?
- € Welcher Anspruch?
- ! Was tun?

Fluggesellschaft

€ Zirka **1 400 Euro** pro Person[1], im Urlaub Kauf einer Grundausstattung möglich. Gilt für deutsche oder internationale Fluglinien, die in der EU oder einem Land des Montrealer Übereinkommens starten oder landen.

! Verlust oder Beschädigung bis sieben Tage nach Flug schriftlich dem Unternehmen melden. Bei verspätetem Gepäck Fristverlängerung bis 21 Tage nach Erhalt.

Reederei

€ **Nur bei Verschulden** durch Reederei, etwa bei Zusammenstoß, bis zirka **2 900 Euro** für das Kabinengepäck pro Person.[1]

! Schäden dem Unternehmen sofort melden.

Gepäckservice Deutsche Bahn

€ Bis zirka **1 550 Euro**. Ohne Quittung pauschal zirka **390 Euro** pro Gepäckstück.[1]

! Schäden und Verlust sofort beim Gepäckservice melden. Wird der Schaden erst später festgestellt, innerhalb von drei Tagen nach Abholung.

Hausratversicherer

€ Abhängig vom Vertrag oft **20 Prozent** der Versicherungssumme, bis **20 000 Euro**, gilt mindestens für drei Monate Reisedauer. Für Wertgegenstände gelten zusätzliche Obergrenzen.

Geschützt sind persönliche Dinge am Urlaubsort etwa bei **Brand, Sturm**[2] oder **Explosion**. Auch versichert sind **Raub** und **Einbruchdiebstahl** aus dem Hotelzimmer, manchmal aus dem Auto oder der Schiffskabine.

! Diebstahl sofort Polizei und Versicherer melden.

Fernbusunternehmen (über 250 km)

€ **Nur bei Unfall** oder **Fahrlässigkeit** bis zirka **1 200 Euro** pro Gepäckstück.

! Schaden sofort Fahrer und Unternehmen melden.

1) Die Haftung ist je nach Transportmittel auf eine bestimmte Anzahl von Sonderziehungsrechten begrenzt. Das Sonderziehungsrecht ist eine künstliche, vom Internationalen Währungsfonds eingeführte Währung. Sie wird tagesaktuell ermittelt. Dadurch ist die Höhe der Erstattung abhängig vom Tageskurs. (Angaben zum 3.11.2022)
2) Nur aus geschlossenen Räumen.

Wer haftet fürs Gepäck?

Im Urlaub ist das gesamte Hab und Gut für die Reise im Koffer verstaut. Wird das Gepäck beschädigt oder geht es beim Transport verloren, haben die Urlauber plötzlich nicht einmal mehr die notwendigsten Dinge. Alles muss wiederbeschafft werden. Das kostet Zeit und Nerven.
Wer finanziell für den Schaden haftet, hängt davon ab, wie es zu Verlust oder Beschädigung des Gepäcks kam.
Damit Reisende Anspruch auf Entschädigung haben, müssen sie außerdem gewisse Fristen wahren.

Streiten ohne Angst

Juristischer Streit ist oft teuer. Wer eine gute Rechtsschutzversicherung hat, muss die Kosten nicht fürchten. Hier sehen Sie, welcher Schutz immer enthalten ist. Gute Tarife bieten mehr.

✓ **Ist versichert.** (Ausgewählte Beispiele)

✗ **Nicht versichert.** (Ausgewählte Beispiele)

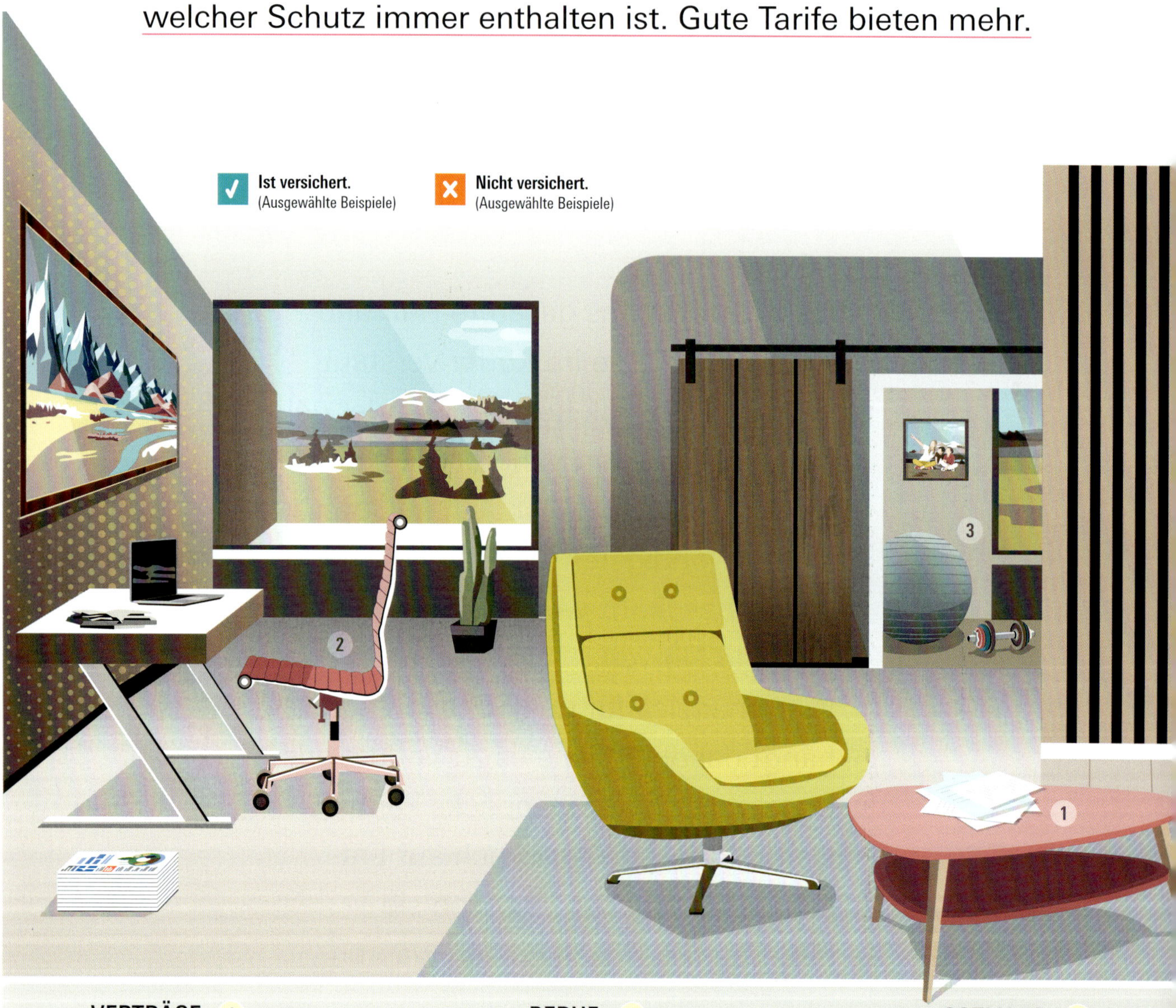

VERTRÄGE 1

✓
- Ärger mit Handwerker über fehlerhafte Leistung.
- Streit mit Reiseveranstalter über Mängel im Hotel.
- Hilfe, wenn Berufsunfähigkeitsversicherung oder die private Krankenversicherung nicht zahlen will.
- Streit mit Verkäufer einer mangelhaften Eigentumswohnung (Selbstnutzung).

✗
- Einfordern von Gewinnzusagen (z. B. von dubiosen Kaffeefahrtenanbietern).
- Ärger nach Kauf oder Verkauf von Bauland, Planung und Errichtung von Bauvorhaben oder Finanzierung von Hausbau.
- Streit um Geldanlagen und Kredite.

BERUF 2

✓
- Ärger um Einstufung in Besoldungsgruppe.
- Hilfe, wenn Arbeitgeber Urlaub nicht gewährt, Lohn nicht zahlt oder mieses Arbeitszeugnis ausstellt.
- Hilfe, wenn gegen Beamte oder Soldaten ein Disziplinarverfahren läuft.
- Hilfe, wenn Kündigung droht und Arbeitnehmer Aufhebungsvertrag angeboten wird sowie bei Abmahnung oder Kündigung.

✗
- Ärger aus einer Arbeit als Selbstständiger.
- Bei Kündigung wegen vorsätzlicher Straftat, etwa Diebstahl von Firmeneigentum.

SOZIALES 3

✓
- Hilfe bei gerichtlichem Streit um Kur auf Kosten der gesetzlichen Kranken- oder Rentenversicherung.
- Hilfe bei gerichtlichem Streit um einen besseren Pflegegrad.
- Prozess um Anerkennung einer Erwerbsminderung oder eines Arbeitsunfalls.

✗
- Bafög-Streit.
- Im vorgerichtlichen Widerspruchsverfahren, wenn etwa eine Kur von der Kasse abgelehnt wird.

FAMILIE UND ERBE 4

✓ Einmalige Beratung bei akuten Fragen zu Unterhalt, Versorgungsausgleich, Sorgerecht oder Annahme einer Erbschaft.

✗ Alles, was über die Erstberatung hinausgeht wie Schriftverkehr oder gerichtliche Vertretung in allen Fragen des Familien- und Erbrechts (etwa Scheidung).

STEUERN 5

✓ Streit mit dem Finanzamt vor Gericht um Anerkennung von Werbungskosten oder Sonderausgaben.

✗ Bei vorgerichtlichem Einspruch gegen Nichtanerkennung von Werbungskosten/Sonderausgaben.
- Ärger um die steuerliche Bewertung von Grundstücken und Gebäuden.
- Streit um Erschließungsabgaben.

MIETE UND EIGENTUM

✗ Der Rechtsschutz für Mieter und Eigentümer von Wohnungen und Häusern ist in der Regel nicht im Rechtsschutzpaket für die Lebensbereiche Privat, Beruf und Verkehr enthalten. Er kann aber dazugekauft werden.

Die Grafik zeigt den Versicherungsumfang für das Rechtsschutzpaket Privat, Beruf und Verkehr nach den Musterbedingungen (ARB 2021) des Gesamtverbands der Deutschen Versicherungswirtschaft (in Beispielen).

STRAFRECHT 6

✓ Streit um Verkehrsdelikt (z. B. Unfallflucht, Alkohol am Steuer).
- Vorwurf einer Ordnungswidrigkeit (Fahren ohne Gurt, Lärmbelästigung).
- Vorwurf eines fahrlässig begangenen Vergehens (z. B. leichtfertige Steuerhinterziehung, einfache Körperverletzung).

✗ Strafverfahren bei Diebstahl, Betrug oder Beleidigung.
- Schwerwiegende Straftaten wie Mord oder Raub.
- Sonstige Vergehen, wenn Gericht am Ende feststellt, dass Straftat vorsätzlich begangen wurde.

SCHADENERSATZ 7

✓ Hilfe beim Einfordern von Schadenersatz. Etwa, wenn der Rechtsschutzkunde vom Hund gebissen oder wenn sein Eigentum beschädigt wird.

✗ Abwehr von Schadenersatzansprüchen. Also kein Rechtsschutz nach Abmahnung wegen illegalen Downloads von Musik oder Filmen. Und kein Rechtsschutz, wenn Hundebesitzer sich gegen Ansprüche von Personen wehren wollen, die vom Hund gebissen wurden.

VERKEHR 8

✓ Hilfe, um Anspruch auf Schadenersatz vom Unfallverursacher durchzusetzen.
- Streit mit Verkäufer über Mangel am Auto.
- Streit um Entzug der Fahrerlaubnis.
- Fahrtenbuchauflage oder psychologischen Test verhindern.

✗ Bei Knöllchen wegen Falschparkens.
- Wenn Kunde Schadenersatzansprüche von Unfallopfer abwehren will.

Recht im Straßenverkehr

BEISPIELE FÜR VERSICHERTE FÄLLE

Sie haben **Ärger nach einem Autokauf**, weil die Abgassoftware manipuliert ist oder der Händler verschwiegen hat, dass es sich um einen Unfallwagen handelt.

Sie wehren sich gegen einen **Bußgeldbescheid**, weil Sie angeblich zu schnell oder über eine rote Ampel gefahren sind.

Sie sollen für **Schäden an Ihrem Mietwagen** zahlen, die Sie nicht zu verantworten haben.

Sie setzen nach einem Autounfall mit Blechschaden Ihren **Anspruch auf Schadenersatz** gegenüber der Versicherung des Unfallgegners durch.

Sie verlangen **Schmerzensgeld**, weil Sie sich als Radfahrer, Fußgänger oder Fahrgast unverschuldet bei einem Unfall verletzt haben.

Sie haben **Streit mit einer Behörde**, weil Sie den Führerschein abgeben oder ein Fahrtenbuch führen sollen.

Sie beauftragen einen **Strafverteidiger**, weil Sie zum Beispiel jemanden bei einem Unfall fahrlässig verletzt haben sollen.

Nach den allgemeinen Bedingungen für die Rechtsschutzversicherung (ARB 2012 – Musterbedingungen des GDV, Stand: 4/2021).

2,3 Millionen Mal krachte es 2021 auf Deutschlands Straßen. Nicht selten gab es danach Streit, wer an dem Unfall schuld war und deshalb für den Schaden aufkommen muss.
Für diese Fälle gibt es die Verkehrsrechtsschutzversicherung. Sie hilft bei Streitigkeiten, bezahlt den Anwalt, das Gericht und auch Gutachter. Deshalb ist sie nicht nur für Autofahrer sinnvoll. Auch wer als Fußgänger oder Radfahrer in einen Unfall verwickelt ist, erhält von der Versicherung Unterstützung. Etwa wenn es darum geht, die Höhe von Schmerzensgeld auszuhandeln. Auch wer kein Auto besitzt, kann daher die Police abschließen.
Versicherte bekommen bei vielen Fragen rund um den Verkehr rechtliche Unterstützung. Die Versicherung greift nicht erst, wenn es vor Gericht geht. Sie übernimmt zum Beispiel auch schon die Kosten, wenn die Anwältin mit der Gegenseite Schreiben austauscht.

Mehr zum Thema → Seite 204

Digitale Makler

Kunde bekommt vom Versicherer einen Vertrag zugeschickt.

BETREUUNG DURCH MAKLER

Kunde geht mit dem App-Anbieter ein Maklerverhältnis ein. Der Makler berät den Kunden rund um seine Versicherungen und betreut ihn – in der Regel langfristig.

MAKLER-APP

In der App können Kunden sich von einem Makler zu ihren Versicherungen beraten lassen, Tarife ändern, kündigen und neu abschließen.

KUNDIN

Kunde gibt dem Makler den Auftrag, ihn für einen oder mehrere Verträge zu betreuen.

Kundin registriert sich in der App mit persönlichen Daten.

Kundin hinterlegt in der App ihre Versicherungsverträge.

Kundin bestätigt mit ihrer Unterschrift, dass die App Vertragsdaten vom Versicherer abfragen darf.

Kundin lässt sich zu ihren Versicherungen beraten.

Versicherungsmakler haben neben allen Schwächen auch Vorteile: Sie haften für Falschberatung, helfen im Schadensfall und sind dafür verantwortlich, dass ihre Kunden weder unter- noch überversichert sind. Doch die Zeiten, in denen eine Beratung zu Hause beim Kunden stattfindet, könnten bald vorbei sein. Bequem vom Sofa aus lassen sich die Dienste von Maklern auch über das Smartphone via Makler-App nutzen. Diese bietet grundsätzlich die gleichen Leistungen wie Makler aus Fleisch und Blut. Wer mit seinen Verträgen dorthin wechselt, kündigt seinem bisherigen Vermittler. Technisch läuft der Wechsel meist gut. Allerdings ist die Beratung in den Apps höchstens befriedigend, zeigte ein Test. Die Apps stellten zu wenige Fragen zum Versicherungsbedarf.

Wer dem App-Makler kündigen möchte, muss das meist schriftlich tun. Keine Sorge: Die Versicherungsverträge und der Versicherungsschutz laufen weiter.

Immobilien mieten & kaufen

Wohnen ist dieser Tage wieder zu einer sozialen Frage geworden. Jahrelang haben Städte und Gemeinden ihre Wohnungsbestände verkauft. Heute gibt es nicht mehr genügend Sozialwohnungen in den Städten. Mit Neid schauen viele deshalb nach Wien, wo die Stadt noch viele Wohnungen besitzt und der Mietpreis gedeckelt ist. Währenddessen steigen hierzulande die Mieten immer weiter, nicht nur in den Metropolen.

Der Ausweg, von dem viele träumen, ist der Erwerb von Eigentum. Doch auch die Kaufpreise ziehen an, mancherorts sogar deutlich stärker als die Mieten. Wenn Sie einen Immobilienkauf planen, sollten Sie deshalb mit spitzem Bleistift rechnen, welcher Preis noch zu stemmen ist. Und ob sich der Kauf überhaupt lohnt. Wenn Sie ein Objekt in Aussicht haben, müssen Sie sich anschließend um die richtige Finanzierung kümmern.

Ob Bausparvertrag, Annuitätendarlehen oder KfW-Kredit: Auf die Details kommt es an. Für die meisten Menschen ist das Haus oder die Wohnung die größte Investition des Lebens. Deshalb sollte die eigene Immobilie mit einer Wohngebäudeversicherung unbedingt gut abgesichert werden. Und zu guter Letzt lässt sich mit dem Eigenheim sogar noch Geld verdienen und nebenbei die Energiewende voranbringen. Trotz sinkender Einspeisevergütungen bringen neue Photovoltaikanlagen auf dem Dach noch immer eine gute Rendite. Vor allem, wenn der selbst produzierte Strom auch selbst verbraucht wird.

Steiler Anstieg

Wohnen wurde in den vergangenen Jahren in Deutschland immer teurer. Im ganzen Land steigen die Mieten. Besonders stark zogen sie aber in Großstädten an. Darunter leiden vor allem diejenigen, die eine neue Wohnung suchen. An manchem Ort sind vielleicht die Bestandsmieten gar nicht mal so hoch. Beispielsweise in Berlin profitieren viele langjährige Mieter noch von ihren günstigen Verträgen. Doch wer einen neuen Mietvertrag abschließt, muss mitunter tief in die Tasche greifen. In der Hauptstadt stiegen die Neuvertragsmieten zwischen 2010 und 2022 um gut 85 Prozent ganz besonders stark. Doch auch Wohnungssuchende in anderen deutschen Großstädten haben mit kräftig steigenden Preisen zu kämpfen.

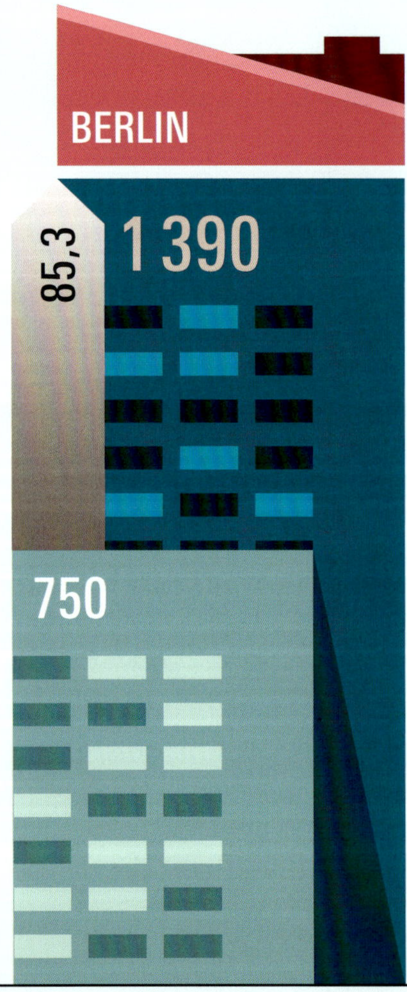

Durchschnittliche Neuvertragsmiete (Euro) **für eine 100-Quadratmeter-Wohnung** (gute Lage und Ausstattung)

2010 (3. Quartal) **2022** (3. Quartal) 74,6 **Mietsteigerung** (Prozent)

Quelle: vdpResearch

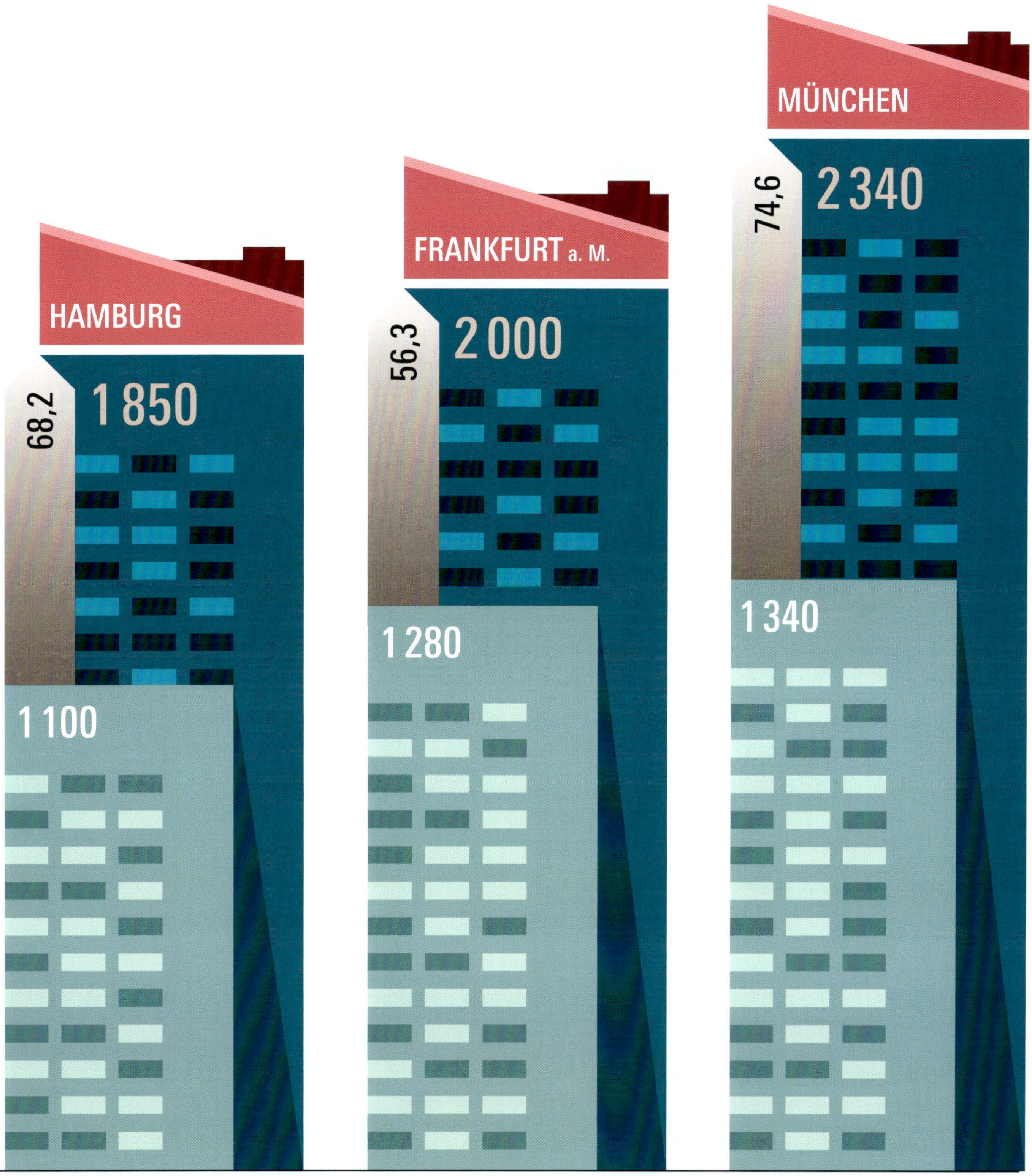

Mietwahnsinn in deutschen Großstädten. Bloß nicht umziehen. Die neue Bleibe könnte teuer werden. Kostete in Berlin eine 100-Quadratmeter-Wohnung in guter Lage im Jahr 2010 noch 750 Euro Miete, waren es 2022 schon 1390 Euro.

	BREMEN Kaufpreis-Miete-Verhältnis: 24,0	BERLIN Kaufpreis-Miete-Verhältnis: 40,4
Kaufpreis	329 000	640 000
Nebenkosten Grunderwerbssteuer, Makler, Notar- und Grundbuchkosten	+ 31 200	+ 70 800
Gesamtkosten	= 360 200	= 710 800
Mindesteigenkapital 10 Prozent des Kaufpreises zuzüglich Nebenkosten	– 64 100	– 134 800
Kreditsumme	= 296 100	= 576 000
Monatsrate[1)] Zinssatz 3,5 Prozent, Tilgung 2 Prozent	1 357	2 640
Bewirtschaftungskosten 4 Euro/m^2 und Monat	+ 400	+ 400
Gesamtbelastung pro Monat	= 1 757	= 3 040
Monatsmiete für vergleichbare Wohnung Inklusive 3 Euro/m^2 und Monat Betriebskosten	– 1 390	– 1 570
Mehrbelastung durch Kauf (pro Monat)	= 367	= 1 470
Zinsverlust bei Kauf (pro Monat) Bei Anlagezinssatz 1,5 Prozent/Jahr	+ 80	+ 169
Mehrbelastung inklusive Zinsverlust (pro Monat)	= 447	= 1 639

Alle Angaben in Euro. 1) Monatsrate = Kreditsumme × (Zins- + Tilgungssatz) : 1 200.

Quelle für Preise und Mieten: vdpResearch, Stand: 4. Quartal 2021

Wie hoch ist die Belastung nach dem Kauf? Die Grafik zeigt den Kauf einer Wohnung mit 100 Quadratmetern in guter Lage und mit guter Ausstattung. In Bremen ist die Monatsbelastung 447 Euro höher als für eine Mietwohnung. Im Vergleich zu Berlin ist das noch wenig. Wie sich ein Kauf für Sie rechnet, können Sie mit unseren Rechnern für Selbstnutzer ermitteln.

Wo der Preis noch stimmt

Angesichts der rasant steigenden Mieten erscheint der Kauf einer Immobilie verlockend. Doch auch die Immobilienpreise sind jahrelang gestiegen. Bundesweit verteuerten sie sich von Anfang 2015 bis zum 3. Quartal 2022 um mehr als 70 Prozent. In einigen Großstädten schnellten die Preise noch stärker nach oben. In Berlin etwa haben sich die Preise seit 2015 fast verdoppelt. Zusätzlich belasten stark gestiegene Zinsen das Budget der Käufer. Nur unter bestimmten Voraussetzungen lohnt sich Eigentum trotzdem. Entscheidend ist dafür das Kaufpreis-Miete-Verhältnis. Kostet eine Wohnung mehr als das 25-Fache der Jahresmiete, ist sie relativ teuer. Beträgt das Verhältnis 22 oder 23, sollte der Kauf dagegen keine viel größere Belastung für den Geldbeutel sein als die Miete. Während in einigen Kreisen und Städten noch günstige Immobilien zu haben sind, wird es gerade in größeren Städten kaum mehr Schnäppchen geben.

Wegen der hohen Preise und der gestiegenen Zinsen wird es immer schwieriger, die Immobilie zu finanzieren. Denn in der Folge erhöhen sich auch die Ausgaben für Grunderwerbssteuer, Notar, Grundbuchamt und Makler. Diese Kosten sollten Käufer mindestens mit ihrem Eigenkapital stemmen, und dazu einen Teil des eigentlichen Kaufpreises. Für Berlin brauchen Interessenten für eine 100-Quadratmeter-Wohnung daher mindestens 135 000 Euro Eigenkapital. Im deutlich günstigeren Bremen reichen 65 000 Euro.

Mehr zum Thema → Seite 205

Mehr zum Thema → Seite 205

Die Suche nach günstigen Zinsen

Steht ein Budgetrahmen für den Immobilienkauf fest, beginnt die Suche nach einem günstigen Kredit. Schon winzige Zinsunterschiede läppern sich mit den Jahren zu einer stattlichen Summe, die die Finanzierung um Tausende Euro verteuert. Deshalb ist es wichtig, mehrere Angebote einzuholen und genau zu vergleichen. Die Vielfalt an Möglichkeiten ist so groß, dass es für jeden ein passendes Darlehen gibt. Fragen Sie bei Ihrer Hausbank, bei Volksbanken und Sparkassen in der Region und auch bei Kreditvermittlern an.

Öffentliche Förderprogramme sollten ebenfalls in die Kalkulation mit einfließen. Denn sie bieten häufig unschlagbare Konditionen, sind aber an Bedingungen geknüpft. Auch Kombinationen verschiedener Darlehen sind denkbar.

Jedes Angebot sollte einen Finanzierungsplan enthalten. Er zeigt die monatliche Gesamtbelastung durch die Raten und die Entwicklung der Restschuld. Außerdem sollte der Plan auch eine Prognose für die Finanzierung nach dem Ende der Zinsbindung bieten.

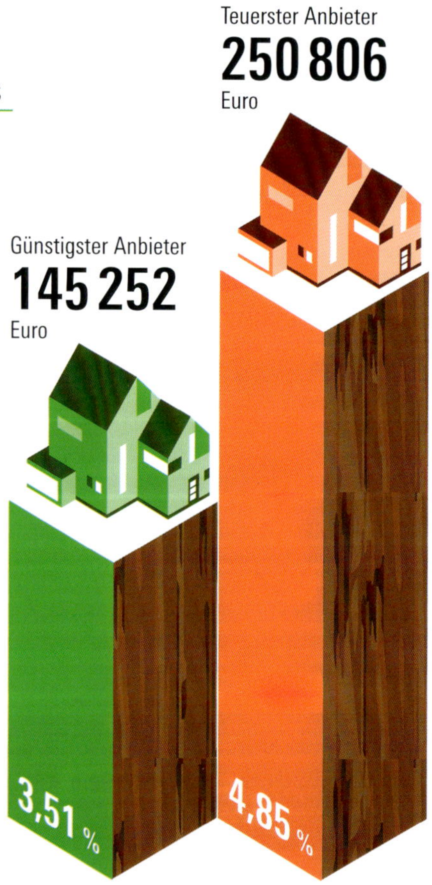

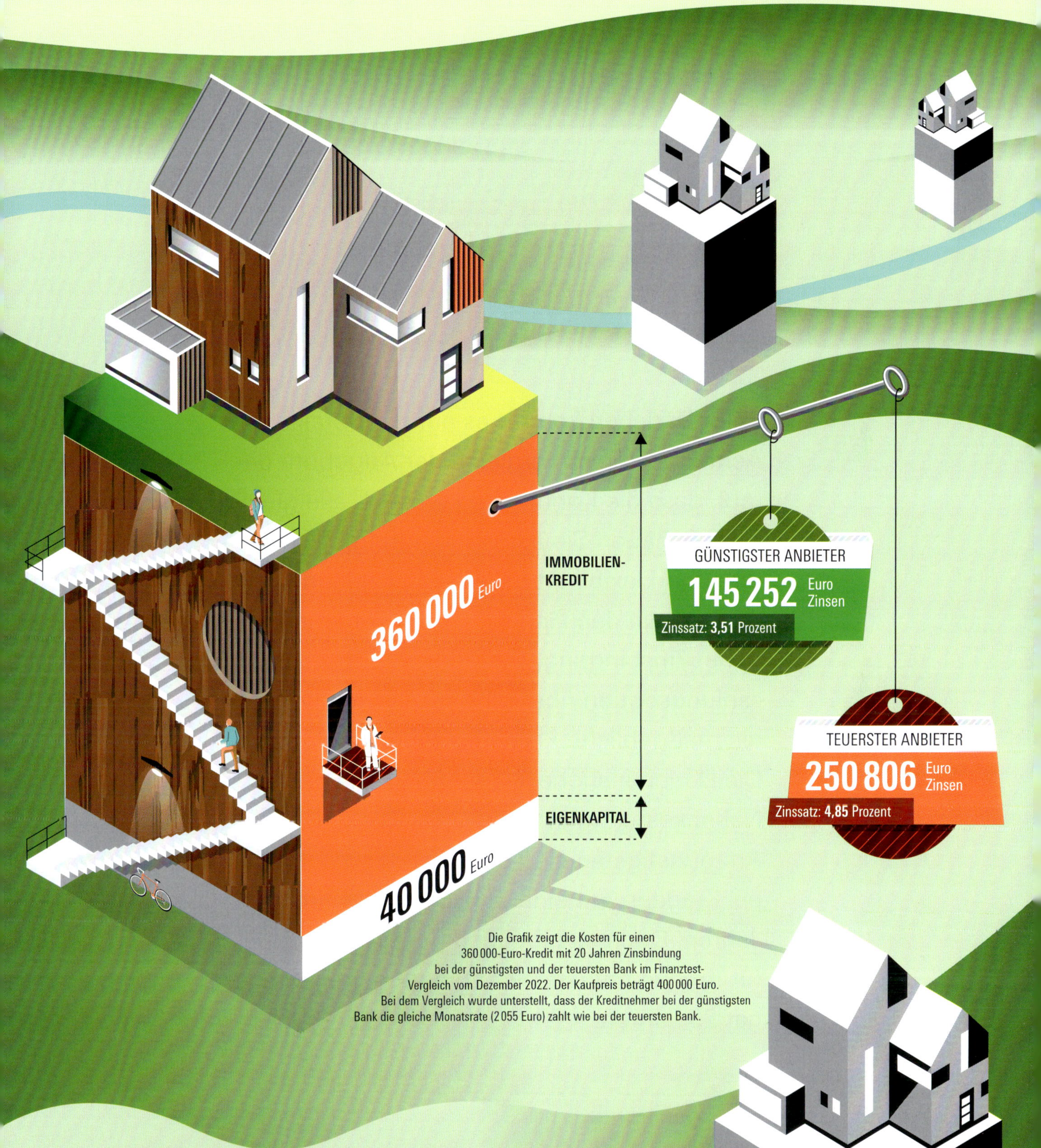

Die Grafik zeigt die Kosten für einen 360 000-Euro-Kredit mit 20 Jahren Zinsbindung bei der günstigsten und der teuersten Bank im Finanztest-Vergleich vom Dezember 2022. Der Kaufpreis beträgt 400 000 Euro. Bei dem Vergleich wurde unterstellt, dass der Kreditnehmer bei der günstigsten Bank die gleiche Monatsrate (2 055 Euro) zahlt wie bei der teuersten Bank.

Kleine Zahl, große Ersparnis. Teure Kredite kosten **viele Tausend Euro** mehr als günstige. Selbst ein scheinbar kleiner Zinsunterschied macht schon mehrere Zehntausend Euro aus.

Kreditvergleich in vier Schritten

Beim Darlehen kommt es auf die Details an. Achten Sie beim Vergleich der Angebote darauf, dass die Konditionen wirklich alle gleich sind: Schauen Sie auf Zinsbindung, Tilgungsrate und Flexibilität bei der Rückzahlung. Stimmen in den Angeboten die Darlehenshöhe, Zinsbindung, Monatsrate und Rückzahlungsoption überein, ist der Effektivzins die maßgebliche Einheit für den Vergleich. Die Darlehenshöhe ist der Kaufpreis plus Nebenkosten minus Eigenkapital. Am günstigsten sind die Zinsen in der Regel bei Krediten mit einer Zinsbindung unter zehn Jahren. Doch es gibt auch gute Angebote für Kredite mit einer Zinsbindung von 20 oder gar 25 Jahren.

1 BASISDATEN FESTLEGEN

KREDITSUMME. Wie viel Kredit benötigen Sie genau? Geben Sie den Betrag fest vor. Je mehr Eigenkapital Sie einsetzen, desto günstiger ist der Zinssatz.

ZINSBINDUNG. Auch die Dauer der Zinsbindung sollten Sie fest vorgeben. Nur wenn die Zinsbindungsfrist identisch ist, lassen sich die Kredite wirklich vergleichen.

MONATSRATE. Die Monatsrate ist der dritte Punkt, den Sie festlegen sollten. Errechnen Sie, was Sie sich maximal leisten können. Berücksichtigen Sie dabei laufende Nebenkosten.

TILGUNGSSATZ. Der Tilgungssatz ergibt sich aus der Kreditsumme, dem Zinssatz und der Monatsrate. Achten Sie darauf, dass er mindestens 2 Prozent beträgt.

2 RÜCKZAHLUNG VEREINBAREN

SONDERTILGUNGEN. Fragen Sie, ob und in welcher Höhe Sondertilgungen möglich sind und ob dafür ein Zinsaufschlag berechnet wird. Sondertilgungen sind ideal, um unsichere oder unregelmäßige Zusatzeinkünfte einzubinden, etwa Leistungsprämien oder ein 13. Monatsgehalt.

TILGUNGSSATZWECHSEL. Die Möglichkeit, den anfangs vereinbarten Tilgungssatz später zu ändern, macht flexibel. Klären Sie, ob und wenn ja wie oft und in welcher Spanne die Bank das erlaubt. Erkundigen Sie sich, welche Kosten damit verbunden sind.

3 ANGEBOTE VERGLEICHEN

SOLLZINSSATZ. Die Bank muss angeben, wie der Kredit zu verzinsen ist. Da zusätzliche Kreditkosten nicht berücksichtigt sind, ist der Sollzinssatz für den Kreditvergleich aber nur eingeschränkt relevant.

EFFEKTIVZINSSATZ. Der Effektivzins ist der Maßstab, anhand dessen sich Kreditangebote vergleichen lassen – vorausgesetzt, die Zinsbindungsfrist ist identisch. Er berücksichtigt fast alle Kosten, die mit dem Kredit verbunden sind, etwa Vermittlerprovisionen und Wertermittlungskosten. Die Banken müssen den Effektivzins angeben.

RESTSCHULD. Kreditnehmer sollten wissen, wie hoch die Restschuld am Ende der Zinsbindung ist. In dieser Höhe brauchen sie später einen Anschlusskredit. Und dessen Zinssatz hängt von der Entwicklung am Kapitalmarkt ab. Für den Kreditvergleich ist die Höhe der Restschuld nur aussagekräftig, wenn Auszahlungsbetrag und Monatsrate identisch sind.

4 ZUSATZKOSTEN PRÜFEN

BEREITSTELLUNGSZINSEN. Die meisten Banken verlangen Zinsen für einen bereitgestellten, aber noch nicht abgerufenen Kredit. Üblich sind 0,15 oder 0,25 Prozent pro Monat. Das kann vor allem bei Bauvorhaben im ersten Jahr den Kredit verteuern. Fragen Sie, ab welchem Monat Bereitstellungszinsen fällig werden.

Welche Darlehen es gibt

Die Finanzierung lässt sich mit verschiedenen Krediten stemmen. Nicht nur Banken und Versicherungen geben Geld, Kaufinteressenten und Häuslebauer erhalten auch Unterstützung vom Staat. Hier die wichtigsten Vor- und Nachteile der unterschiedlichen Kreditformen.

Annuitätendarlehen

Langfristiges Darlehen mit gleichbleibenden Raten aus Zins und Tilgung während der Zinsbindung.

+

- Kein Zinserhöhungsrisiko während der Zinsbindung.
- Konstante Monatsraten während der Zinsbindung.
- Flexible Raten und Sondertilgungen nach Vereinbarung möglich.

–

- Anschlussfinanzierung am Ende der Zinsbindung nötig.
- Hohes Risiko bei kurzer Zinsbindung.
- Überlange Laufzeit bei niedriger Tilgung.

Volltilgerdarlehen

Annuitätendarlehen, das innerhalb der Zinsbindung komplett getilgt wird.

+

- Kein Zinserhöhungsrisiko während der gesamten Laufzeit.
- Konstante Monatsraten während der gesamten Laufzeit.
- Keine Anschlussfinanzierung nötig.
- Teilweise Zinsrabatte.

–

- Ratenwechsel oder Sondertilgungen oft ausgeschlossen oder stark eingeschränkt.
- Laufzeiten über 20 Jahre nur bei wenigen Banken als Volltilgerdarlehen erhältlich.
- Oft relativ schnelle Tilgung und hohe Monatsraten nötig.

Bauspar-Kombikredite

Kombination aus einem Bausparvertrag und einem Darlehen, mit dem die Bausparsumme bis zur Zuteilung vorfinanziert wird.

+

- Kein Zinserhöhungsrisiko während der gesamten Laufzeit, wenn der Zinssatz für das Darlehen bis zur Zuteilung fixiert ist.
- Nach Zuteilung beliebig hohe Sondertilgungen kostenfrei möglich.
- Wird häufig auch mit Riester-Förderung angeboten.

–

- Hohes Risiko, wenn Zinsbindung des Vorausdarlehens lange vor der Zuteilung endet.
- Niedrige Sparzinsen und hohe Gebühren für Bausparvertrag.
- Vor der Zuteilung kein Ratenwechsel möglich, Sonderzahlungen oft ausgeschlossen.
- Zuteilungstermin ist nicht garantiert.

KfW-Darlehen

Förderdarlehen der staatlichen KfW-Bank für den Bau und Kauf von Eigenheimen sowie für Modernisierungs- und Energiesparmaßnahmen.

+

- Niedrige Zinsen, vor allem in den Programmen für energieeffiziente Bau- oder Sanierungsmaßnahmen.
- Teilweise Tilgungszuschüsse.
- Kein Zinsaufschlag bei hoher Beleihung der Immobilie.

–

- Zinsbindung nur bis zu zehn Jahre, daher in der Regel Anschlusskredit zu marktüblichen Zinsen nötig.
- Keine Möglichkeit zu kostenfreien Sondertilgungen.
- Für energieeffiziente Bau- und Sanierungsmaßnahmen sind technische Anforderungen zu beachten.

Länderförderung

Zinslose oder zinsgünstige Immobliendarlehen und Zuschüsse der Bundesländer.

+

- Konkurrenzlos niedrige Zinsen, vor allem für Familien mit Kindern.
- Wird von Banken meist als Eigenkapitalersatz anerkannt.
- Oft lassen sich mehrere Förderbausteine kombinieren.

–

- Kein Rechtsanspruch, je nach Bundesland unterschiedliche Förderbedingungen.
- Oft lange Bearbeitungszeiten bis zur Bewilligung.
- Einkommensgrenzen.

Riester-Darlehen

Darlehen zur Nutzung der Riester-Förderung für eine selbst genutzte Immobilie. Es wird als Annuitätendarlehen, Bauspardarlehen oder Bauspar-Kombikredit angeboten.

+

- Tilgung wird mit Riester-Zulagen und Steuervorteilen gefördert.
- Zinsersparnis durch schnellere Darlehenstilgung.

–

- Vor allem bei Banken nur wenige Anbieter.
- Teilweise höherer Zinssatz als für ungeförderte Darlehen.
- Komplizierte Förderbedingungen.
- Geförderte Beträge müssen im Alter versteuert werden.

Forward-Darlehen

Darlehen für die Anschlussfinanzierung, das der Kreditnehmer bis zu fünf Jahre vor dem Ende der Zinsbindung seines alten Kredits abschließen kann.

+

- Zins- und Kalkulationssicherheit für den Anschlusskredit schon Jahre im Voraus.
- Bei steigenden Zinsen günstiger als Anschlussfinanzierung am Ende der Zinsbindung.

–

- Zinsaufschlag gegenüber einem sofort beginnenden Darlehen.
- Der Kunde muss das Darlehen zum vereinbarten Zinssatz auch abnehmen, wenn die Zinsen sinken.
- Auch Ratenhöhe und Kreditsumme müssen Jahre im Voraus festgelegt werden.

Bausparvertrag

Kombinierter Spar- und Darlehensvertrag für die künftige Finanzierung einer Immobilie oder einer Modernisierung.

+

- Darlehenszinsen in der Zukunft stehen schon bei Vertragsabschluss fest.
- Keine Zinsaufschläge für kleine oder nachrangige Darlehen.
- Staatliche Förderung durch Wohnungsbauprämie, Sparzulagen oder Riester-Zulagen.

–

- Sehr niedrige Guthabenzinsen in der Sparphase.
- Abschluss- und Kontogebühren.
- Zuteilungstermin ist nicht garantiert.

So funktioniert ein Bausparvertrag

Bausparen ist wieder attraktiver geworden. Als reine Geldanlage lohnt es wegen der niedrigen Zinsen und hohen Gebühren in der Sparphase nicht. Doch für einen künftigen Immobilienkauf oder eine Modernisierung kann es sich rechnen. Es schützt vor steigenden Zinsen, und Bausparkassen verlangen für kleine Darlehen unter 30 000 oder 50 000 Euro keinen Zinsaufschlag.

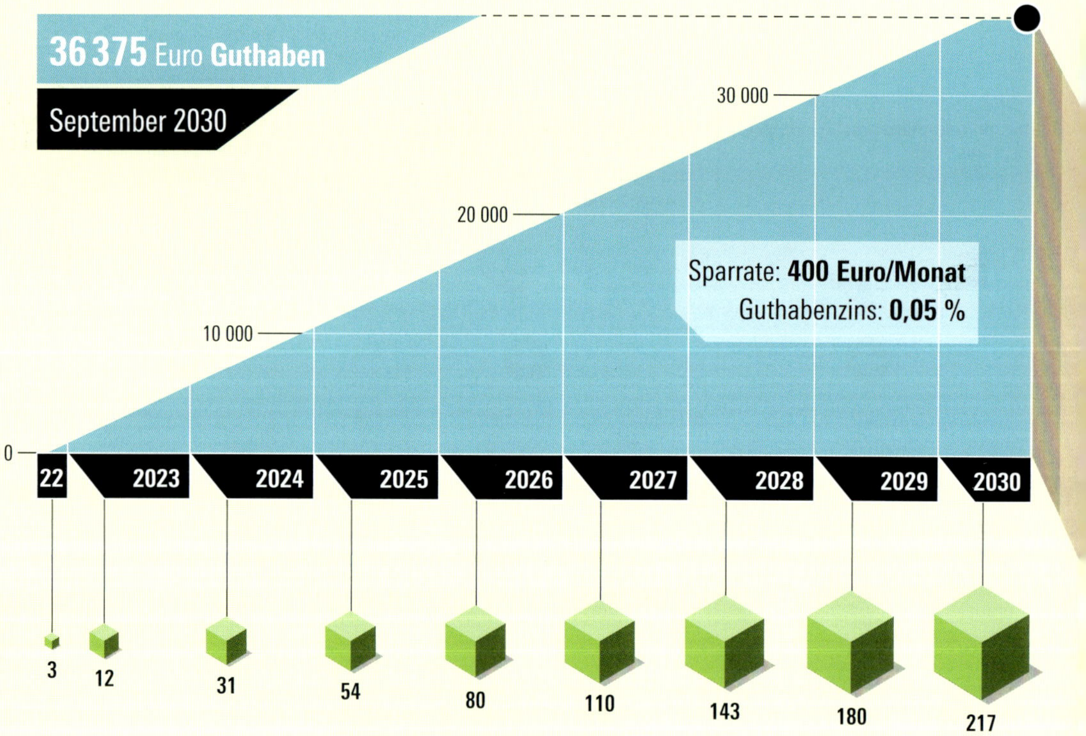

SPARPHASE

Das Guthaben wächst durch Sparraten und Zinsen. Davon gehen 800 Euro Abschlussgebühr und jährliche Gebühren von 12 Euro ab. 45 Prozent der Bausparsumme (36 000 Euro) müssen Kunden mindestens ansparen.

BEWERTUNGSZAHL

Jeden Monat bewertet die Bausparkasse die Sparleistung mit einer Bewertungszahl. Sie ist umso höher, je länger Kunden bereits sparen. Die LBS Saar teilt nur Bausparverträge zu, die mindestens eine Bewertungszahl von 217 haben.

Mehr zum Thema → Seite 205

Mit ihren Einzahlungen legen Bausparer den Grundstock. Mitunter profitieren sie von staatlicher Förderung in Form von Wohnungsbauprämie oder Arbeitnehmersparzulage. Nach der Sparphase beginnt die Darlehensphase: Sind das Mindestguthaben und eine bestimmte Bewertungszahl erreicht, können sie sich das Guthaben auszahlen lassen und das Darlehen abrufen.

ZUTEILUNG

Geschafft: Nach acht Jahren sind das Mindestguthaben und die nötige Bewertungszahl erreicht. Sparer können die Bausparsumme von 80 000 Euro abrufen.

DARLEHENSPHASE

Das Bauspardarlehen ergibt sich aus der Bausparsumme abzüglich des Guthabens. Es wird in konstanten Raten aus Zins und Tilgung zurückgezahlt.

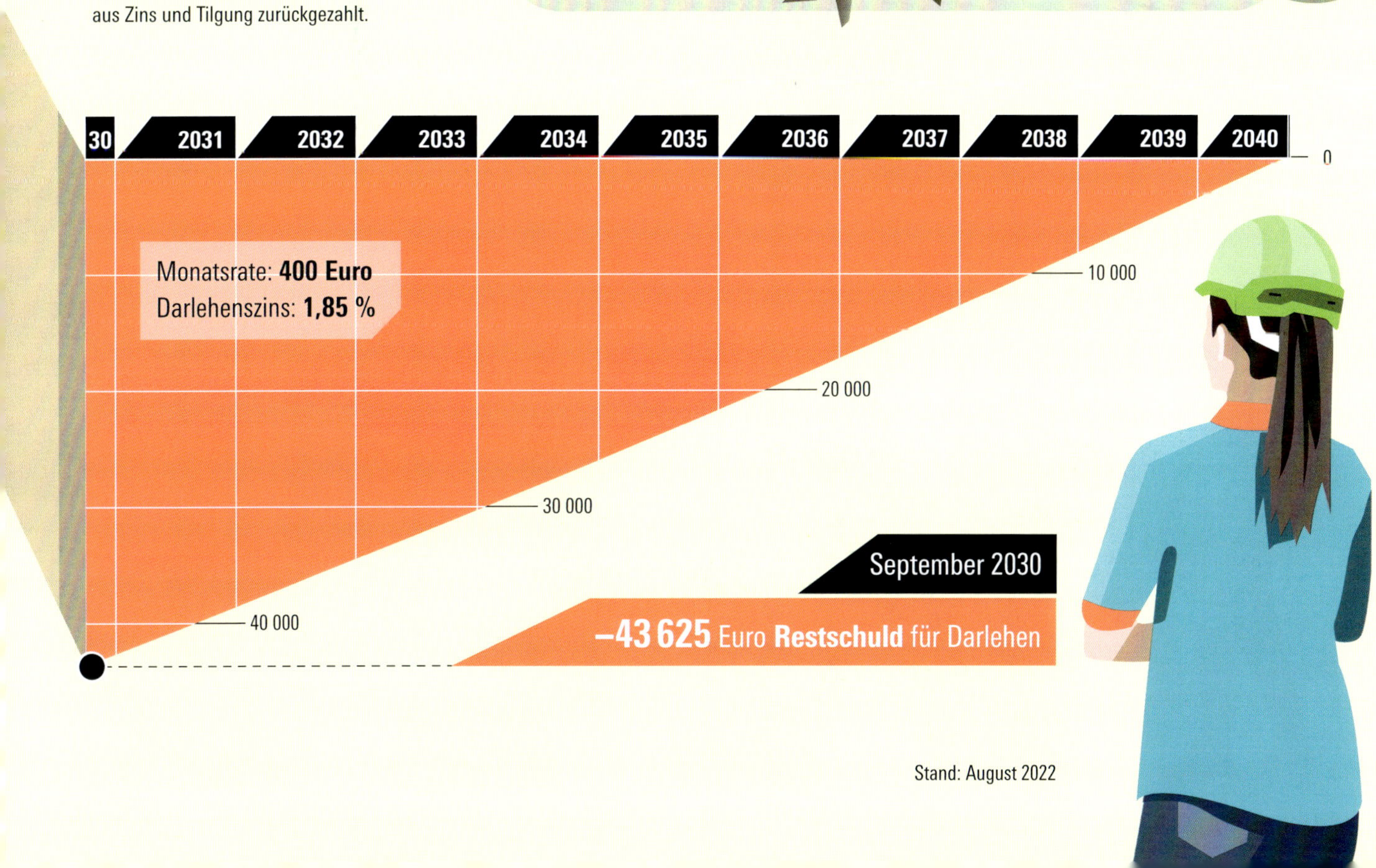

Stand: August 2022

So lesen Sie die Grafik
Energetische Sanierungsmaßnahme
SANIERUNGS-MASSNAHME
15 Prozent
20 Prozent
Zuschuss des Bundesamtes für Wirtschaft und Ausfuhrkontrolle (Bafa)
Steuerbonus auf förderfähige Kosten
1) Der Zuschuss erhöht sich um 5 Prozentpunkte, wenn die Maßnahme im Rahmen eines individuellen Sanierungsfahrplans erfolgt.
FÖRDERUNG FÜR ENERGETISCHE MASSNAHMEN
EINBAU EINER LÜFTUNGSANLAGE
15 Prozent[1] 20 Prozent
DÄMMUNG VON WAND, DACH, KELLER, DECKEN
15 Prozent[1] 20 Prozent
SOMMERLICHER WÄRMESCHUTZ
15 Prozent[1] 20 Prozent
SOLARTHERMIE-ANLAGE
25 Prozent 20 Prozent
FACHPLANUNG ODER BAUBEGLEITUNG
50 Prozent 50 Prozent
SYSTEME ZUR VERBRAUCHS-OPTIMIERUNG
15 Prozent[1] 20 Prozent
FENSTER UND AUSSENTÜREN ERNEUERN
15 Prozent[1] 20 Prozent
WÄRME-PUMPE
25 bis 40 20 Prozent

Geld fürs Energiesparhaus

Ob neue Fenster oder Solaranlage: Wer ein Haus saniert, hofft, dass Fördermittel die Kosten einer energetischen Sanierung erheblich drücken. Allerdings sind diese Mittel zuletzt zusammengestrichen worden. Dadurch wird in vielen Fällen eine zweite Art der Förderung interessant: der Steuerbonus von 20 Prozent für energiesparende Maßnahmen am selbst genutzten Wohneigentum (§ 35c Einkommenssteuergesetz). Bis zu 40 000 Euro Rabatt sind so möglich. Eigentümerinnen und Eigentümer müssen sich entscheiden, ob sie den Steuerrabatt oder Bafa-Mittel der Bundesförderung für effiziente Gebäude (BEG) in Anspruch nehmen möchten. Beides zusammen geht nicht. Da die BEG-Förderung vor Baubeginn beantragt werden muss, sollten sie vorab durchrechnen, was sich für sie mehr rechnet.

Betongold soll Rendite bringen

Mit Vermietung lässt sich Geld verdienen – unter den richtigen Voraussetzungen. Wer eine Immobilie kaufen möchte, muss darauf achten, dass die Rechnung tatsächlich aufgeht. Sonst zahlt sie oder er am Ende drauf. Ein Richtwert dafür ist die Mietrendite. Sie gibt an, wie viel der Investitionskosten durch die jährliche Miete wieder reinkommen.
Nur Kaufpreis und Mieteinnahmen zu betrachten, das reicht dabei nicht aus. Die Kaufnebenkosten, die zu Beginn anfallen, ziehen den Schnitt nämlich deutlich nach unten.
Wer nachrechnet, sollte auf eine Nettomietrendite von mindestens 2,5, besser 3 Prozent kommen. Liegt sie unter 2 Prozent, müssen Käuferinnen und Käufer auf kräftige Miet- und Wertsteigerungen hoffen, damit sich ihr Investment lohnt.

Annahmen: Kredit in Höhe von 80 Prozent des Kaufpreises, Zinssatz 3,5 Prozent, Tilgungssatz 2 Prozent. Steuern: Ehepaar mit einem zu versteuernden Einkommen von 100 000 Euro, abschreibbarer Gebäudeanteil 70 Prozent des Kaufpreises.

BERECHNUNG DER RENDITE

KAUFPREIS-MIETE-VERHÄLTNIS

Kaufpreis (Euro)		300 000
geteilt durch Nettokaltmiete pro Jahr (Euro)	:	12 000
ergibt Kaufpreis-Miete-Verhältnis	=	25

BRUTTOMIETRENDITE

Nettokaltmiete pro Jahr (Euro)		12 000
geteilt durch Kaufpreis (Euro)	:	300 000
ergibt Bruttomietrendite (Prozent)	=	4,0

NETTOMIETRENDITE

Kaufpreis (Euro)		300 000
Nebenkosten (Makler, Notar, Grunderwerbssteuer, Grundbuch)	+	30 000
Renovierungskosten	+	0
Investitionskosten	=	330 000

Nettokaltmiete pro Jahr (Euro)		12 000
2 Prozent der Nettokaltmiete pro Jahr pauschal für Mietausfallrisiko	–	240
Verwaltungskosten pro Jahr (Haus- und Mietverwaltung)	–	600
Instandhaltungskosten pro Jahr (12 bis 13 Euro pro m^2 Wohnfläche)	–	1 200
Jahresreinertrag	=	9 960
Investitionskosten	:	330 000
Nettomietrendite (Prozent)	=	3,0

ÜBERSCHUSS ODER UNTERDECKUNG

Nettokaltmiete (Euro pro Jahr)		12 000
Instandhaltungs- und Verwaltungskosten (Euro pro Jahr)	–	1 800
Kreditrate (Euro pro Jahr)	–	13 200
Steuern oder plus Steuervorteil (Euro pro Jahr)	+	958
Überschuss/Unterdeckung (Euro pro Jahr)	=	–2 042

WOHNGEBÄUDEVERSICHERUNG

FEUERVERSICHERUNG

Brand
Versichert ist Schaden durch Feuer, das sich aus eigener Kraft ausbreiten kann.

Beispiel. Zimmerbrand infolge eines Kurzschlusses.

Blitzschlag
Direkter Einschlag in das Gebäude. Versichert sind auch Folgeschäden.

Beispiel. Antenne wird durch Blitzeinschlag zerstört. Ein vom Blitz getroffener Baum beschädigt das Dach.

Überspannung durch Blitz
Versichert sind Schäden an elektrischen Einrichtungen.

Explosion
Plötzliches Freiwerden von Energie verursacht durch Gase.

Beispiel. Gasexplosion in der Nachbarschaft.

LEITUNGSWASSER

Rohrbruch
Versichert sind Heizungs- und Wasserrohre, ebenso Wasserzuleitungsrohre auf dem Grundstück, die das Haus versorgen.

Beispiel. Bruch der Zuleitung im Garten.

Frost
Versichert sind Heizungsanlagen und sanitäre Einrichtungen.

Beispiel. Frostschaden infolge eines plötzlichen, nicht vorhersehbaren Temperatursturzes.

Nässeschäden
Wasser, das aus dem Rohrsystem sowie aus Aquarien oder Wasserbetten ausgetreten ist.

STURMVERSICHERUNG

Sturm
In der Regel Wind ab Stärke 8. Versichert sind auch Folgeschäden.

Beispiel. Sturm deckt das Dach ab. Ein auf das Haus geworfener Baum drückt eine Mauer ein.

Hagel
Eiskörner. Versichert sind auch Folgeschäden.

Beispiel. Hagelschaden an der Verglasung.

ELEMENTARSCHADEN

Überschwemmung
Überschwemmung des Grundstücks durch Regen oder das Ausufern von Gewässern oder den Austritt von Grundwasser durch diese Ursachen.

Rückstau
Eindringen von Wasser aus den Ableitungsrohren des Gebäudes in das Haus, verursacht durch Regen oder das Ausufern von Gewässern.

Erdbeben
Naturbedingte Erschütterung des Erdbodens durch Vorgänge im Erdinneren.

Erdsenkung
Naturbedingte Absenkung des Erdbodens über natürlichen Hohlräumen.

Erdrutsch
Naturbedingtes Abrutschen von Erd- oder Gesteinsmassen.

Schneedruck
Wirkung des Gewichts von Schnee und Eismassen.

Lawinen
An Berghängen niedergehende Schnee- und Eismassen.

Schutz fürs Haus

Eine Wohngebäudeversicherung brauchen alle, die ein Haus besitzen. Sie versichert die Immobilie gegen existenzbedrohende Schäden durch Feuer, Sturm oder Leitungswasser. Da Unwetter häufiger werden, sollte die Erweiterung auf Elementarschäden nicht fehlen. Dann sind auch Überschwemmungen, Lawinen, Erdbeben und Starkregen versichert. Dieser Zusatzschutz kostet aber in Gegenden, die gefährdet sind, besonders viel. So sind Häuser am Fluss schwer gegen Überschwemmung zu versichern.
Es gilt zudem: Guter Schutz ist oft teuer. Meist bieten nur Premium-Tarife volle Zahlung an, wenn der Schaden durch grobe Fahrlässigkeit von Versicherten entstand. Bei älteren Verträgen sind die Leistungen häufig schlechter als bei heutigen. Es lohnt sich daher, sie zu überprüfen.

Vier Bausteine machen die Wohngebäudeversicherung aus: Versichert sind Schäden durch Leitungswasser, Brand/Blitz, Sturm/Hagel und Elementarereignisse – nahezu alles, was einem Haus passieren kann.

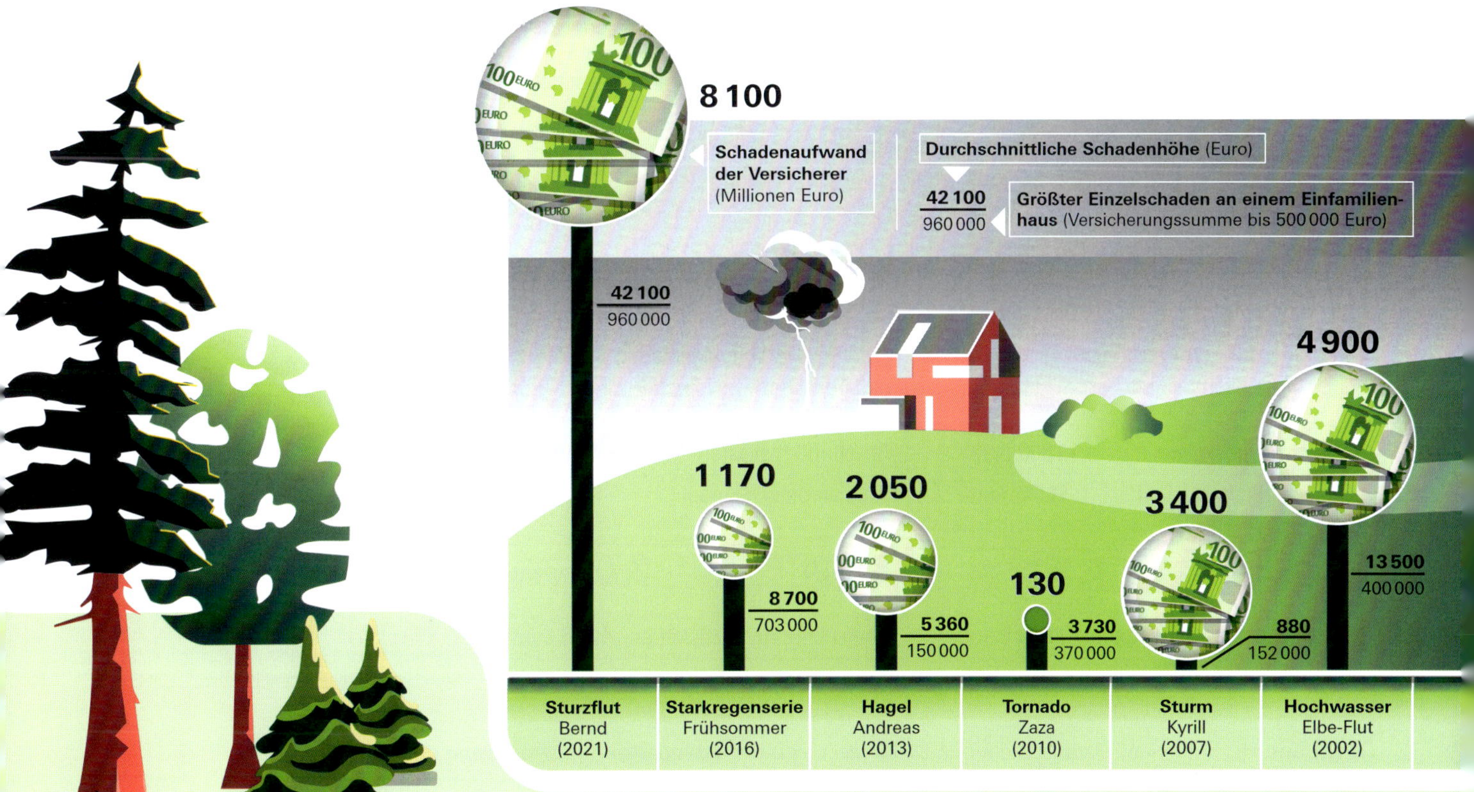

Schadenaufwand bezogen auf Sachversicherung (umfasst Wohngebäudeversicherung, Hausrat, Gewerbe und Industrie).
Durchschnittliche Schadenhöhe bezogen auf Wohngebäudeversicherung. **Quelle: GDV, Naturgefahrenreport 2022**

PHOTOVOLTAIKANLAGE

(10 kW) mit Eigenverbrauch und mit Batteriespeicher (5 kWh)

Anschaffungskosten	**19 000** Euro
Eigenverbrauchsanteil	**32** Prozent
RENDITE	**4,47** Prozent
Überschuss nach 20 Jahren	**10 529** Euro
Amortisationsdauer	**15** Jahre

PHOTOVOLTAIKANLAGE

(10 kW) mit Eigenverbrauch und ohne Batteriespeicher

Anschaffungskosten	**14 000** Euro
Eigenverbrauchsanteil	**16** Prozent
RENDITE	**4,38** Prozent
Überschuss nach 20 Jahren	**7 615** Euro
Amortisationsdauer	**15** Jahre

PHOTOVOLTAIKANLAGE

(10 kW) mit Volleinspeisung ins Netz und ohne Batteriespeicher

Anschaffungskosten	**14 000** Euro
Eigenverbrauchsanteil	**0** Prozent
RENDITE	**2,72** Prozent
Überschuss nach 20 Jahren	**4 268** Euro
Amortisationsdauer	**17** Jahre

Annahmen für die Rechnungen

Leistung der Anlage 10 kW; Inbetriebnahme Oktober 2023; Einspeisevergütung Modell Eigenverbraucher 8,2 Cent/kWh, Modell Volleinspeiser 13 Cent/kWh; Laufzeit 20 Jahre; Anschaffungskosten ohne Mehrwertsteuer; Jahresstromverbrauch 4 500 kWh; Stromertrag 950 kWh pro Kilowatt Leistung der Anlage, jährlich um 0,25 Prozent sinkend; Betriebskosten 1,5 Prozent des Anlagepreises im Jahr, jährlich um 1,5 Prozent steigend; Strompreisersparnis 40 Cent/kWh, jährlich 2 Prozent steigend. Anlage mit Speicher: Nach 13 Jahren Anschaffung eines neuen Speichers zum (künftigen) Preis von 2 250 Euro.

Fast autark: Mit einem Stromspeicher im Keller lässt sich der eigene Strom nutzen, wenn gerade keine Sonne scheint. Auch wenn der Akku erschwinglich ist, schmälert er die Rendite der Anlage.

Einspeisen oder verbrauchen?

Eine Photovoltaikanlage auf dem Dach ist für viele eine Gewissensfrage. Rechnen sollte sich die Investition in Erneuerbare Energien trotzdem. Hausbesitzer können den ganzen erzeugten Strom ins Netz einspeisen und dafür die Einspeisevergütung einstreichen. Doch in der Regel ist die Rendite bei diesem Modell bescheiden. Denn während eine Kilowattstunde Strom vom Anbieter derzeit oft 40 Cent kostet, erhalten sie für ihren Sonnenstrom bis zu 13 Cent. Sinnvoller ist, die Energie selbst zu verbrauchen und nur den Überschuss einzuspeisen. In den vergangenen Jahren wurden Stromspeicher deutlich günstiger. Deshalb installieren viele Anlagenbesitzer zusätzlich zu den Solarzellen auf dem Dach einen Stromspeicher im Keller. So können sie Überschüsse an Sonnentagen speichern und später nutzen. Autark sind Haushalte damit allerdings nicht, erst recht nicht im sonnenarmen Winter.

Solarstromanlage mieten

Mit Solarstrom auf dem Dach können sich Hausbesitzerinnen und -besitzer ein Stück Unabhängigkeit erkaufen. Doch große Anlagen sind teuer, nicht jeder kann die Investition ohne Weiteres stemmen. Dann können Mietmodelle eine Lösung sein. Ohne Anschaffungskosten kommen die Paneele aufs Dach. Um den Aufbau kümmert sich der Anbieter, genauso wie um Wartung, Reparaturen und Versicherung. Alles wird für Hausbesitzer erledigt. Sie zahlen lediglich eine monatliche Miete und dürfen den erzeugten Strom selbst verbrauchen. Übernehmen können sie die Anlage erst nach 20 Jahren, wenn sie ausgefördert ist. Achtung: Interessenten sollten ein Angebot genau durchrechnen. Unterm Strich könnten sich die Kosten über die Jahre zu einer höheren Summe addieren als ein Anlagenkauf.

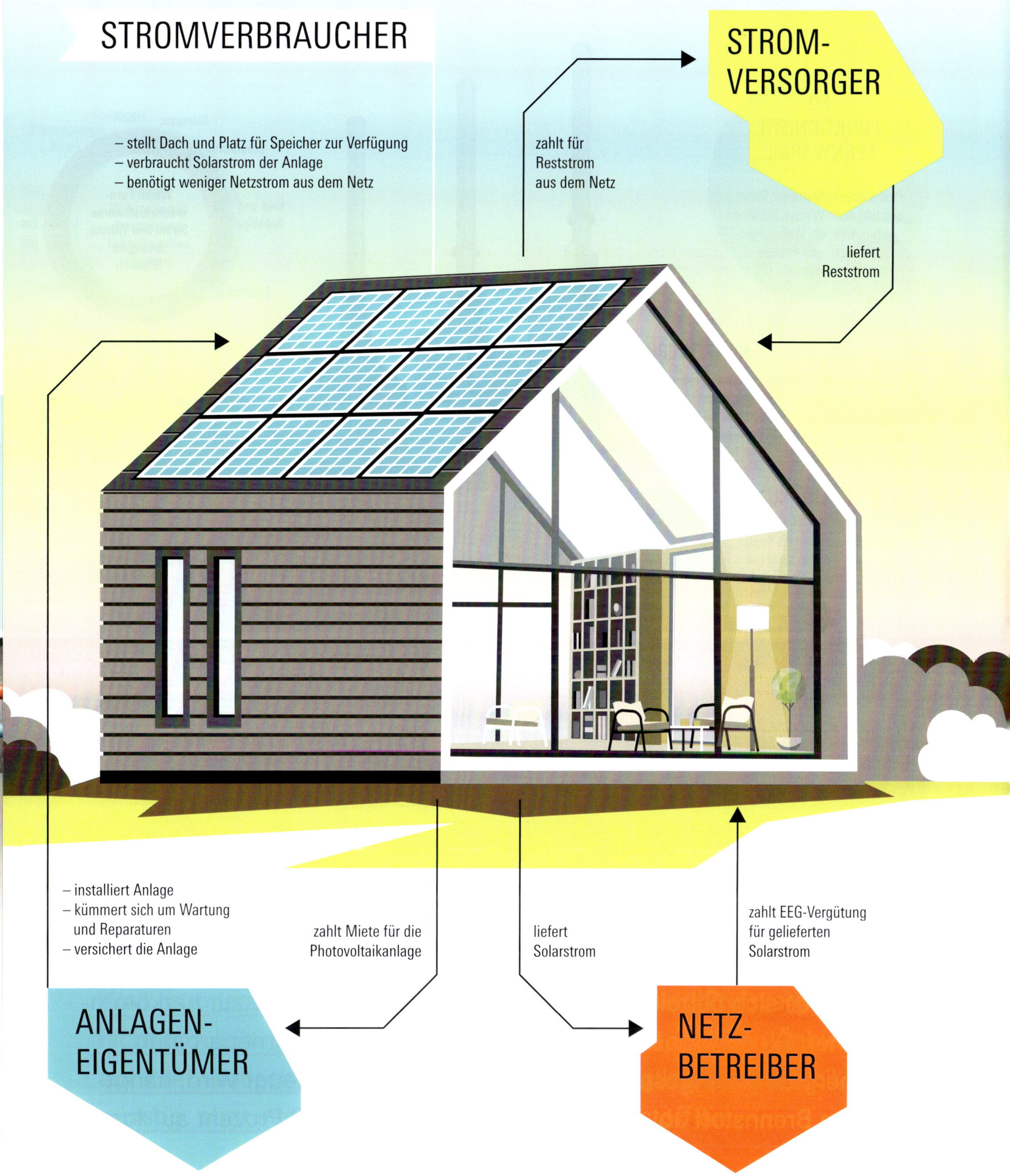
STROMVERBRAUCHER
– stellt Dach und Platz für Speicher zur Verfügung
– verbraucht Solarstrom der Anlage
– benötigt weniger Netzstrom aus dem Netz
zahlt für Reststrom aus dem Netz
STROM-VERSORGER
liefert Reststrom
– installiert Anlage
– kümmert sich um Wartung und Reparaturen
– versichert die Anlage
zahlt Miete für die Photovoltaikanlage
liefert Solarstrom
zahlt EEG-Vergütung für gelieferten Solarstrom
ANLAGEN-EIGENTÜMER
NETZ-BETREIBER

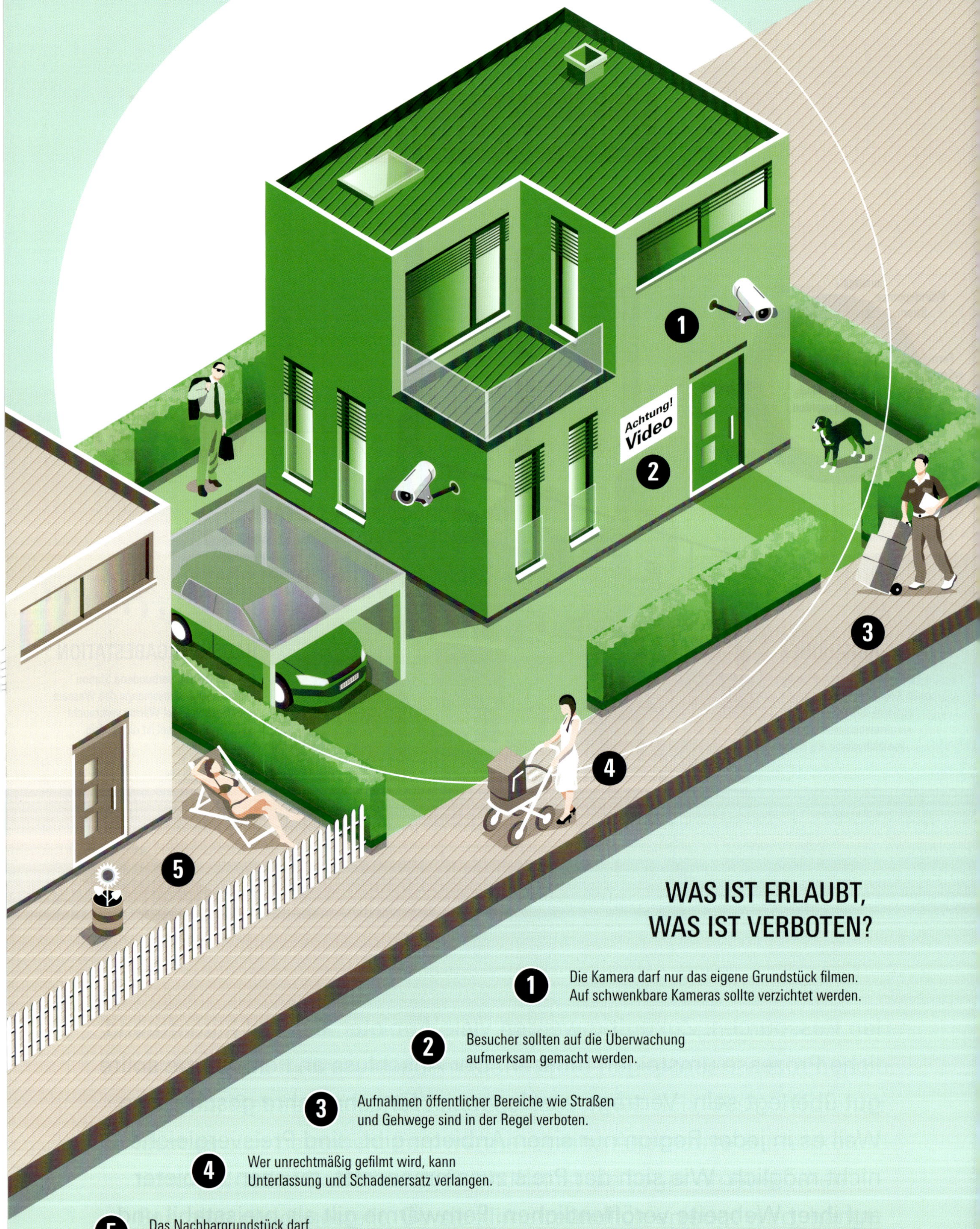

WAS IST ERLAUBT, WAS IST VERBOTEN?

1. Die Kamera darf nur das eigene Grundstück filmen. Auf schwenkbare Kameras sollte verzichtet werden.
2. Besucher sollten auf die Überwachung aufmerksam gemacht werden.
3. Aufnahmen öffentlicher Bereiche wie Straßen und Gehwege sind in der Regel verboten.
4. Wer unrechtmäßig gefilmt wird, kann Unterlassung und Schadenersatz verlangen.
5. Das Nachbargrundstück darf nicht gefilmt werden.

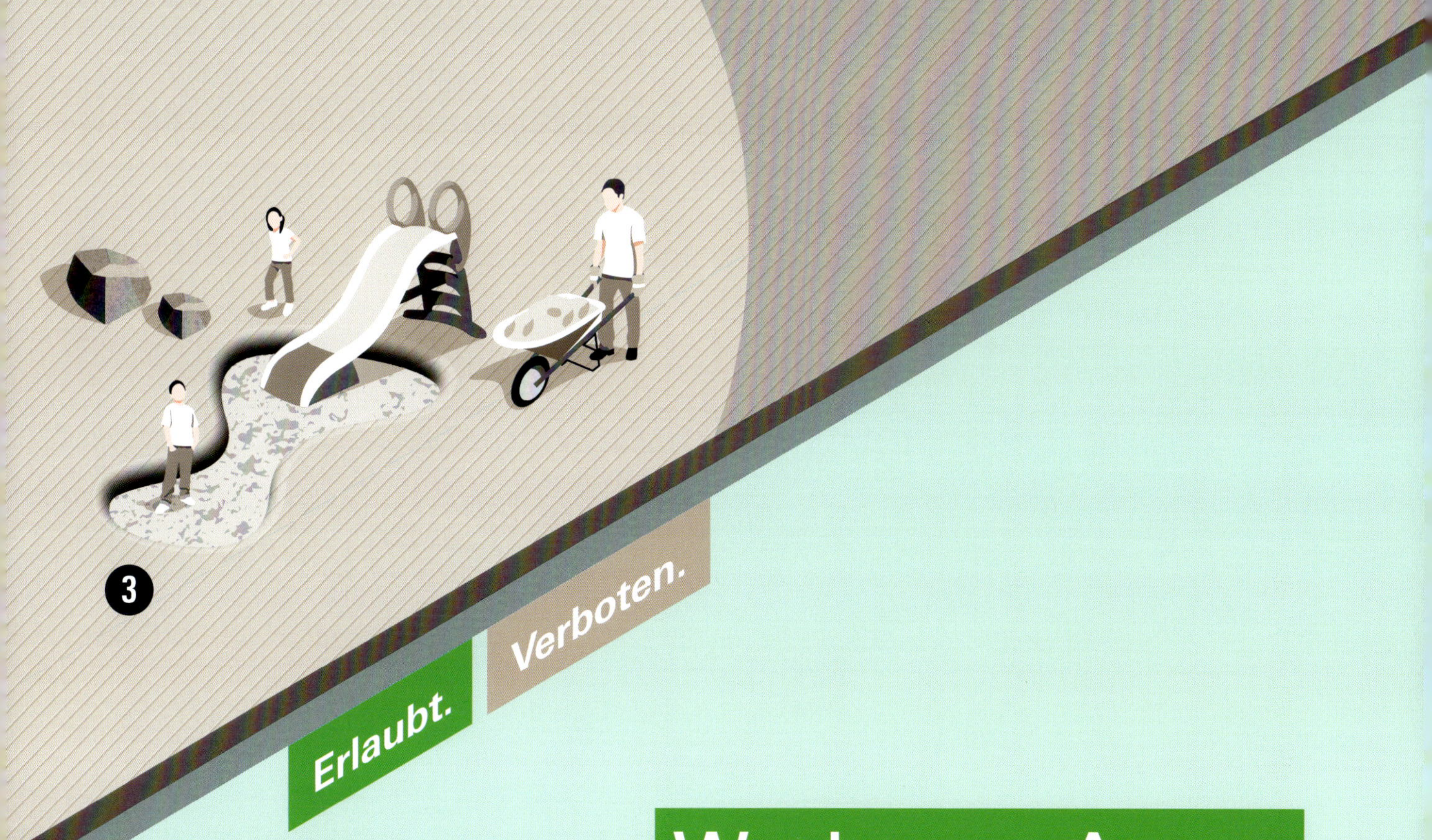

Wachsame Augen

Kameras am Haus dienen der Abschreckung. Wer sich gegen Einbruch oder Sachbeschädigung schützen möchte, kann dafür auf seinem Grundstück ein Gerät anbringen. Auch Attrappen sind zu dem Zweck erlaubt. Ein Schild sollte alle Besucher auf die Kameras hinweisen. Ganz wichtig: Damit die Persönlichkeitsrechte anderer Personen nicht verletzt werden, dürfen Sie in der Regel nur das eigene Haus und Grundstück filmen. Denn kommt etwas anderes ins Bild, etwa die Nachbarin beim Sonnenbaden im Garten, verletzt das deren Persönlichkeitsrechte. Wer in einer Wohnung lebt, darf deshalb nur Bereiche überwachen, die sie oder er alleine nutzt. Beispielsweise die eigene Terrasse. Auch im Haus dürfen Kameras nicht einfach alles beobachten. Selbst die Familie hat ein Recht auf Privatsphäre. Ein Putzhelfer oder eine Babysitterin muss den Aufnahmen ausdrücklich zustimmen.

Gibt es Aufnahmen, die zum Beispiel Einbrecher bei der Tat ertappen, sollten Sie diese unbedingt an die Polizei übergeben. Private Fahndungsaufrufe im Internet sind verboten.

Einfach Steuern sparen

Es soll ja Menschen geben, die sich richtig gerne in die Formulare der Steuererklärung reinfuchsen, um noch ein paar Cent Ersparnis rauszuholen. Für die meisten gilt das eher nicht, da ist die jährliche Abgabe ein Übel, das sie möglichst lange vor sich herschieben. Doch es lohnt, sich damit zu beschäftigen. Im Durchschnitt erhalten Steuerzahlende laut dem Statistischen Bundesamt gut 1 000 Euro vom Finanzamt zurück. Sogar wer nicht verpflichtet ist, eine Erklärung abzugeben, sollte diese Gelegenheit deshalb nicht verpassen.

Schon die Beiträge zur Kranken- und Pflegeversicherung mindern die Steuerschuld. Um aber nennenswert Geld zurückzubekommen, müssen Sie über das Jahr Quittungen und Belege sammeln. Viele beruflich veranlasste Ausgaben lassen sich von der Steuerschuld absetzen, zum

Beispiel Fahrtkosten oder das Arbeitszimmer. Auch Familien bekommen durch anfallende Betreuungskosten und den Kinderfreibetrag oft etwas von ihrer gezahlten Steuer zurück.
Auch immer mehr Rentnerinnen und Rentner zahlen Steuern. Und es dürften noch mehr werden. Denn der Anteil der Rente, der versteuert werden muss, steigt mit jedem Rentnerjahrgang.
Jeder und jede Einzelne kann sich aber einen Teil der gezahlten Steuer zurückholen, wenn er oder sie eine Steuererklärung abgibt. Denn viele private Ausgaben mindern ebenfalls die Steuerschuld, zum Beispiel Krankheitskosten oder Arbeiten in Haus und Garten.

Wer eine Steuererklärung machen muss

Für viele Menschen lohnt es sich, mit dem Finanzamt abzurechnen. Einige haben aber gar keine Wahl: Sie müssen eine Steuererklärung einreichen. Bei ihnen vermutet der Fiskus, dass sie bislang zu wenig Steuer gezahlt haben. Deshalb wird noch einmal Bilanz gezogen. Bekannt ist, dass Selbstständige immer mit dem Finanzamt abrechnen müssen. Das gilt auch für Arbeitnehmerinnen und Arbeitnehmer, die lediglich nebenberuflich selbstständige Einkünfte haben. Die vorab gezahlte Einkommensteuer wird mit der tatsächlich zu zahlenden Summe verrechnet.

Auch einige Angestellte sind zur Abgabe verpflichtet. Es trifft beispielsweise diejenigen, die zuletzt Lohnersatzleistungen wie Arbeitslosen- oder Elterngeld erhalten haben. Außerdem besteht bei manchen Steuerklassen immer eine Pflicht.

ANGESTELLTE (auch Pensionäre)

- Lohn oder Pension wurden nach Steuerklasse V, IV plus Faktor oder VI besteuert.
- Das Finanzamt hat Ihnen einen Lohnsteuerfreibetrag gewährt. Ausgenommen sind hier allerdings die Pauschbeträge bei Vorliegen einer Behinderung und für Hinterbliebene sowie die Freibeträge für Kinder.[1)]
- Sie hatten 2022 Nebeneinkünfte von mehr als 410 Euro, etwa aus Vermietung oder selbstständiger Tätigkeit.[2)]
- Sie haben Lohnersatz wie Kurzarbeiter-, Arbeitslosen- oder Elterngeld erhalten.

BEAMTE

Die Versorgungspauschale für Ihre Bezüge war höher als Ihre anzuerkennenden Versicherungsbeiträge – etwa wegen einer Beitragserstattung.[1)]

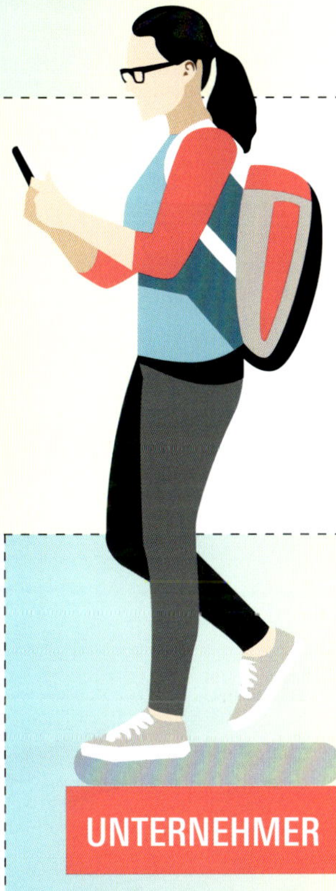

ANLEGENDE

- Sie müssen für Ihre Kapitaleinkünfte noch Kirchensteuer zahlen.
- Das Finanzamt hat 2022 zu wenig Abgeltungssteuer erhalten.
- Sie haben Zinsen aus einem privaten Darlehen erhalten oder Kapitalerträge im Ausland erzielt.

PAARE

Ihr Ehe- oder eingetragener Lebenspartner hat für 2022 die Einzelveranlagung beantragt, sodass auch Sie abrechnen müssen.

UNTERNEHMER

Sie haben Einkünfte aus Land- und Forstwirtschaft, aus freiberuflicher Tätigkeit oder Gewerbebetrieb erzielt.

RENTNERINNEN UND RENTNER

Sie haben 2022 mehr als 10 347 Euro steuerpflichtige Einkünfte erzielt (Ehe-/Lebenspartner 20 694 Euro). Hier zählen neben den steuerpflichtigen Einkünften aus der gesetzlichen Rente zum Beispiel Mieteinkünfte, Einkünfte aus Betriebs- oder Riester-Renten sowie aus privaten Rentenversicherungen.

1) Keine Pflicht zur Erklärung, wenn der Lohn oder die Pension 2022 maximal 13 150 Euro (Ehe- und eingetragene Lebenspartner 24 950 Euro) betragen hat.
2) Es zählt, was übrig bleibt, wenn von den Einnahmen Werbungskosten, Betriebsausgaben sowie Frei-, Pausch- und Entlastungsbeträge abgezogen wurden. Einkünfte aus pauschal versteuertem Minijob spielen keine Rolle.

3 MÖGLICHKEITEN ZUR REGISTRIERUNG BEI ELSTER

1. Zertifikatsdatei
2. Personalausweis
3. Elster-Secure-App

WAS SIE WO FINDEN

STEUERERKLÄRUNG

Wo? „Neues Formular/Einkommensteuererklärung“.

Was? Eintragen müssen Sie hauptsächlich Ihre steuersenkenden Posten wie Jobkosten. Vor Versand berechnet Elster die voraussichtliche Steuererstattung oder -nachzahlung.

STEUERBESCHEID ONLINE

Wo? „Einwilligung zur elektronischen Bekanntgabe“.

Was? Sie können Ihre Steuerbescheide und sonstige Schreiben elektronisch erhalten. Dazu müssen Sie im Portal einmalig einwilligen. Sobald elektronische Post für Sie vorliegt, werden Sie per E-Mail informiert.

POST ANS FINANZAMT

Wo? „Alle Formulare“ und weiter unter „Anträge, Einspruch und Mitteilungen“.

Was? Sämtliche Korrespondenz mit Ihrem Finanzamt können Sie online erledigen – etwa einen „Antrag auf Anpassung von Vorauszahlungen“ stellen oder die Bankverbindung ändern.

STEUERBESCHEID PRÜFEN

Wo? Im „Posteingang“ lassen sich Bescheide abrufen.

Was? Haben Sie Ihren Bescheid, vergleicht Elster die Daten mit Ihren übermittelten Werten, sodass Sie schnell Abweichungen erkennen.

BELEGE EINREICHEN

Wo? „Alle Formulare“ und weiter unter „Anträge, Einspruch und Mitteilungen“.

Was? Fordert das Finanzamt Belege an, senden Sie diese mit dem Formular „Belegnachreichung zur Steuererklärung“.

ANTRÄGE STELLEN

Wo? „Alle Formulare“ und weiter unter „Lohnsteuer Arbeitnehmer“.

Was? Mit dem entsprechenden Formular können Sie online zum Beispiel Ihre Steuerklasse ändern oder einen Freibetrag bei der Lohnsteuer beantragen.

EINSPRUCH EINLEGEN

Wo? „Neues Formular/Einspruch“.

Was? Stimmt etwas nicht, legen Sie innerhalb der einmonatigen Frist Einspruch beim Finanzamt ein.

Steuererklärung mit Elster

Per Hand mehrere Seiten Formulare ausfüllen und dann per Post schicken – so musste früher eine Steuererklärung abgegeben werden. Mittlerweile geht das längst online und die meisten Steuerpflichtigen nutzen das auch. Über das Portal Elster werden mehr als 90 Prozent aller Erklärungen eingereicht. Manchmal geschieht das, ohne dass die Nutzer etwas davon mitkriegen. Denn viele Steuerprogramme, die beim Ausfüllen der Unterlagen helfen, nutzen Schnittstellen zu Elster. Genauso wie Steuerberater oder Lohnsteuerhilfevereine. Wer sich gut mit Steuern auskennt, kann direkt im Elster-Portal seine Erklärung ausfüllen. Dort können Steuerpflichtige auch Nachweise und weitere Anträge einreichen und erhalten ihren Steuerbescheid elektronisch. Doch die Ausfüllhilfen bei Elster sind wenig hilfreich. Wer etwas mehr Unterstützung braucht, ist mit kostenpflichtigen Programmen besser beraten. Sie helfen mit Tipps und Optimierungshilfen weiter.

Helfer in Haus und Garten

Lassen Sie Arbeiten in Wohnung, Haus oder Garten von Profis erledigen, können Sie einen Teil der Kosten von der Steuer absetzen. Schon kleine Investitionen rentieren sich, denn bis zu 20 Prozent der Kosten mindern sofort die Steuerlast. Absetzbar sind sogenannte haushaltsnahe Dienstleistungen wie Ausgaben für Handwerkerinnen, einen Putzdienst und Babysitter, aber auch Pflegekräfte. Das Finanzamt erkennt nicht die Materialkosten an, aber Arbeitskosten sind absetzbar sowie Posten wie Maschinen- und Fahrtkosten. Allerdings muss die Rechnung entsprechend aufgeschlüsselt sein. Beschäftigen Sie einen Minijobber, zählen neben dem Arbeitslohn Ausgaben wie die Beiträge zur Sozialversicherung und Steuer. Wenn Sie zur Miete wohnen, können Sie auch Kosten für Arbeiten am Haus wie Hausreinigung oder Gartenarbeiten angeben, die Sie aus der Nebenkostenabrechnung entnehmen können.

AUF MINIJOB-BASIS
(bis 520 Euro)

Sie können **Ausgaben** bis

2 550

Euro pro Jahr abrechnen.

Barzahlung möglich

HAUSHALTSNAHE DIENSTE
(auch Betreuung und Pflege)

Sie können **Ausgaben** bis

20 000

Euro pro Jahr abrechnen.

Barzahlung nicht anerkannt

HANDWERKER

Sie können **Ausgaben** bis

6 000

Euro pro Jahr abrechnen.

Barzahlung nicht anerkannt

Begünstigt sind Arbeiten wie:

- Babysitting
- Haushaltskraft (Bügeln, Waschen, Putzen)
- Fensterputzer
- Blumen gießen
- Gartenarbeiten
- Betreuung von Tieren zu Hause
- Pflege- oder Betreuungsdienste
- Zubereiten und Servieren von Speisen
- Hausmeisterarbeiten
- Straßenreinigung, Winterdienst
- Umzugsdienstleistungen
- Wachdienste
- Au-pairs

Begünstigt sind Arbeiten wie:

- Arbeiten an Haus und Wohnung: Dach- und Asbestsanierung, Malerarbeiten
- Hausanschluss an Ver- und Entsorgungsnetze
- Montagearbeiten, etwa Möbelaufbau
- Schornsteinfeger
- Schlüsseldienst

Bis zu **510** Euro **Ersparnis** pro Jahr

Bis zu **4 000** Euro **Ersparnis** pro Jahr

Bis zu **1 200** Euro **Ersparnis** pro Jahr

5 710 Euro **maximaler Steuerbonus** pro Jahr

Ziehen Sie aus beruflichen Gründen um?

Beispiele:
- Sie ziehen aufgrund eines neuen Jobs an einen anderen Wohnort oder sind versetzt worden.
- Ihre tägliche Fahrzeit zur Arbeit verringert sich durch den Umzug um mehr als eine Stunde.
- Sie lösen eine doppelte Haushaltsführung auf und ziehen in die Wohnung am Arbeitsort.
- Sie ziehen in eine Dienstwohnung ein oder aus einer aus.

JA → **Als Werbungskosten absetzbar**

NEIN ↓

Zwingt Sie eine Krankheit zum Umzug?

Es kommt auf den Einzelfall an. Das Finanzamt akzeptiert etwa, wenn Sie es aufgrund einer Gehbehinderung nicht mehr über die Treppe in Ihre Wohnung in einem oberen Stockwerk schaffen.

NEIN ←

Privater Umzug

Sie können Kosten für Möbeltransport und fürs Aufstellen absetzen.

JA → **Als Kosten für Handwerker und haushaltsnahe Dienstleistungen absetzbar**

JA →

Sind Ihre Umzugskosten höher als Ihre zumutbare Belastung?

Ermitteln Sie mit unserem Rechner unter test.de/zumutbare-belastung Ihren Eigenbetrag.

NEIN ← (Privater Umzug)

JA → **Als außergewöhnliche Belastungen absetzbar**

Geben Sie in der Steuererklärung die Umzugskosten in voller Höhe als außergewöhnliche Belastungen an. Das Finanzamt zieht die zumutbare Belastung bei der Steuerberechnung ab.

Geld zurück beim Umzug

Die Ausgaben für einen Umzug lassen sich steuerlich absetzen, wenn das neue Heim durch den Beruf oder eine Krankheit notwendig wurde. Wer seit April 2022 umgezogen ist, kann in der Steuererklärung eine Pauschale von 886 Euro geltend machen, Ehepaare 1476 Euro. Für jeden weiteren Mitziehenden, etwa die Kinder, gibt es 590 Euro. Die Pauschale gilt für kleinere Ausgaben, für die keine Rechnungen vorliegen, beispielsweise für Schönheitsreparaturen, Trinkgelder und das Ummelden. Auch die Ausgaben für das Umzugsunternehmen und andere Transporte sowie eine doppelte Miete während der Übergangszeit verringern die Steuerlast.

Aber auch wenn Sie nicht wegen Krankheit oder Beruf umgezogen sind, können Sie Steuern sparen. Sie können dann die Kosten für Umzugshelfer bei den haushaltsnahen Dienstleistungen (siehe S. 150) angeben.

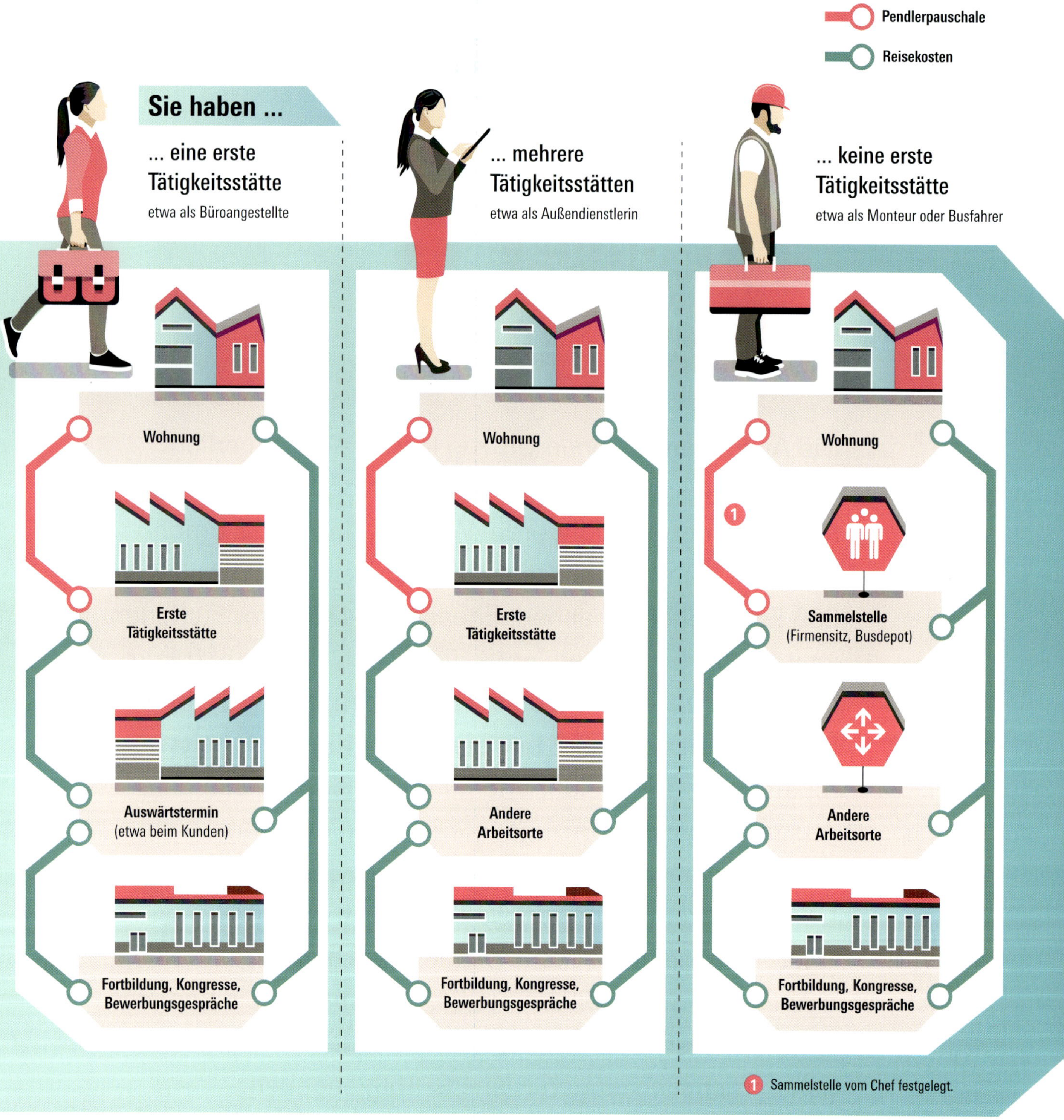

PENDLERPAUSCHALE

1. bis 20. Kilometer der einfachen Entfernung von zu Hause × Arbeitstage × 30 Cent

NEU Ab 21. Kilometer der einfachen Entfernung von zu Hause × Arbeitstage × 38 Cent

= Ihre Pendlerpauschale 2022

REISEKOSTEN

30 Cent × Fahrtkilometer mit dem eigenen Auto für Hin- und Rückweg (oder tatsächliche Kosten)

+ Verpflegungspauschale teils zeitlich befristet (14 Euro bei mehr als 8 Stunden Abwesenheit von daheim, 28 Euro bei 24 Stunden, plus 8 Euro für Berufskraftfahrer, die im Fahrzeug übernachten; je 14 Euro für An- und Abreisetag)

+ Übernachtungskosten

+ Parkgebühren

= Ihre Reisekosten 2022

Pendeln fürs Portemonnaie

Auch tägliches Pendeln lässt sich in der Steuererklärung angeben. Der Arbeitsweg zählt zu den Werbungskosten (siehe S. 152), egal, mit welchem Verkehrsmittel Angestellte ihren Arbeitsplatz erreichen. Mit der Pendlerpauschale erkennt das Finanzamt pro Kilometer zwischen Wohnung und Arbeitsplatz 30, ab dem 21. Kilometer 38 Cent an – aber nur für die einfache Strecke. Für Fahrten zu Kunden oder Zweigstellen dagegen zählen Hin- und Rückweg oder die tatsächlich anfallenden Kosten. Bezahlen Chefs ein Jobticket oder einen Zuschuss dazu, ist das steuerfrei, wenn sie es zusätzlich zum Arbeitslohn spendieren. Haben Sie oder Ihr Partner ein zu versteuerndes Einkommen von höchstens 10 347 Euro im Jahr (Ehepaare: 20 694 Euro), profitieren Sie nicht von der erhöhten Pendlerpauschale ab Kilometer 21. Dafür steht Ihnen die 2021 eingeführte Mobilitätsprämie zu, die Sie mit der Steuererklärung beantragen können.

Wann Bildungskosten bei der Steuer zählen

Bildungskosten fallen bei den meisten Menschen an, wenn sie kein oder nur wenig Geld verdienen. Nämlich während Studium, Ausbildung oder Schulzeit. Mit den Ausgaben, die in der Regel zu den Sonderausgaben zählen, lassen sich dann kaum Steuern sparen. Das gilt vor allem für Studierende, die gleich nach dem Abitur an die Uni wechseln. Bei einer zweiten Berufsausbildung oder beruflichen Weiterbildung ist das anders. Kosten für Fahrtweg, Nachhilfe oder Lernmittel erkennt das Finanzamt als Werbungskosten (siehe S. 154) an. Diese lassen sich in spätere Jahre verschieben, wenn sie sich derzeit steuerlich nicht auswirken. Wer sich fortbildet oder umorientiert, kann also nach dem Abschluss Steuern sparen, indem die Kosten erst dann mit dem Einkommen verrechnet werden.

ALLGEMEINE SCHULBILDUNG

Was lässt sich absetzen?

- Schulgeld für Privatschulen (30 Prozent, maximal 5 000 Euro können Eltern absetzen, aber keine Kosten für Unterbringung und Verpflegung)

STUDIUM

Was lässt sich absetzen?

BERUFSAUSBILDUNG

Was lässt sich absetzen?

- Studiengebühren
- Nachhilfestunden
- Fahrtkosten zur Bildungsstätte
- Zweiter Haushalt am Ausbildungsort
- Lernmittel wie Kopien oder Lernsoftware
- Zinsen und Gebühren für Bildungsdarlehen

WEITERBILDUNG

Was lässt sich absetzen?

- Lehrgangs- und Prüfungsgebühren
- Fahrtkosten zur Bildungsstätte
- Verpflegungskosten
- Übernachtungskosten
- Lernmittel wie Kopien oder Lernsoftware
- Zinsen und Gebühren für Bildungsdarlehen

Ohne Beschäftigungsverhältnis
Reguläres Studium oder schulische Berufsausbildung.

Mit Beschäftigungsverhältnis
Duale Berufsausbildung oder duales Studium.

Erstausbildung

Zweitausbildung
Die vorherige erste Berufsausbildung muss mindestens zwölf Monate bei 20 Stunden pro Woche gedauert haben. Auch ein Masterstudium zählt als Zweitausbildung.

SONDERAUSGABEN

Sind auf 6 000 Euro begrenzt und können nur im Jahr der Entstehung geltend gemacht werden. Ist das Einkommen so gering, dass sowieso keine Steuern fällig werden, verpuffen sie.

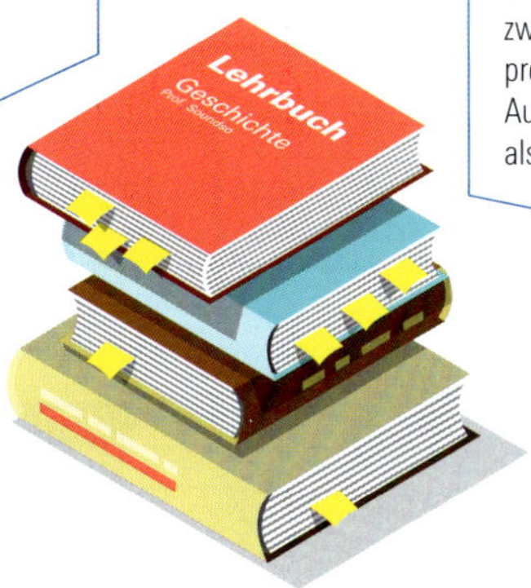

WERBUNGSKOSTEN

Ein Abzug ist unbegrenzt möglich. Werbungskosten lassen sich für spätere Jahre vortragen und können dann nach Abschluss der Ausbildung abgezogen werden.

MINIJOB

Verdienst im Schnitt bis zu 520 Euro im Monat

Steuern. Keine, wenn der Arbeitgeber den Verdienst pauschal versteuert und Steuer übernimmt.

Sozialabgaben. Jobber müssen nur Beitragsanteil zur gesetzlichen Rentenversicherung zahlen, können sich aber von der Pflicht befreien lassen.

FAZIT. Ein Monatsverdienst von im Schnitt bis zu 520 Euro ist brutto wie netto möglich.

NEBENJOB

Verdienst im Schnitt über 520 Euro im Monat

Steuern. Lohnsteuer nach Steuerklasse VI, Steuererklärung ist Pflicht.

Sozialabgaben. Volle Beitragsanteile bei Bruttoverdienst aus Haupt- und Nebenjob von mehr als 2 000 Euro/Monat. Reduzierte Beiträge, wenn Gesamtverdienst unter 2 000 Euro/Monat.

FAZIT. Durch die Abzüge bleibt je nach Verdienst netto eventuell weniger übrig als im Minijob.

EHRENAMT

Steuern. Aufwandsentschädigungen – je nach Tätigkeit bis zu 3 000/840 Euro im Jahr – bleiben steuerfrei. Einnahmen dennoch immer in der Steuererklärung abrechnen.

Sozialabgaben. Keine, wenn Grenze von 3 000/840 Euro im Jahr eingehalten wird.

FAZIT. Gerade in Kombination mit Minijob kann sich Ehrenamt lohnen: bis zu 770 Euro/Monat steuer- und sozialabgabenfrei möglich.

SAISONJOB AUSHILFSJOB

Steuern. Lohnsteuer meist nach Steuerklasse VI, Steuererklärung ist dann Pflicht. Eventuell ist Pauschalversteuerung möglich.

Sozialabgaben. Üblicherweise keine, wenn Job auf 70 Tage im Jahr oder drei Monate am Stück befristet ist.

FAZIT. Einhalten der Zeitgrenzen lohnt sich wegen gesparter Sozialabgaben. Pauschalversteuerung ist häufig nur attraktiv, wenn Arbeitgeber die Steuer zahlt.

NEBENBEI SELBSTSTÄNDIG

Steuern. Gewinn über 410 Euro/Jahr ist steuerpflichtig, gehört in die Einkommensteuererklärung. Solange Selbstständiger Kleinunternehmer ist, muss er sich nicht um Umsatzsteuer kümmern.

Sozialabgaben. Für Nebentätigkeit keine Beiträge zur Kranken-/Pflegeversicherung, je nach Beruf eventuell Beiträge zur Rentenversicherung.

FAZIT. Durch die Einkünfte kann es zu einer Steuernachforderung kommen. Oft lohnt zu Beginn der Besuch beim Steuerexperten.

Nebenbei Geld verdienen

Mit Nebenjobs lässt sich das Haushaltseinkommen aufstocken. Wer mit dem Gedanken spielt, sollte überlegen, welche Art von Job infrage kommt und sich auch lohnt. Ob Minijob, Nebenjob mit Verdienst über 520 Euro im Monat, Aushilfsjob oder selbstständige Nebentätigkeit – was unterm Strich übrig bleibt, unterscheidet sich erheblich. Dafür sorgen die Regeln für Steuern und Sozialabgaben.

Ein Minijob nebenbei ist oft attraktiv. Minijobber dürfen im Schnitt bis zu 520 Euro brutto im Monat verdienen und müssen meist keine Abzüge fürchten: Oft zahlt der Arbeitgeber nicht nur die Sozialabgaben für den Zusatzverdienst, sondern überweist dazu pauschal Lohnsteuer an die Minijob-Zentrale.

Ein regelmäßiger Nebenverdienst über 520 Euro brutto lohnt dagegen häufig kaum. Durch Steuern und Sozialabgaben bleibt je nach Monatsbrutto netto nur wenig mehr oder sogar weniger übrig als bei einem Minijob.

Saison- oder Aushilfsjobber können zumindest die Sozialabgaben für den Nebenverdienst umgehen, sofern der Job bestimmte Zeiträume nicht überschreitet (siehe Grafik). Der Lohn ist aber steuerpflichtig.

Wer sich selbstständig macht, muss für die Zusatzeinnahmen keine Beiträge zur gesetzlichen Krankenversicherung zahlen, solange die Selbstständigkeit nebenberuflich bleibt.

Je nach Beruf können aber Beiträge an die Rentenversicherung anfallen. Ein Gewinn über 410 Euro im Jahr muss in der Einkommensteuererklärung abgerechnet werden.

Kindergeld auch für die Großen

Der Anspruch auf Kindergeld endet nicht mit der Volljährigkeit. Eltern können den Zuschuss vom Staat erhalten, bis das Kind 25 Jahre alt ist. Das gilt aber nur, solange das Kind in einer Ausbildung steckt. Hat der Nachwuchs schon einen ersten Abschluss in der Tasche, schaut die Familienkasse genau hin, ob die Familie weiterhin Kindergeld bekommen kann. Es hängt davon ab, ob das Kind nebenbei jobbt und in welchem Umfang. Auch in der Zeit zwischen Schule und Ausbildung gibt es Geld vom Staat. So haben Eltern Anspruch auf Kindergeld, wenn Schulabgänger einen Freiwilligendienst absolvieren. Oder wenn sie als Au-pair oder Praktikant ins Ausland gehen und pro Woche zehn Stunden Sprachunterricht nehmen. Beim Arbeitsamt melden sollten sich auch junge Menschen auf Jobsuche. Sind sie höchstens 21 Jahre alt, erhalten die Eltern Kindergeld.

Ihr Kind über 18 ist in Ausbildung, geht also zur Schule, macht eine Lehre, studiert oder volontiert. Es zählen auch Praktika.

Das Kind strebt den ersten berufsqualifizierenden Abschluss an.

Das Kind hat bereits einen ersten berufsqualifizierenden Abschluss.

Zweite Ausbildung steht in **sachlichem und zeitlichem Zusammenhang** mit der Erstausbildung, wie etwa bei einem konsekutiven Masterstudium.[1]

Zweite Ausbildung ist **vom ersten Abschluss unabhängig,** etwa eine Promotion oder ein Zweitstudium.

ERSTAUSBILDUNG

ZWEITAUSBILDUNG

Arbeitet das Kind nebenbei?

Nein, oder maximal 20 Wochenstunden.[2]

Ja, regelmäßig mehr als 20 Wochenstunden.

Berufsausbildungsverhältnis oder Minijob.

Reguläres Arbeitsverhältnis.

Anspruch auf **Kindergeld bis zum 25. Geburtstag** des Kindes.

Kein **Kindergeldanspruch.**

1) Ein Master ist konsekutiv, wenn er zeitlich und inhaltlich an das grundständige Bachelorstudium anschließt.

2) Die Grenze darf bis zu zwei Monate lang überschritten werden. Über die Dauer des Beschäftigungsverhältnisses muss das Kind die Grenze im Durchschnitt aber einhalten. Eine geringfügige regelmäßige Überschreitung ist erlaubt, wenn gleichzeitig eine Vollzeitausbildung absolviert wird.

VORAUSSETZUNGEN

Die gemeinnützige Organisation hat einen **Freistellungsbescheid** des Finanzamtes (siehe Webseite der Organisation).

Sie erhalten für die Spende **keine Gegenleistung.**

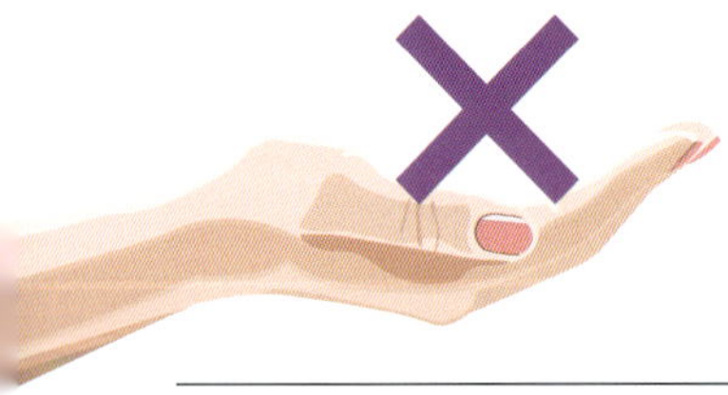

SPENDENARTEN

GELDSPENDE

Bis 300 Euro genügt ein einfacher Nachweis wie der Kontoauszug. Bei höheren Beträgen benötigen Sie im Regelfall eine formelle Spendenbescheinigung des Empfängers.

SACHSPENDE

Sie müssen den Wert der Sachen ermitteln. Bei neuen Sachen zählt der Kaufpreis, bei gebrauchten der Marktwert.

AUFWANDSSPENDE

Packen Sie im Verein mit an, können Sie Ihre Kosten nicht geltend machen. Verzichten Sie jedoch zeitnah auf finanziellen Ersatz, der Ihnen laut Vertrag oder Satzung zusteht, können Sie diesen absetzen.

Geld spenden, Steuern sparen

Wer Gutes tut, erhält dafür einen Steuerbonus. Spenden lassen sich von der Steuer absetzen. Das gilt zum Beispiel für Geld- oder Sachspenden. Wer eine Organisation oder einen Verein finanziell unterstützt, hat es bei der Steuererklärung am einfachsten. Er bekommt in der Regel eine Spendenquittung, die er beim Finanzamt einreichen kann. Bei Spenden bis 300 Euro reicht ein Kontoauszug als Nachweis. Mitgliedsbeiträge an karitative Vereine werden auch als Spende anerkannt. Etwas komplizierter wird es bei Sachspenden wie Kleidung oder Möbelstücken. Da müssen Sie den Wert der Spende selbst ermitteln.

Bis zu 20 Prozent der Gesamteinkünfte lassen sich als Spenden absetzen. Wer mehr gibt, kann den ungenutzten Teil als „Spendenvortrag“ ins nächste Jahr mitnehmen.

Ein Steuerbescheid ist nicht endgültig

1) Die Frist beginnt mit Bekanntgabe des Steuer- bzw. Einspruchsbescheids. **Bekanntgabe = Datum des Bescheids + 3 Tage.** Es sei denn, der so errechnete Tag fällt auf einen Samstag, Sonntag oder gesetzlichen Feierta

Mehr zum Thema → Seite 205

Auch das Finanzamt macht Fehler. Liegt Wochen nach Abgabe der Steuererklärung der Steuerbescheid im Briefkasten, sollten Sie daher unbedingt die Berechnung prüfen. Vor allem, wenn die Rückzahlung oder Nachforderung der Behörde erheblich von dem abweicht, was vielleicht das Steuerprogramm prognostiziert hat. Gehen Sie sämtliche Kosten und Freibeträge durch und prüfen Sie, ob das Finanzamt alles berücksichtigt hat. Auch wenn Sie selbst vergessen haben, Posten anzugeben, können Sie diese noch nachreichen.

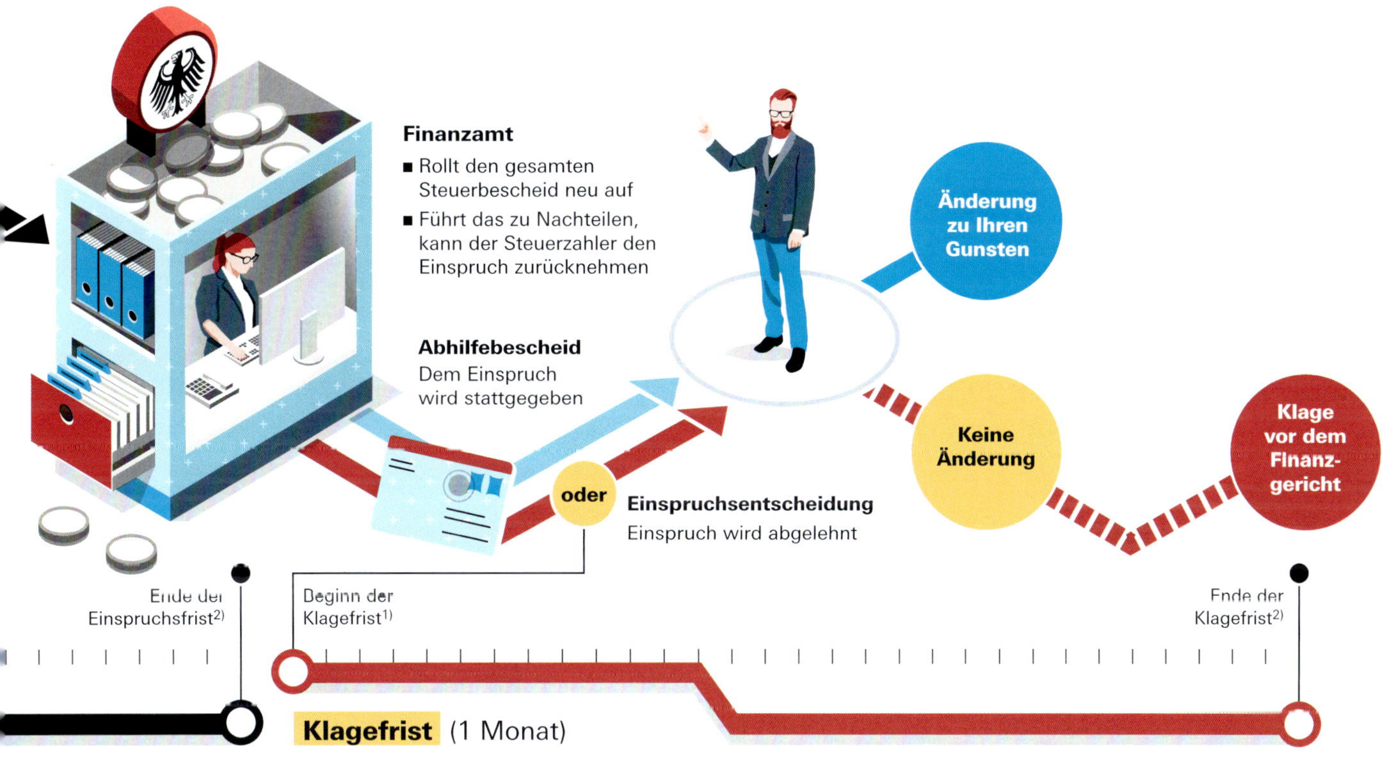

dann beginnt die Frist mit Ablauf des nächsten Werktags. **Ausnahme:** Der Steuerzahler erhält den Bescheid erst später. Das muss er aber nachweisen können.

2) Fristende ist einen Monat später. **Ausnahme:** Das Fristende fällt auf einen Samstag, Sonntag oder gesetzlichen Feiertag. Dann endet die Frist mit Ablauf des nächsten Werktags.

Innerhalb von einem Monat müssen Sie dem Steuerbescheid bei Fehlern widersprechen. Finanztest hat dafür Musterbriefe erstellt. Kommt bei einer Prüfung heraus, dass Sie sogar mehr Steuern zahlen müssten, können Sie den Einspruch einfach widerrufen.

Das Steuerrecht einfordern

Es ist ärgerlich, wenn Sie von einem Fehler im Steuerbescheid überzeugt sind und das Finanzamt Ihren Einspruch mit einer förmlichen Entscheidung ganz oder zum Teil abgewiesen hat. Was tun? Weiterstreiten vor Gericht oder die Niederlage klaglos einstecken?

SCHRITT 1

Klagefrist berechnen

Sie müssen nicht sofort entscheiden, ob Sie vor Gericht ziehen wollen. Berechnen Sie für alle Fälle die einmonatige Klagefrist und notieren Sie das Ende im Kalender. Gerechnet wird genau wie bei der Einspruchsfrist (siehe S. 164)

SCHRITT 2

Beratung einholen

Suchen Sie einen Fachanwalt für Steuerrecht, Steuerberater oder Lohnsteuerhilfeverein zur Beratung auf. Klären Sie mit Ihrer Rechtsschutzversicherung, ob sie die Klagekosten trägt. Sie könnten zwar auch ohne Beistand vor Gericht klagen, ratsam ist das aber nicht.

SCHRITT 4

Klagekosten kalkulieren

Wenn Sie keine Rechtsschutzversicherung haben oder diese nicht zahlt, sollten Sie Ihr Kostenrisiko gut kalkulieren. Bitten Sie Ihren Anwalt oder Steuerberater, den Sie mit der Vertretung vor Gericht beauftragen wollen, die Kosten zu berechnen, auch für den Fall des Unterliegens. Bemessen werden die Anwalts- und Gerichtskosten am Streitwert, der mindestens 1500 Euro beträgt.

SCHRITT 5

Schriftlich vortragen

Nachdem Sie die Klage erhoben und begründet haben, muss das Finanzamt schriftlich dazu Stellung nehmen und seinen Standpunkt erläutern. Anschließend gibt das Gericht Ihnen die Möglichkeit, sich dazu zu äußern. So kann es einige Male hin- und hergehen, bis alle Argumente zwischen den Parteien ausgetauscht sind.

SCHRITT 3

Klage erheben

Falls Ihre Rechtsschutzversicherung die Kosten übernimmt, beauftragen Sie einen versierten Anwalt oder Steuerberater, der Sie vor Gericht vertritt. Er legt die Klage form- und fristgerecht ein und begründet sie.

SCHRITT 6

Geduld zeigen

Bis zur mündlichen Verhandlung, auf die Sie auch verzichten können, vergehen je nach Finanzgericht bis zu drei Jahre. Häufig finden vorher Erörterungstermine statt, bei denen sich die Parteien gütlich einigen und den Streit beenden.

SCHRITT 7

Revision einlegen

Haben Sie den Prozess verloren, können Sie nur weiterklagen, wenn das Gericht die Revision zum Bundesfinanzhof (BFH) zulässt. Andernfalls müssen Sie erst eine Beschwerde beim BFH auf Zulassung der Revision gewinnen.

Wer Fehler in seinem Steuerbescheid findet, hat eigentlich gute Chancen, diese mit einem Einspruch beheben zu lassen (siehe S. 164). Doch manchmal beißen Steuerpflichtige beim Finanzamt auf Granit. Dann bleibt nur der Weg vor Gericht. Allerdings brauchen Klägerinnen und Kläger einen langen Atem. Bis zu drei Jahre können vergehen, bis ein Urteil fällt.

Sicher einkaufen und reisen

Das Leben besteht zum Glück nicht nur aus Steuererklärung und Geldanlage. Auch bei schönen Dingen wie Reisen und Einkauf sollten Sie Ihre Rechte kennen und aufpassen, dass Sie nicht in Fallen tappen. Der Anteil des Onlineshoppings am Umsatz von Handelsunternehmen ist in den letzten Jahren rasant gewachsen und für viele ist das Einkaufen im Netz nicht mehr aus dem Alltag wegzudenken. Da ist es gut zu wissen, welche Bezahlmethode die sicherste Variante ist und welche Möglichkeiten es zum Sparen gibt. Auch analog gilt natürlich weiterhin, dass eine fundierte Entscheidung nur auf Grundlage ausreichender Informationen gefällt werden kann. Vor allem größere Anschaffungen wie ein Auto sollten gut durchdacht werden. Es gibt schließlich nicht nur eine Methode, das Fahrzeug zu finanzieren.

Wer nicht nur mit dem eigenen Auto verreist, hat das bestimmt auch bereits erlebt: Der Flug oder Zug ist verspätet oder fällt sogar ganz aus. Wenn der erste Ärger verflogen ist, müssen sich die Passagiere darum kümmern, wie sie zumindest einen Teil ihres Ticketpreises als Entschädigung zurückbekommen. Wir zeigen, welche Rechte Reisende haben und wie sie am besten vorgehen.

Viele versuchen, Fliegen in Zeiten des Klimawandels möglichst zu vermeiden. Wer das nicht kann, tut dem Klima Gutes, wenn er den CO_2-Ausstoß, den der Flug verursacht, kompensiert. Wir erklären, wie das funktioniert. Denn es kommt darauf an, den richtigen Anbieter zu wählen.

Undurchsichtige Schufa

Die Schufa hat ganz schön viel Einfluss auf unser Leben. Ihr Urteil entscheidet mit darüber, ob wir einen Kredit erhalten oder eine Wohnung mieten können. Entgehen kann ihr niemand. Jeder Mensch, der auf Rechnung einkauft, einen Handyvertrag abschließt oder ein Bankkonto besitzt, wird in der Kartei der Auskunftei aufgeführt. Aus den gesammelten Daten bildet sie einen Score, der den einzelnen Branchen darüber Auskunft geben soll, wie kreditwürdig wir sind. Wohnungsbaugesellschaften schauen darauf, wenn sie Mieter suchen, Banken vertrauen darauf, um die Höhe eines Zinssatzes festzulegen. Selbst Telefonanbieter fragen bei der Schufa, wie wahrscheinlich es ist, dass die Kunden ihre Rechnungen bezahlen. Je höher Ihr Score, als desto verlässlicher gelten Sie. So wichtig die Schufa ist, so undurchsichtig ist sie. Nur wenig ist darüber bekannt, wie das Unternehmen den Score berechnet. Sie können das Datensammeln nicht verhindern, aber eine kostenlose Auskunft über Ihre Bonitätsbewertung einholen. Falsche Angaben sollten Sie löschen lassen.

POSITIVER EINFLUSS

Vertragsgemäßes Verhalten des Verbrauchers

- Girokonto
- Kreditkarte
- Handyvertrag
- Kredit
- Kauf auf Rechnung
- Immobilienfinanzierung

UNKLARER EINFLUSS

Umfang der Auswirkung auf den Score ist unklar

- Mehrere Girokonten
- Mehrere Kreditkarten
- Mehrere Handyverträge
- Mehrere Kredite

NEGATIVER EINFLUSS

Nicht vertragsgemäßes Verhalten des Verbrauchers

- Fällige, angemahnte und unbeglichene Rechnungen
- Mahnbescheide
- Vollstreckungsbescheide
- Inkassoverfahren
- Verbraucherinsolvenzverfahren

BONITÄTSSCORES DER SCHUFA

Erfüllungswahrscheinlichkeit von Zahlungen (Prozent)

Sehr geringes Risiko	> 97,5
Geringes bis überschaubares Risiko	95–97,5
Zufriedenstellendes bis erhöhtes Risiko	90–95
Deutlich erhöhtes bis hohes Risiko	80–90
Sehr hohes Risiko	50–80
Sehr kritisches Risiko	< 50

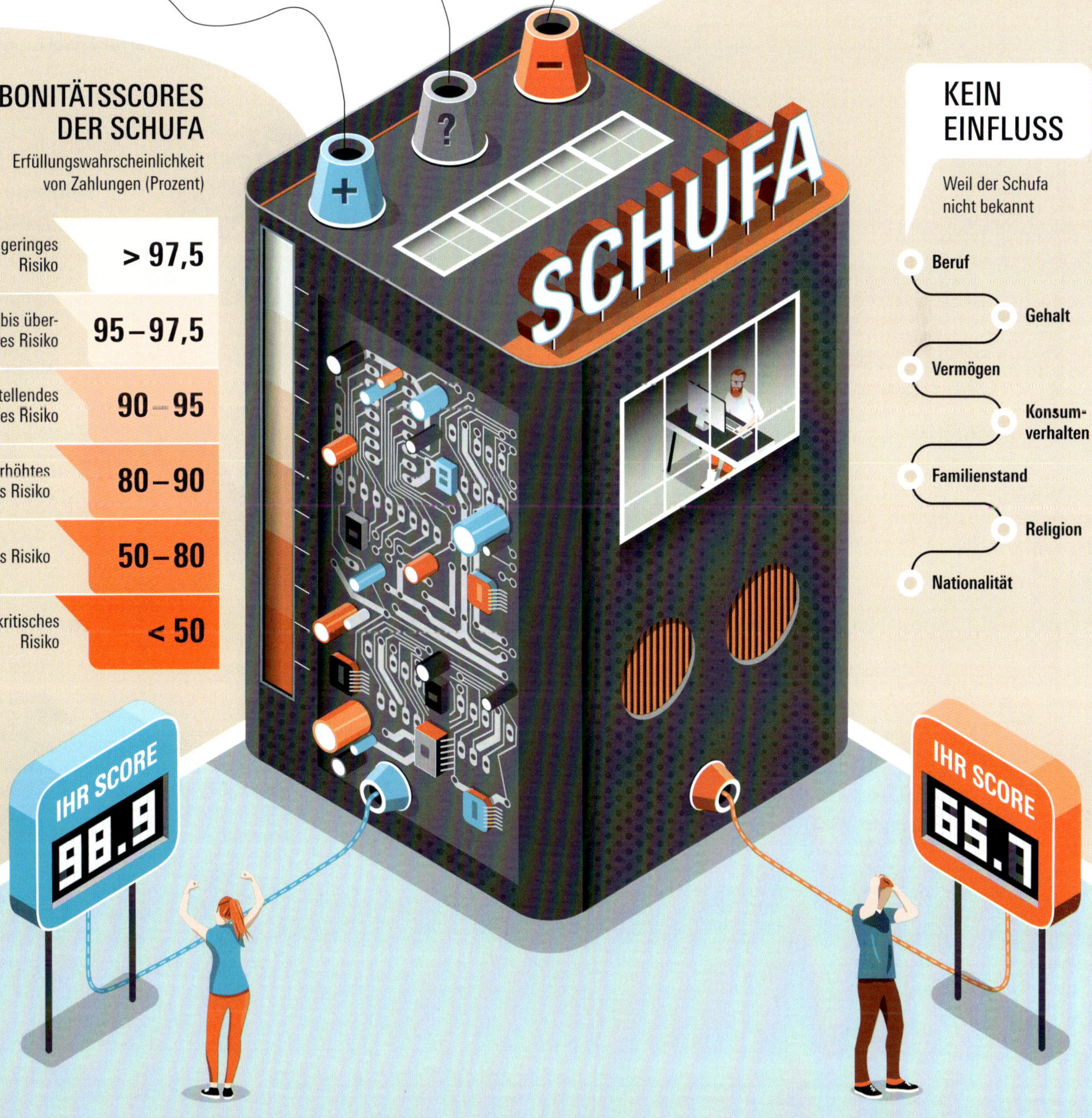

KEIN EINFLUSS

Weil der Schufa nicht bekannt

- Beruf
- Gehalt
- Vermögen
- Konsumverhalten
- Familienstand
- Religion
- Nationalität

Online bezahlen

Beim Einkaufen im Internet bieten die Händler meist mehrere Bezahlmöglichkeiten an. Hier sehen Sie, welche Vor- und Nachteile die unterschiedlichen Varianten haben.

RECHNUNG

So gehts: Sie überweisen innerhalb einer Frist (meist zwei Wochen) nach Erhalt der Ware das Geld.

Sicherheit: Da Sie erst zahlen, nachdem Sie die Ware erhalten und getestet haben, ist ein Betrug unwahrscheinlich.

Umsatzanteile der Zahlungsarten bei Onlinekauf (Prozent)

Quelle: EHI-Studie Online-Payment 2022

PAYPAL

So gehts: Sie hinterlegen bei Paypal Ihre Kreditkarten- oder Kontodaten. Bei der Bestellung müssen Sie sich in Ihr Paypal-Konto einloggen. Der Händler erhält das Geld sofort und kann die Ware verschicken.

Sicherheit: Schutz vor Betrug nur, wenn Sie sich streng an die Paypal-Regeln halten. Der Käuferschutz greift generell nicht, wenn Sie die Funktion „Geld an Freunde & Familie senden“ nutzen.

LASTSCHRIFT

So gehts: Sie geben Ihre Bankdaten auf der Seite des Händlers ein und erteilen ihm die Erlaubnis, den Betrag von Ihrem Girokonto abzubuchen. So kann er die Ware schnell versenden.

Sicherheit: Im Betrugsfall können Sie die Lastschrift innerhalb von acht Wochen widerrufen.

SONSTIGE

Giropay und **Paydirekt** fallen unter Sonstige. Anders als etwa bei Paypal oder Sofortüberweisung werden Ihre persönlichen Bankdaten bei diesen Anbietern nicht an Dritte weitergegeben. Beide kooperieren direkt mit den Kreditinstituten. Informieren Sie sich, ob Ihre Bank die Dienste unterstützt.

Google Pay / Apple Pay – Kontaktlos Bezahlen mit dem Smartphone. Dafür hinterlegen Sie in der App Ihre Kartendaten. Voraussetzung ist ein Smartphone mit eingebautem NFC-Chip und eine Kredit- oder Girokarte einer kooperierenden Bank.

NACHNAHME

So gehts: Der Händler verschickt die Ware sofort und Sie bezahlen bar beim Paketboten. Sie müssen bei Lieferung anwesend sein. Die Paketdienste verlangen oft von Ihnen Gebühren.

Sicherheit: Sie erhalten das Paket erst nach der Zahlung vom Boten und können erst dann überprüfen, ob sich die bestellte Ware auch wirklich im Paket befindet und funktioniert.

SOFORTÜBERWEISUNG

So gehts: Sie werden auf die Webseite des Dienstleisters „Sofort“ geleitet. Sie geben Ihre Onlinebanking-Daten (Login-Daten, Transaktionsnummer) an. Sofort führt eine Überweisung von Ihrem Konto aus und der Händler kann die Ware versenden.

Sicherheit: Sie geben persönliche Bankdaten an einen Dritten weiter, was die meisten Geschäftsbedingungen der Banken verbieten. Seit Januar 2018 ist dies nach EU-Recht aber erlaubt.

VORKASSE

So gehts: Sie zahlen die Ware im Voraus per Überweisung. Der Händler verschickt diese erst nach Geldeingang.

Sicherheit: Sehr gering! Im Betrugsfall ist die Bank nicht dazu verpflichtet, Ihre Überweisung zurückzubuchen. Sie müssen dann auf rechtlichem Weg Ihre Ansprüche geltend machen.

KREDITKARTE

So gehts: Sie geben Kreditkartennummer, Gültigkeitsdauer und meist die Prüfziffer ein. Jede Zahlung muss seit September 2019 mit einer einmal gültigen Tan freigegeben werden. Derzeit gilt noch eine Übergangsregelung. Das heißt, Sie stoßen sowohl auf das alte als auch auf das neue Verfahren.

Sicherheit: Im Betrugsfall können Sie den Betrag zurückbuchen lassen. Zusätzliche Sicherheit bietet die Methode „3D-Secure“.

AMAZON PAY

So gehts: Sie brauchen ein Amazon-Konto. Während der Bezahlung bei einem Händler müssen Sie sich bei Ihrem Amazon-Konto anmelden. Anschließend können Sie über die bei Amazon hinterlegten Konto- oder Kreditkartendaten bezahlen.

Sicherheit: Ähnlich wie Paypal bietet Amazon eine Garantie im Betrugsfall.

1 Die Kundin eines Onlineshops möchte ein Abendkleid für 350 Euro mit passenden Schuhen für 150 Euro kaufen, Gesamtbetrag **500 Euro.** Ein Cashback-Portal, das mit ihrem Onlineshop zusammenarbeitet, verspricht **5 Prozent Rückvergütung.**

2 Die Kundin registriert sich beim Cashback-Portal mit einem Benutzernamen (meist E-Mail-Adresse) und einem selbst gewählten Passwort. **Achtung** Die Kundin muss in ihrem Browser das Setzen von Cookies durch Drittanbieter zulassen und darf keine Adblocker-Software verwenden, die Werbung blockiert.

Digitale Rabattmärkchen

Cashback-Portale sind die Onlineversion von Kunden- und Rabattkarten. Kundinnen und Kunden können sparen, wenn sie ein solches Portal für einen Kauf im Internet nutzen. Denn die Cashback-Anbieter erhalten von den Onlineshops eine Provision, wenn sie ihnen Kunden vermitteln. Diese geben sie als Rabatt zum Teil an die Käufer weiter. Häufig sind 3 bis 6 Prozent Ersparnis drin.

Wenn Sie sich ein Cashback-Portal aussuchen, sollten Sie darauf achten, mit wie vielen Onlineshops es zusammenarbeitet und ob Ihre Favoriten darunter sind. Trotz Nachlass muss der Preis über ein Cashback-Portal nicht unbedingt der günstigste sein. Deshalb lohnt sich immer zusätzlich ein Vergleich über Preis-Suchmaschinen wie idealo.de, billiger.de oder geizhals.de.

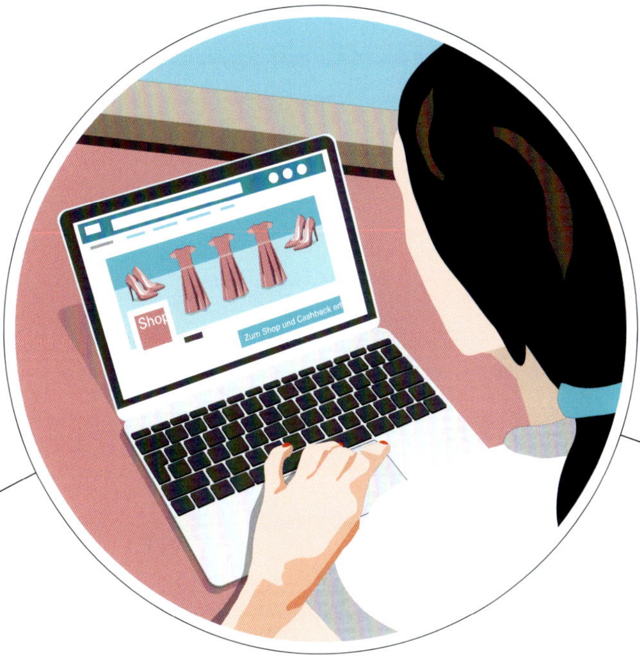

3 Für Einkäufe beim Onlineshop muss die Kundin sich vorher bei dem Cashback-Portal einloggen. Sie sucht über die Suchfunktion ihren Onlineshop und muss dann über den Link zum Onlineshop weitergeleitet werden, um Rabatte zu erhalten.

4 Im Onlineshop kauft die Kundin wie gewohnt ein und bezahlt. Das Cashback-Portal registriert den Einkauf, im besten Fall innerhalb von Stunden, manchmal erst nach wenigen Tagen.

Achtung Wird der Kauf nicht innerhalb von drei Tagen registriert, sollte die Kundin einen Nachbuchungsauftrag über das Kontaktformular des Cashback-Portals stellen und als Nachweis die Rechnung hochladen.

5 Nach der Warenlieferung wartet das Cashback-Portal, bis der Onlineshop bestätigt, dass Kleid und Schuhe nicht zurückgeschickt wurden. Das dauert mehrere Wochen.

6 Das Cashback-Portal schreibt 5 Prozent auf den Nettowarenwert gut – also Kaufpreis abzüglich 19 Prozent Mehrwertsteuer: **21 Euro.** Jetzt kann die Kundin sich das Geld auszahlen lassen, sofern die Mindestauszahlsumme erreicht ist. Dafür muss sie ihre Kontodaten beim Cashback-Portal hinterlegen. Oft ist es auch über Paypal möglich.

Für Kleid und Schuhe hat die Kundin nur **479 Euro** ausgegeben.

1) Entweder durch einen Kauf des Kunden, den er per Button oder SMS bestätigt hat, oder durch eine **Abofalle.**

Die Drittanbieter-Falle

Mit einem Klick können Handynutzer Spiele, Hintergrundbilder oder Parkscheine per Smartphone kaufen. Abgerechnet wird über die Mobilfunkrechnung. Was praktisch klingt, endet manchmal in einer Abofalle. Denn bei unseriösen Anbietern merken Nutzer gar nicht, dass sie etwas kaufen. Erst mit der nächsten Monatsrechnung fällt der Posten auf. Doch bis dahin können sich die vermeintlich kleinen Beträge schon zu stattlichen Summen aufaddiert haben. Wer unwissentlich etwas gekauft hat, kann den Betrag mit einem Musterbrief zurückfordern.
Wenn Sie sich ganz davor schützen möchten, können Sie bei Ihrem Mobilfunkanbieter eine Drittanbietersperre einrichten, sodass Zahlen übers Handy nicht mehr möglich ist. Manchmal lässt sich die Sperre auch eingrenzen. Dann lassen sich Parktickets noch kaufen, Klingeltöne aber nicht mehr.

Mehr zum Thema → Seite 205

Eigentum oder geliehen?

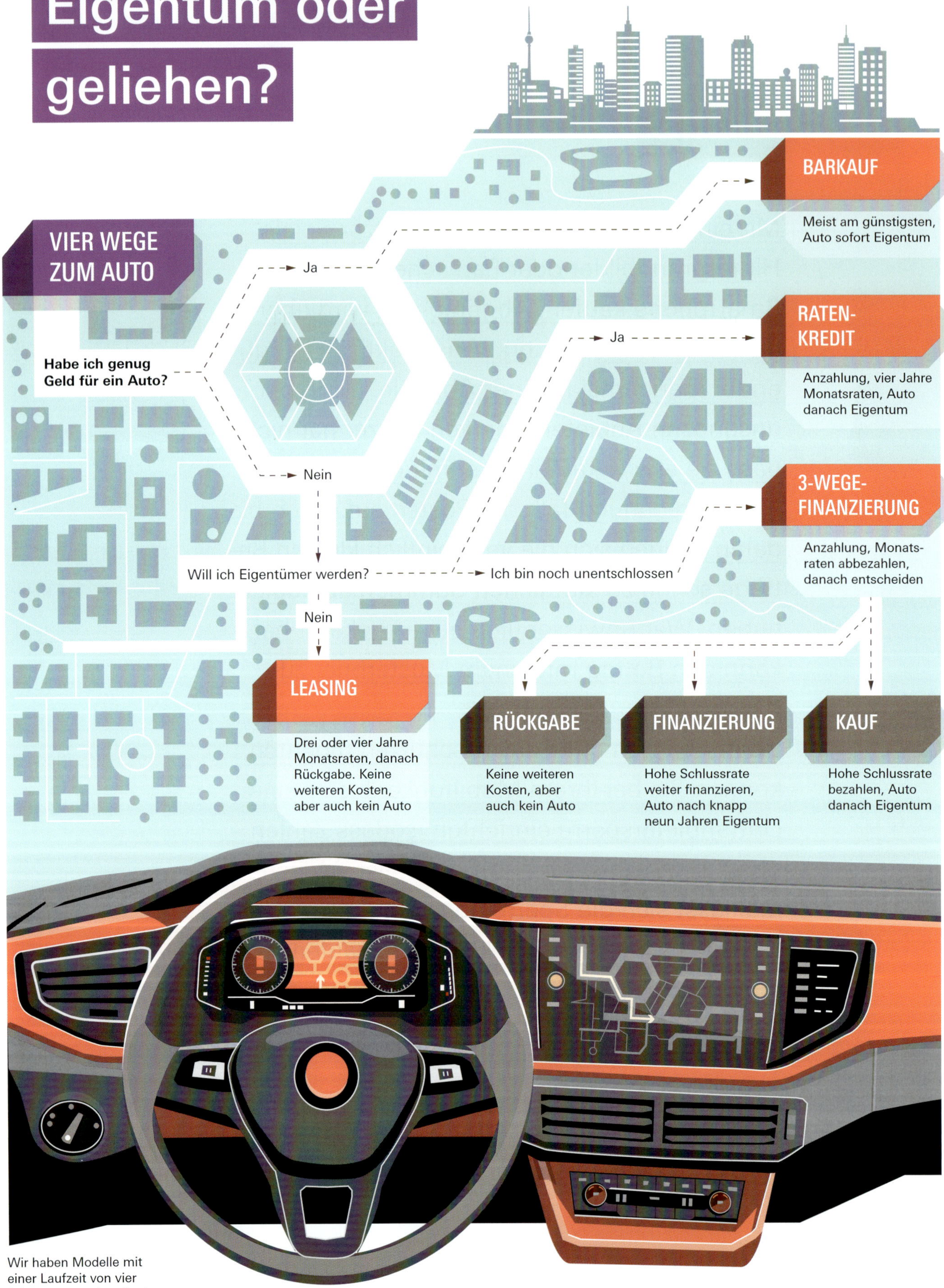

Wir haben Modelle mit einer Laufzeit von vier Jahren zugrunde gelegt.

Knapp ein Drittel aller Personen, die im kommenden Jahr ein Auto kaufen möchten, planen den Kauf eines Neuwagens. Ganz klassisch ist beim Kauf des Autos die Bezahlung bar auf die Hand – und am günstigsten ist diese Variante in der Regel auch, schließlich fallen keine Kreditkosten an. Aber nicht jeder hat mehrere Zehntausend Euro frei verfügbar auf seinem Konto, um ein Auto zu bezahlen. Gängige Alternativen zum Barkauf sind der Ratenkredit und eine 3-Wege-Finanzierung.
Ratenkredite bieten Autobanken, aber auch Hausbanken und Kreditvermittler an. Nicht immer ist das Angebot aus dem Autohaus das günstigste. Hier lohnt sich also ein Vergleich. Die 3-Wege-Finanzierung scheint auf den ersten Blick preiswerter als ein Ratenkredit, weil die monatlichen Raten deutlich niedriger sind. Wer das Auto am Ende der Laufzeit kaufen möchte, muss aber eine ordentliche Schlussrate auf den Tisch legen, die mitunter die Hälfte des Kaufpreises betragen kann. Oder eine Anschlussfinanzierung finden. Die aber macht den Kredit meist deutlich teurer.
Wenn Ihnen nicht wichtig ist, das Auto zu besitzen, können Sie es leasen. Monatliche Raten fallen für die Nutzung und den Wertverlust an. Das ist in der Regel günstiger als die 3-Wege-Finanzierung. Im Vertrag empfiehlt sich die Kilometerabrechnung.

Mehr zum Thema → Seite 205

Eingespartes CO_2 zu Geld machen

Elektroautos sparen Kohlenstoffdioxid. Wenn Sie ein E-Auto fahren, können Sie sich Ihren Beitrag zum Klimaschutz versilbern lassen, indem Sie das eingesparte CO_2 verkaufen. Abnehmer sind Mineralölunternehmen. Sie sind verpflichtet, schrittweise den Ausstoß an Treibhausgasen ihrer verkauften Kraftstoffe zu senken (THG-Quote). Das können die Unternehmen auch erreichen, indem sie eingespartes CO_2 kaufen und sich selbst anrechnen. Wer als Halterin oder Halter im Fahrzeugschein steht, kann die Einsparung einmal im Jahr über Dienstleister verkaufen. Für jedes Auto wird dabei eine festgelegte Menge an CO_2 angenommen. Das bringt in der Regel eine THG-Prämie zwischen 250 bis 350 Euro. Die Prämie gibt es auch für Leasing-Autos, -Nutzfahrzeuge oder -Roller, nicht aber für Hybridfahrzeuge.

Für die THG-Prämie gibt es keine transparente Börse, Sie müssen den Verkauf speziellen Dienstleistern überlassen. Sinnvoll sind Angebote mit fixen Prämien. Weil sich die Höhe der Auszahlung bei den Anbietern oft ändert, sollten Sie verschiedene Angebote miteinander vergleichen.

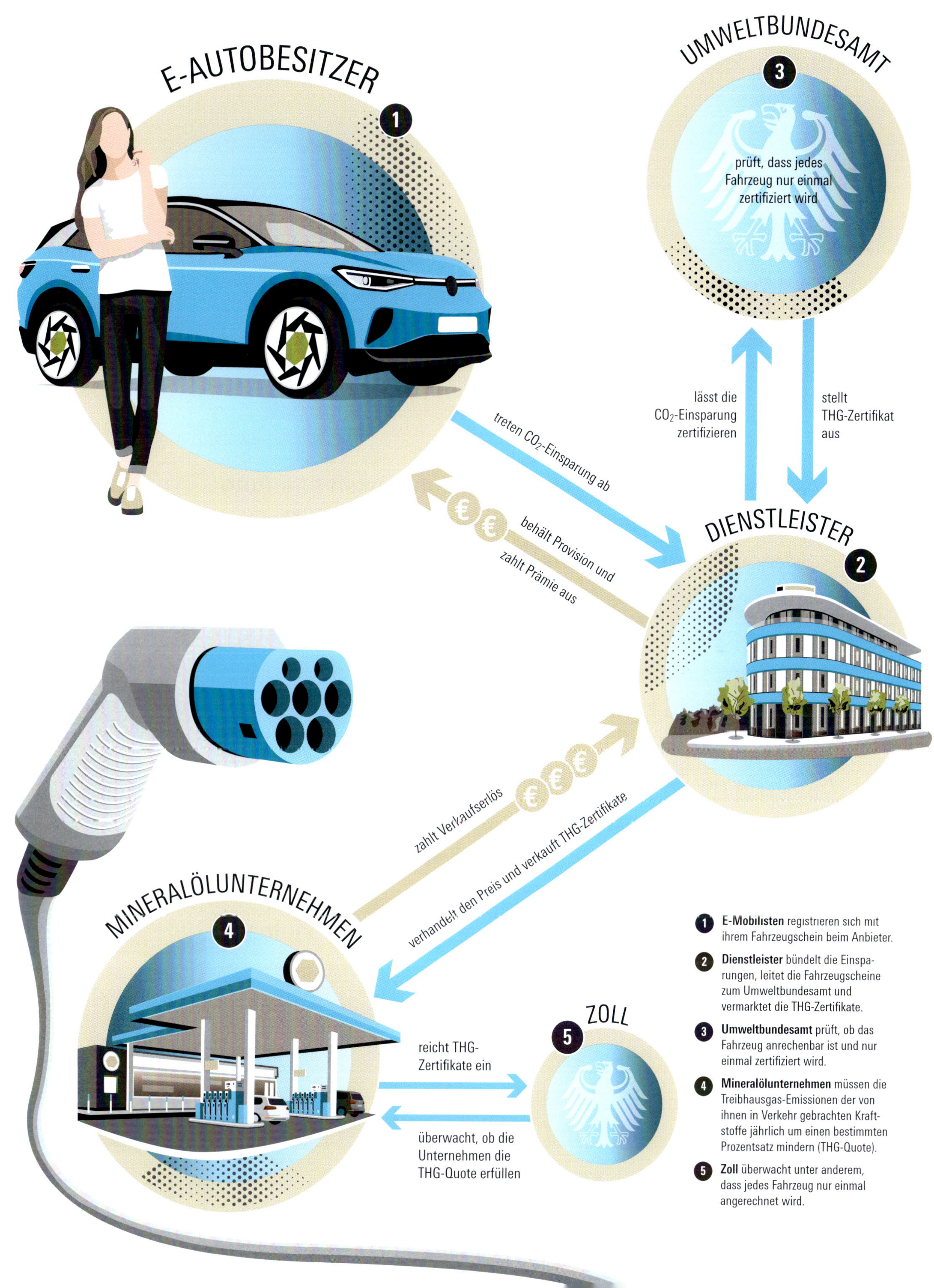

1. **E-Mobilisten** registrieren sich mit ihrem Fahrzeugschein beim Anbieter.
2. **Dienstleister** bündelt die Einsparungen, leitet die Fahrzeugscheine zum Umweltbundesamt und vermarktet die THG-Zertifikate.
3. **Umweltbundesamt** prüft, ob das Fahrzeug anrechenbar ist und nur einmal zertifiziert wird.
4. **Mineralölunternehmen** müssen die Treibhausgas-Emissionen der von ihnen in Verkehr gebrachten Kraftstoffe jährlich um einen bestimmten Prozentsatz mindern (THG-Quote).
5. **Zoll** überwacht unter anderem, dass jedes Fahrzeug nur einmal angerechnet wird.

So berechnet sich die Kfz-Steuer für ein Auto

Auch die Kfz-Steuer schlägt bei den Kosten fürs Auto zu Buche. Sie berechnet sich aus den Werten für die Motorart und -größe und dem für den CO_2-Ausstoß. Daher ist für jedes Modell eine andere Steuer fällig. Alle Angaben, die für die Berechnung der Kfz-Steuer relevant sind, finden sich im Fahrzeugschein. Stößt das Auto pro Kilometer mehr CO_2 aus, als der Grenzwert für Modelle dieser Erstzulassung vorsieht, erhebt der Zoll einen Aufschlag.
Wer seinen Wagen verkauft, erhält die im jeweiligen Jahr zu viel gezahlte Steuer zurück. Stichtag ist der Tag der Um- oder Abmeldung.
Übrigens: Bis Ende 2020 zugelassene Elektroautos sind für zehn Jahre von der Kfz-Steuer befreit.

Teilbetrag für **Motor**

Was sind Motorart und -größe? 1 2

Diesel	Benzin/Gas	Hybrid	Elektro
9,50 Euro je angefangene 100 Kubikzentimeter Hubraum.	2 Euro je angefangene 100 Kubikzentimeter Hubraum.	Besteuerung nach der – neben Elektro – zweiten Kraftstoffart (Benzin oder Diesel).	Steuerbefreiung für 10 Jahre. Danach Berechnung nach Fahrzeuggewicht.

plus Teilbetrag für CO_2

Wann war die Erstzulassung? 3 Wie hoch ist der Ausstoß? 4

Vor 2012 [1)]	2012 + 2013	Ab 2014
Freigrenze von 120 Gramm CO_2-Ausstoß pro Kilometer.	Freigrenze von 110 Gramm CO_2-Ausstoß pro Kilometer.	Freigrenze von 95 Gramm CO_2-Ausstoß pro Kilometer.
Darüber 2 Euro je Gramm pro Kilometer.	Darüber 2 Euro je Gramm pro Kilometer.	Darüber 2 Euro je Gramm pro Kilometer.

Erstzulassung (Tag)

3 B 16.09.2017

CO_2-Ausstoß (g/km)

4 V.7 116

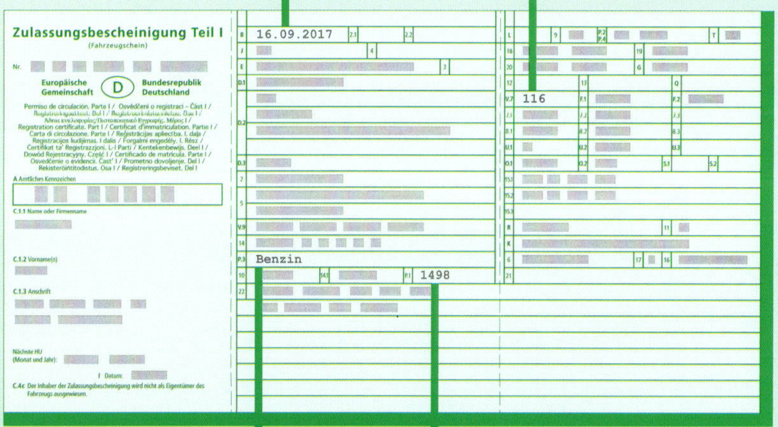

P.3 Benzin

1 **Kraftstoffart**

P.1 1498

2 **Hubraum** (cm^3)

1) Der Steuersatz für Pkw mit Erstzulassung vor Juli 2009 wird nach den damaligen Regelungen berechnet.

Hindernislauf Küchenkauf

Eine Küche einzubauen ist eine vertrackte Sache. Schrankkörper, Abschlussleisten, Arbeitsplatte und Küchengeräte müssen genau aufeinander ausgerichtet sein, damit am Ende alles passt. Nicht immer klappt das. Abschlussleisten sind zu kurz, Schränke wurden schief eingebaut, die Arbeitsplatte hat schon bei der Lieferung Kratzer: Bei vielen Küchenmontagen geht etwas schief.
Hat eine Küche Mängel, haben Sie zwei Jahre Zeit, um diese zu melden, wenn Sie die Küche mit einfacher Montage durch den Küchenhändler gekauft haben. Für solche Geschäfte gilt das Kaufrecht. Nach den ersten zwölf Monaten müssen Sie im Streitfall aber beweisen, dass der Mangel schon beim Einbau vorgelegen hat. Bevor nicht alle Mängel behoben worden sind, sollten Sie die Rechnung nicht voll bezahlen. So behalten Sie ein Druckmittel in der Hand.

1 VERTRAG

Vorsicht bei Werbeschnäppchen

Unterschreiben Sie im Möbelhaus nicht voreilig, weil der „Schnäppchenpreis" für einen Küchenblock im Prospekt so niedrig ist. Sobald Sie vom Angebot abweichen (etwa andere Fronten), wird es teuer. Auch die Rabatte im Werbeprospekt („60 Prozent") sind oft nur heiße Luft, weil der Händler den Preis für die Küche zuvor angehoben hat.

2 ANZAHLUNG

Maximal 50 Prozent Anzahlung

Vorsicht, wenn der Händler mehr als 50 Prozent des Kaufpreises als Anzahlung verlangt. Geht er vor der Montage pleite, ist das Geld weg.

3 MÄNGEL

Beweise sichern, Fotos machen

Machen Sie Fotos von Mängeln an der Küche und Schäden, die die Monteure in der Wohnung gemacht haben (etwa am Parkett).

4 ABNAHMEPROTOKOLL

Nichts als „mangelfrei" bestätigen

Bezeichnen Sie nach der Montage im Protokoll nichts als „in Ordnung", was Sie nicht geprüft haben. Sonst gibt es bei der Reklamation Probleme, wenn Sie später doch noch Mängel finden. Natürlich ist es sinnvoll, wenn Monteur und Kunde im Protokoll die Mängel benennen, die sofort aufgefallen sind. Diese Mängelliste ist nicht abschließend. Fällt Ihnen später noch ein Fehler auf, können Sie den nachmelden.

5 RESTZAHLUNG

Restzahlung nach Mängelbeseitigung

Zahlen Sie den restlichen Kaufpreis erst, wenn alle Mängel behoben sind.

6 MÄNGELBESEITIGUNG

Nicht vorschnell andere Handwerker beauftragen

Wurde bei der Küchenmontage richtig gepfuscht, ist der Ärger der Kunden manchmal so groß, dass sie am liebsten sofort andere Handwerker mit der Reparatur beauftragen würden. So zu reagieren, ist nicht ratsam. Sie müssen dem Küchenverkäufer zunächst die Gelegenheit geben, die Mängel selbst zu beheben.

7 REPARATUR SCHEITERT

Schadenersatz, Minderung oder Rücktritt

Wenn die Mängelbeseitigung durch den Händler scheitert oder er diese verweigert, haben Sie diese Optionen:

1. Anderen Handwerker beauftragen und Verkäufer die Kosten in Rechnung stellen (bzw. von Restzahlung abziehen).

2. Mangel hinnehmen (etwa bei Schönheitsfehlern) und Minderung des Kaufpreises aushandeln.

3. Bei größeren Mängeln vom Kaufvertrag zurücktreten (Käufer erhalten Kaufpreis wieder, aber eventuell gekürzt um Nutzungsentschädigung für bisherige Küchennutzung).

Extra lange Gerätegarantien

Handy, Laptop und Fernseher sind heiß geliebte Geräte, in die nicht nur Technikfans einiges investieren. Deshalb ist es besonders ärgerlich, wenn sie kaputtgehen. Gesetzlich vorgeschrieben ist eine Gewährleistung vom Händler, die zwei Jahre ab dem Kauf gilt. Viele Hersteller versprechen zusätzlich eine freiwillige Herstellergarantie. Beide sind für Verbraucherinnen und Verbraucher kostenlos.
Im Elektronikmarkt verkaufen Händler immer häufiger auch Zusatzgarantien, von denen sich manche automatisch verlängern. Die Bedingungen sind sehr unterschiedlich. Viele bieten nur wenig Schutz für viel Geld. Lassen Sie sich deshalb im Markt nicht zum Abschluss drängen, die Verkäufer bekommen eine Provision. Wer doch einen Vertrag unterschrieben hat, hat 14 Tage Zeit, um ihn zu widerrufen.

SCHUTZ FÜR DEFEKTES HANDY

	1 **Gesetzliche Sachmängelhaftung** vom Händler	2 **Freiwillige Garantie** vom Hersteller	3 **Optionale Handyversicherung** über Händler oder vom Versicherer
Wann der Schutz hilft	Bei Produktmängeln, die schon beim Kauf im Gerät angelegt waren, auch wenn sie sich erst später zeigen.	Bei Produktmängeln, die sich in der Garantiezeit zeigen.	Bei selbst verursachten Schäden am Handy, etwa durch Sturz und Flüssigkeit. Diebstahlschutz oft hinzubuchbar. Viele Versicherungen übernehmen nach Ablauf der Herstellergarantie und der zweijährigen gesetzlichen Sachmängelhaftung auch die Reparatur von Produktmängeln.
Wie lange der Schutz gilt	24 Monate ab Kauf von Neuware beim Händler.	Meist 24 Monate ab Kauf (bei Apple nur 12 Monate).	Feste Laufzeit (ein bis zwei Jahre) oder fortlaufende Police, die sich automatisch verlängert, etwa bis der Kunde kündigt.
Zusatzkosten für Verbraucher	Keine.	Keine.	Hängt von Handypreis und Laufzeit der Versicherung ab. Meist zwischen 6 und 20 Prozent des Handykaufpreises.
Stärken	Verkäufer stellt Ersatzgerät oder zahlt Reparatur. Reklamieren in den ersten zwölf Monaten nach Kauf in der Regel leicht möglich.	Reklamieren in der Garantiezeit in der Regel leicht möglich.	Bietet Schutz gegen die Folgen der eigenen Unachtsamkeit, für die weder Hersteller noch Handyverkäufer haften.
Schwächen	Beweislast liegt ab Monat 13 nach Kauf beim Käufer. Er muss beweisen, dass der Defekt schon beim Kauf im Gerät angelegt war. In der Praxis schwer. Kein Schutz bei selbst verursachten Schäden.	Kein Schutz bei selbst verursachten Schäden. Einige Hersteller geben nur ein Jahr Garantie oder gar keine, wenn Gerät nicht über autorisierten Händler gekauft wurde.	Zum Teil sehr teuer. Kunde trägt meist Selbstbehalt im Schadensfall. Bei Handy mit Totalschaden erhält Kunde nach Wahl des Versicherers oft entweder Ersatzgerät oder Geld. Das Ersatzgerät kann je nach Versicherer gebraucht sein. Der Geldersatz kann unter dem Kaufpreis liegen.

Fliegen – und für Ausgleich sorgen

Wer nicht der Umwelt zuliebe komplett aufs Fliegen verzichten möchte, kann schon seit einigen Jahren den CO_2-Ausstoß seines Fluges immerhin kompensieren. Die Anbieter finanzieren mit dem Geld zum Beispiel Biogasanlagen in Indien oder den Einsatz von Solarlampen in Entwicklungsländern. Kompensation heißt, dass an anderer Stelle konkret dieselbe Menge CO_2 eingespart wird, für deren Ausstoß die Kunden – etwa indem sie ein Flugzeug nutzen – verantwortlich sind. Wie viel genau es kostet, eine Tonne CO_2 auszugleichen, unterscheidet sich je nach Anbieter. Genauso unterschiedlich ist auch die Qualität der Kompensation, je nachdem, was für Projekte gefördert werden. Bei unserem letzten Test haben atmosfair und Klimakollekte am besten abgeschnitten.

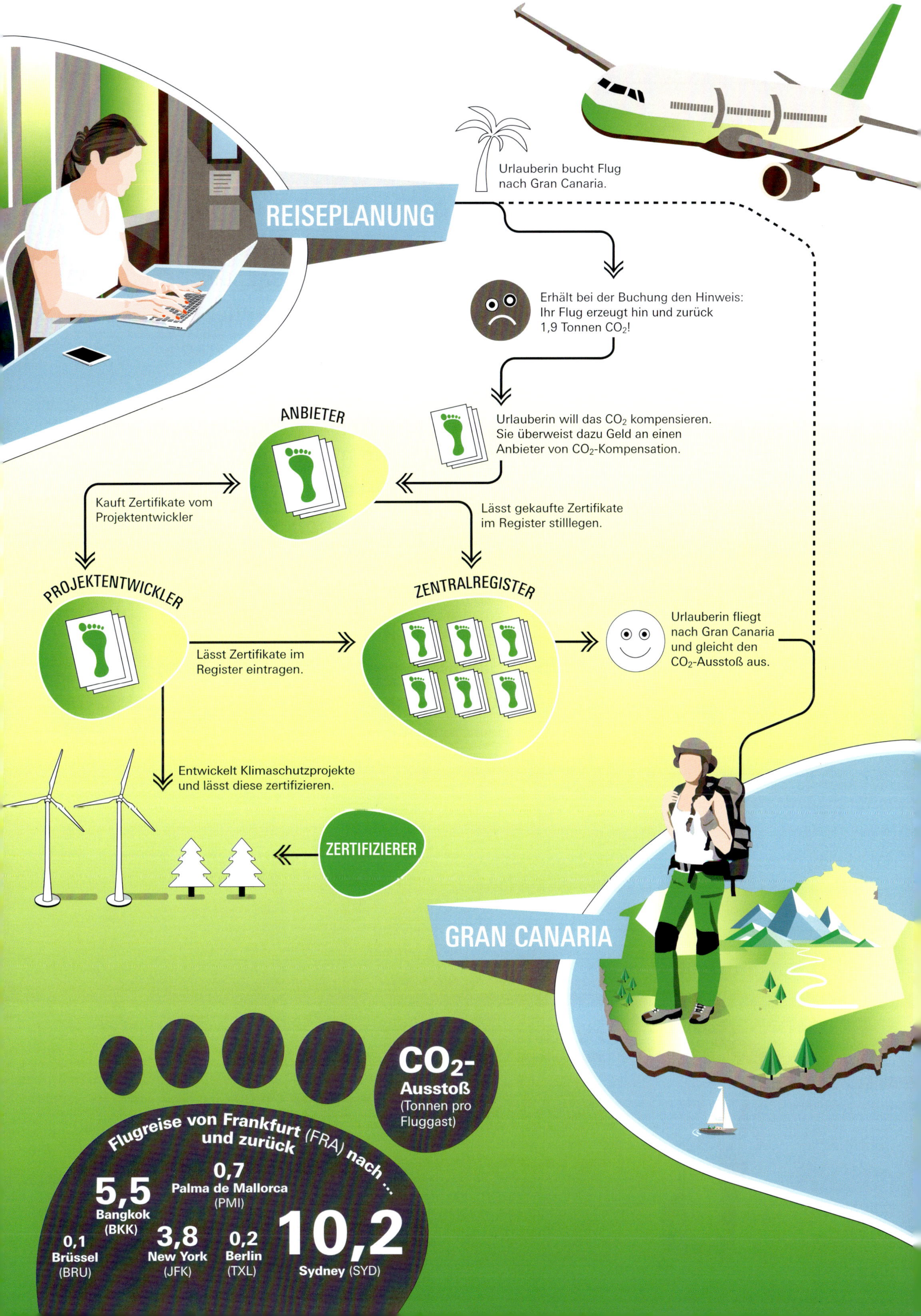
REISEPLANUNG
Urlauberin bucht Flug nach Gran Canaria.
Erhält bei der Buchung den Hinweis: Ihr Flug erzeugt hin und zurück 1,9 Tonnen CO2!
Urlauberin will das CO2 kompensieren. Sie überweist dazu Geld an einen Anbieter von CO2-Kompensation.
ANBIETER
Kauft Zertifikate vom Projektentwickler
Lässt gekaufte Zertifikate im Register stilllegen.
PROJEKTENTWICKLER
Lässt Zertifikate im Register eintragen.
ZENTRALREGISTER
Urlauberin fliegt nach Gran Canaria und gleicht den CO2-Ausstoß aus.
Entwickelt Klimaschutzprojekte und lässt diese zertifizieren.
ZERTIFIZIERER
GRAN CANARIA
CO2-Ausstoß (Tonnen pro Fluggast)
Flugreise von Frankfurt (FRA) nach …
und zurück
5,5 Bangkok (BKK)
0,7 Palma de Mallorca (PMI)
0,1 Brüssel (BRU)
3,8 New York (JFK)
0,2 Berlin (TXL)
10,2 Sydney (SYD)

Mit dem Vierbeiner auf Tour

Mit Hund oder Katze verreisen? Das will gut geplant sein. Wer mit einem Haustier unterwegs ist, sollte sich vorher schlaumachen, welche Beförderungsbedingungen die Transportunternehmen haben. Das gilt nicht nur für die Bahn oder die Airline, sondern auch für den Nahverkehr am Zielort. Während kleinere Tiere in Transportboxen meist unkompliziert mitreisen können, wird es etwa bei größeren Hunden schwierig. Ob sie ein Ticket brauchen oder Maulkorbpflicht besteht, ist unterschiedlich geregelt. Manche Fernbusunternehmen lehnen sogar sämtliche Tiere ab. Nur Begleit- oder Blindenhunde dürfen mitfahren, sofern sie rechtzeitig angemeldet wurden. Generell gilt: Üben Sie vor der ersten Fahrt mit Ihren Tieren, damit sie die Reise nicht stresst.

PACKLISTE

Was mitnehmen?

- ☐ EU-Heimtierausweis und andere notwendige Papiere wie Gesundheitsbescheinigungen.
- ☐ Reiseapotheke, Kontaktdaten vom Tierarzt, Halsband mit Urlaubskontaktdaten.
- ☐ Ausreichend Wasser und Verpflegung für die Reise, eventuell Vorrat des gewohnten Futters, Wasser- und Fressnapf.
- ☐ Transportbox oder Transporttasche, gewohntes Körbchen.
- ☐ Handtuch, Bürste.
- ☐ Spielzeug.
- ☐ Für den Hund: Leine, Pinzette für Zecken, Tüten und Tücher fürs Gassigehen, ggf. Maulkorb, Kauknochen, Unterlagen zu Haftpflichtversicherung (falls vorhanden).
- ☐ Für die Katze: Katzentoilette und ausreichend Streu.

IM FLUGZEUG

□ Möglichst nur Direktflüge buchen.
□ Vorher erkundigen, ob das Tier als „Handgepäck“ in der Kabine mitfliegen darf.
□ Früh buchen und das Tier direkt als Handgepäck anmelden, da nur eine begrenzte Anzahl an Tieren in der Kabine mitfliegen darf.
□ Keine Reisen unternehmen, wenn Tiere im Fracht- oder Laderaum transportiert werden sollen.
□ Abreise und Ankunft bei extremen Temperaturen vermeiden.

IN BUS UND BAHN

□ Kleine Tiere in Transportboxen dürfen meist kostenlos mitfahren.
□ Für größere Hunde Ticket kaufen (meist halber Preis).
□ Für genügend Wasser während der Fahrt sorgen.
□ Während der Fahrt nur kleinere Mengen füttern.
□ Für Hunde Leine und Maulkorb mitnehmen.
□ Für längere Fahrten eine Decke mitnehmen.

IM AUTO

□ Katzen und kleinere Tiere in Transportboxen, Hunde hinter Trenngittern in den Kofferraum oder in Transportbox oder mit Hundegurt auf dem Rücksitz transportieren.
□ Tier vorher ans Autofahren und an eine Transportbox gewöhnen.
□ Hunde vor der Fahrt zwölf Stunden nicht füttern.
□ Für genügend Wasser während der Fahrt sorgen.
□ Während der Reise nur kleinere Mengen füttern.
□ Hitze und Stau vermeiden – am besten nachts fahren.
□ Fenster während der Fahrt geschlossen halten.
□ Regelmäßig Pausen einlegen.
□ Tiere nie allein im Auto lassen.

FÄHRE

□ Vor Buchung klären, ob das Tier an Bord erlaubt ist und unter welchen Bedingungen.
□ Falls das Tier im Auto unter Deck bleiben muss, klären, ob man selbst dabeibleiben darf.
□ Hohe Temperaturen vermeiden.
□ Ansonsten lieber von der Fahrt absehen.

Geld bei Flugärger

HÖHE DER ENTSCHÄDIGUNG

Flugstrecke bis **1 500** km – **250 Euro**

Flugstrecke von **1 501** bis **3 500** km – **400 Euro**

Startflughafen (EU)

Flüge aller Airlines, die von einem Flughafen der Europäischen Union (EU) aus starten. Außerdem für Flüge, die in der EU landen, sofern die Airline ihren Hauptsitz in der EU hat.

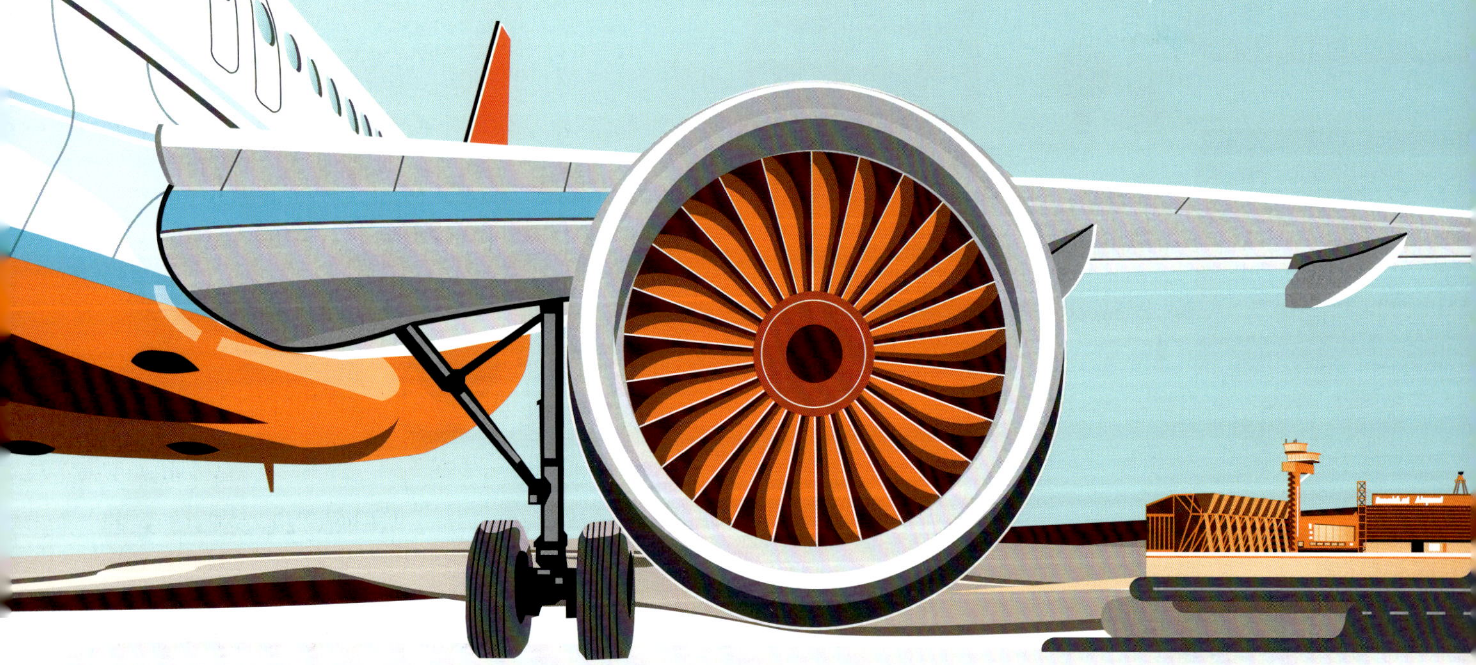

IN DIESEN FÄLLEN GIBT ES ENTSCHÄDIGUNG

VERSPÄTUNG[1)2)]

Ankunft am Zielflughafen um drei Stunden oder mehr verspätet. Anspruch auch möglich, wenn bei einer Flugreise mit Umsteigeverbindung die Verspätung am Endziel durch einen verpassten Anschlussflug entstanden ist.

FLUGAUSFALL[1)]

Fluggesellschaft informiert den Fluggast weniger als 14 Tage vor Abflug über die Annullierung und bietet keinen Ersatzflug an, der eine ähnliche Flugzeit wie der ausgefallene Flug hat.

1) Fluggesellschaft ist von Entschädigungspflicht befreit, wenn „außergewöhnlicher Umstand“ Grund für Verspätung oder Annullierung ist.

2) Bei Entfernungen von mehr als 3 500 km kann die Airline die Entschädigung um 50 Prozent kürzen, wenn Verspätung am Ziel zwar mehr als drei Stunden, aber weniger als vier Stunden beträgt.

* Finanztest 4/2020

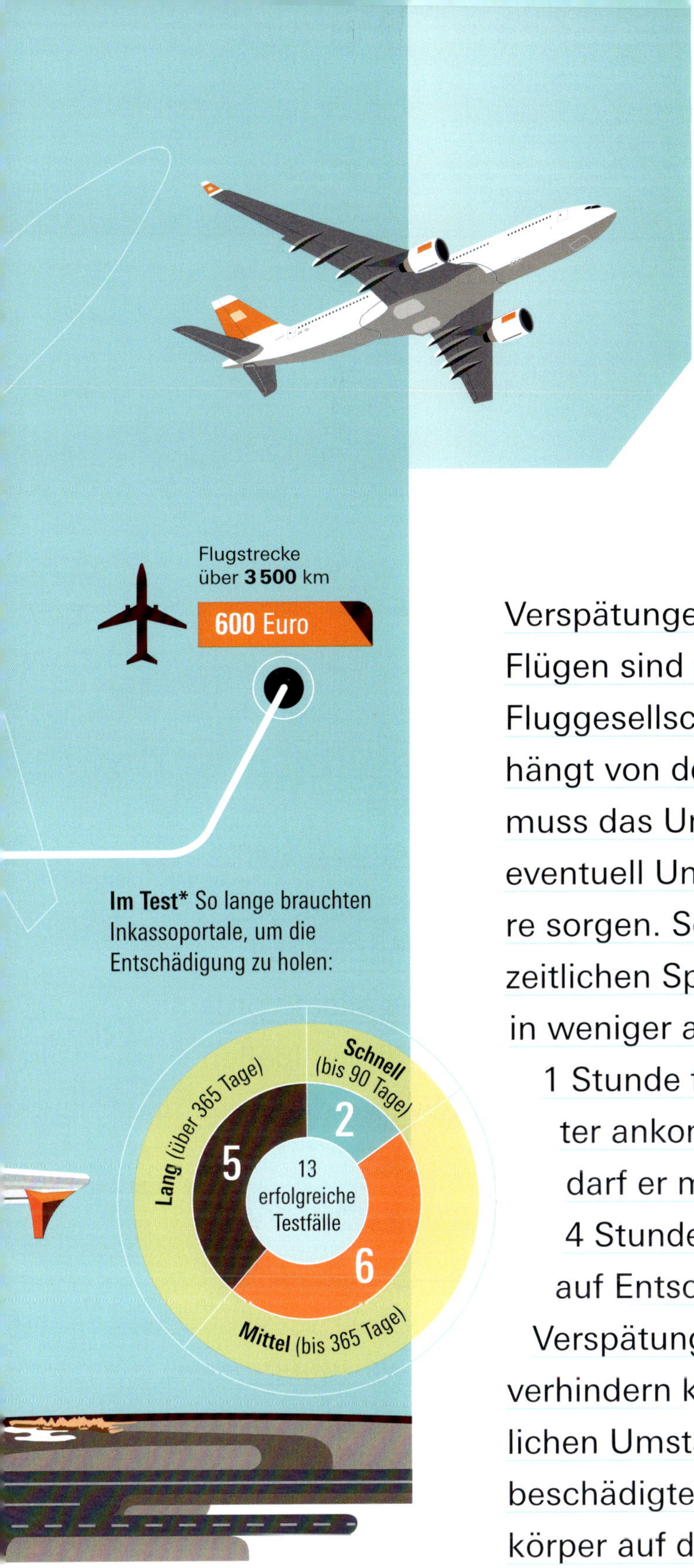

Verspätungen, Überbuchung oder Ausfälle von Flügen sind ärgerlich. Aber immerhin zahlt die Fluggesellschaft eine Entschädigung. Wie viel, hängt von der Flugdistanz ab. Am Flughafen muss das Unternehmen für Verpflegung und eventuell Unterbringung der wartenden Passagiere sorgen. Soll es einen Ersatzflug geben, sind die zeitlichen Spielräume eng gesetzt. Ist der Abflug in weniger als 7 Tagen, darf der Flug maximal 1 Stunde früher losgehen oder 2 Stunden später ankommen. Sind es weniger als 14 Tage, darf er maximal 2 Stunden früher starten oder 4 Stunden später ankommen. Kein Anspruch auf Entschädigung besteht, wenn die Airline Verspätung oder Ausfall nicht beeinflussen oder verhindern konnte. Zu solchen außergewöhnlichen Umständen zählen etwa Vogelschlag oder beschädigte Reifen des Flugzeugs durch Fremdkörper auf dem Flugfeld. Ob auch Streik unter diese Regelung fällt, kommt auf den Einzelfall an. Wer bei der Fluggesellschaft sein Recht einfordern möchte, kann das selbst tun oder Helfer beauftragen. Im Internet gibt es einige Anbieter, die gegen einen Anteil an der Entschädigung den Papierkram übernehmen (siehe S. 194).

ÜBERBUCHUNG

Hat die Airline den Flug überbucht und findet sie nicht genügend Freiwillige, die für eine Gegenleistung einen späteren Flug nehmen, muss sie stehen gelassene Fluggäste entschädigen.

Entschädigung erkämpfen – so gehts

Fluggesellschaften sind nicht gerade bekannt dafür, bei Entschädigungszahlungen sonderlich entgegenkommend zu sein. Die Erfahrung zeigt, dass viele die Forderung eines Passagiers ablehnen oder gar nicht erst reagieren. Doch Reisende können sich Hilfe organisieren, um ihr Recht einzufordern. Ob sie es alleine probieren oder einen anderen Weg gehen, hängt von den individuellen Vorlieben ab. Die Grafik zeigt die unterschiedlichen Wege, die ihnen offenstehen.
Nur der Weg über die Schlichtungsstelle für öffentlichen Personennahverkehr Söp ist kostenlos. Kunden haben dort die Chance, 100 Prozent der Entschädigung ohne Abzüge zu bekommen. Wie der Jahresbericht der Schlichtungsstelle zeigt, reicht oftmals schon der Eingang der Beschwerde bei der Söp, und die Airlines zahlen innerhalb weniger Wochen die Entschädigung – ohne lange Auseinandersetzung.

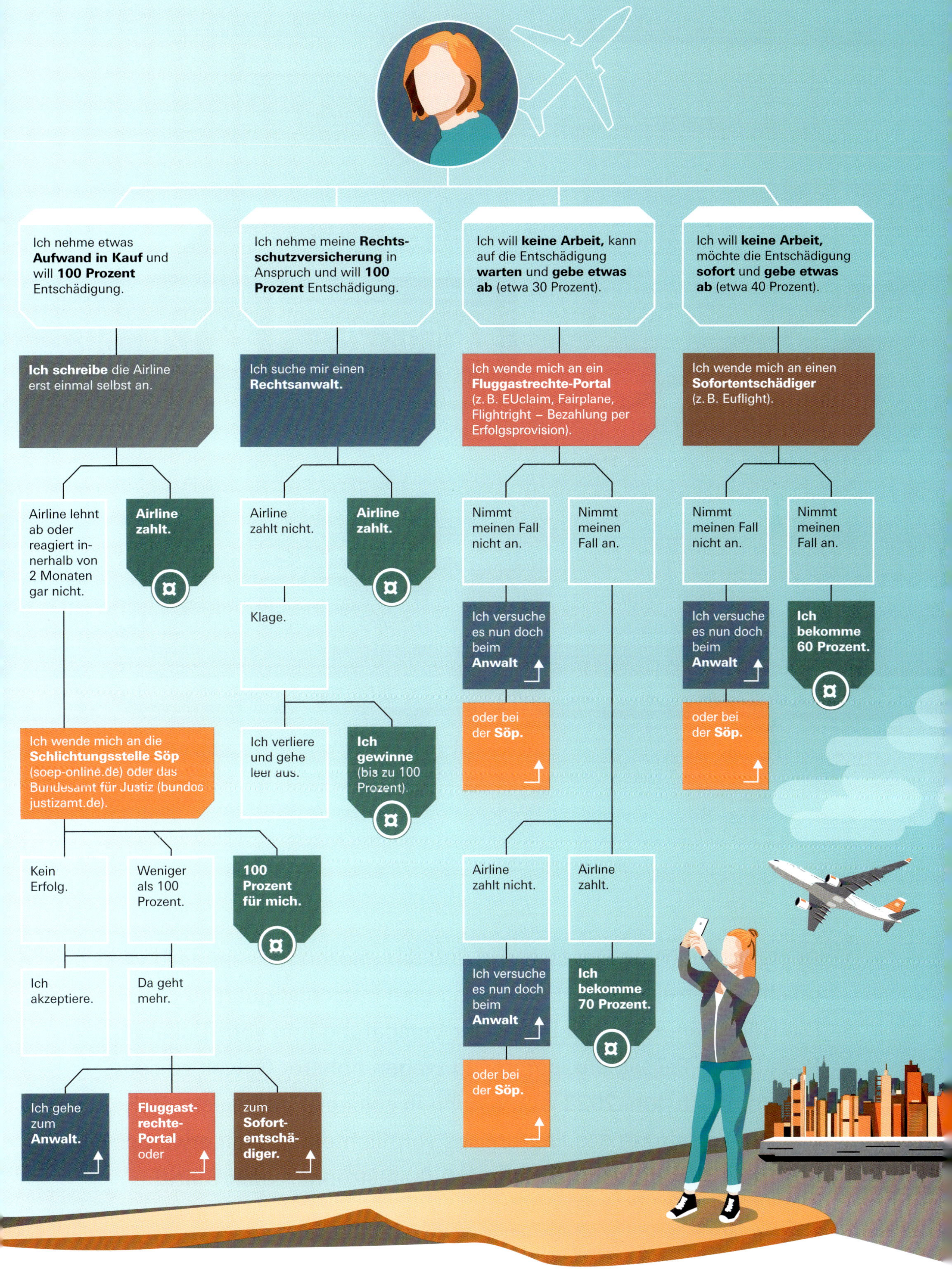
Ich nehme etwas **Aufwand in Kauf** und will **100 Prozent** Entschädigung.
Ich nehme meine **Rechtsschutzversicherung** in Anspruch und will **100 Prozent** Entschädigung.
Ich will **keine Arbeit,** kann auf die Entschädigung **warten** und **gebe etwas ab** (etwa 30 Prozent).
Ich will **keine Arbeit,** möchte die Entschädigung **sofort** und **gebe etwas ab** (etwa 40 Prozent).
Ich schreibe die Airline erst einmal selbst an.
Airline lehnt ab oder reagiert innerhalb von 2 Monaten gar nicht.
Airline zahlt.
Ich wende mich an die **Schlichtungsstelle Söp** (soep-online.de) oder das Bundesamt für Justiz (bundesjustizamt.de).
Kein Erfolg.
Weniger als 100 Prozent.
100 Prozent für mich.
Ich akzeptiere.
Da geht mehr.
Ich gehe zum **Anwalt.**
Fluggastrechte-Portal oder
zum **Sofortentschädiger.**
Ich suche mir einen **Rechtsanwalt.**
Airline zahlt nicht.
Airline zahlt.
Klage.
Ich verliere und gehe leer aus.
Ich gewinne (bis zu 100 Prozent).
Ich wende mich an ein **Fluggastrechte-Portal** (z. B. EUclaim, Fairplane, Flightright – Bezahlung per Erfolgsprovision).
Nimmt meinen Fall nicht an.
Nimmt meinen Fall an.
Ich versuche es nun doch beim **Anwalt**
oder bei der **Söp.**
Airline zahlt nicht.
Airline zahlt.
Ich versuche es nun doch beim **Anwalt**
oder bei der **Söp.**
Ich bekomme 70 Prozent.
Ich wende mich an einen **Sofortentschädiger** (z. B. Euflight).
Nimmt meinen Fall nicht an.
Nimmt meinen Fall an.
Ich versuche es nun doch beim **Anwalt**
oder bei der **Söp.**
Ich bekomme 60 Prozent.

Mehr zum Thema → Seite 205

Zug verspätet – Geld zurück

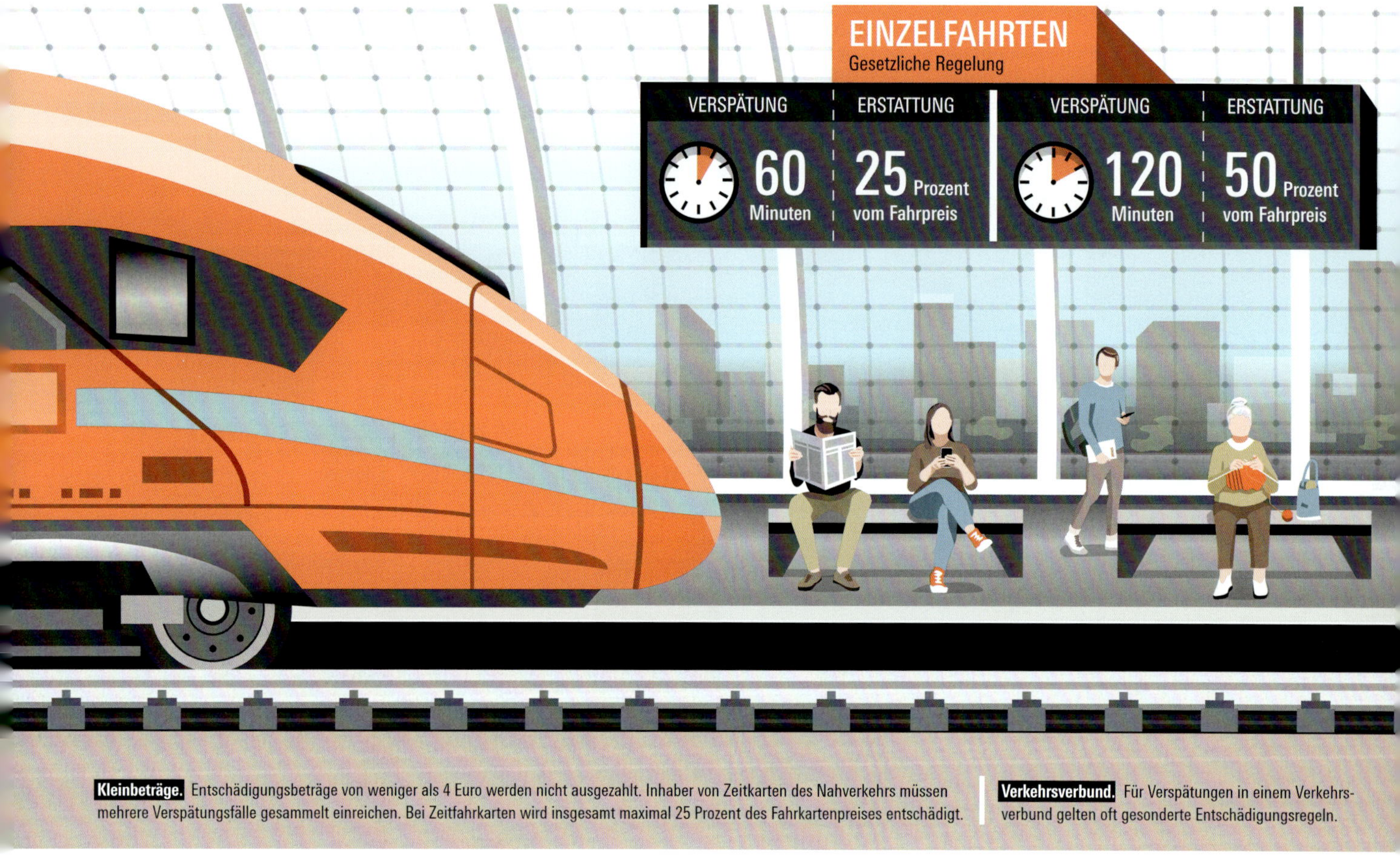

Auch die Bahn – in Deutschland und der ganzen EU – ist dazu verpflichtet, Reisenden bei Verspätung eine Entschädigung zu zahlen. Die Höhe hängt von der Dauer der Verspätung und vom Ticket ab. Pech haben Passagiere, deren Zug wegen höherer Gewalt zu spät ankommt. Ab Juni 2023 ist die Bahn in solchen Fällen nicht mehr zu einer Erstattung des Fahrpreises verpflichtet. Das gilt etwa bei extremen Wetterbedingungen, Naturkatastrophen oder Suizid.

Wer mit der Deutschen Bahn schon einmal verspätet am Ziel ankam, kennt sicher das Formular, das der Schaffner bei Verspätung irgendwann im Zug verteilt. Das können Passagiere ausgefüllt am Schalter abgeben oder einschicken, um ihre Entschädigung zu beantragen. Wer ein elektronisches Ticket gekauft hat, kann seinen Anspruch mittlerweile aber auch online oder in der App DB Navigator anmelden. Voraussetzung ist ein Kundenkonto bei der Deutschen Bahn.

100
100 EURO
100 EURO
100

FACHBEGRIFFE ERKLÄRT

Abgeltungssteuer. Diese Steuer in Höhe von 25 Prozent wird in Deutschland auf alle Kapitalerträge erhoben. Dazu kommen der Solidaritätszuschlag in Höhe von 1,375 Prozent und gegebenenfalls Kirchensteuer. Die Abgeltungssteuer wird an der Quelle abgeführt. Die Depotbank der Anlegers zieht sie also unmittelbar von den Gewinnen aus Dividenden, Zinsausschüttungen oder Fondsverkäufen ab, sofern die Anleger bei der Bank keinen Freistellungsauftrag gestellt haben.

Aktie. Ein Anteilsschein an einem Unternehmen. Durch den Kauf einer Aktie werden die Käuferinnen und Käufer Miteigentümer des Unternehmens. Sie haben einen Anspruch auf die jährliche Dividende und in der Regel ein Stimmrecht auf der Hauptversammlung. Aktien werden an der Börse gehandelt, der Wert bestimmt sich durch Angebot und Nachfrage.

Aktienfonds. Eine Fondsvariante, bei der das Kapital in Aktien fließt.

Aktiver Fonds. Ein Fonds, bei dem Fondsmanager entscheiden, wo die Anlegergelder investiert werden. Dafür fallen Managementgebühren an. Im Gegenzug, so das Versprechen, soll die Auswahl eine bessere Rendite erzielen als der Referenzindex, mit dem der Fonds verglichen wird.

Altersentlastungsbetrag. In Sachen Steuererklärung gibt es für einige Einkünfte im Alter, etwa Arbeitseinkommen, Vermietung oder Kapitaleinkünfte, diesen Freibetrag. Erst höheres Einkommen muss versteuert werden. Gilt ab dem Kalenderjahr, das auf den 64. Geburtstag folgt. Die Höhe des Freibetrags hängt vom Geburtsjahrgang ab. Nicht zu verwechseln mit dem Rentenfreibetrag.

Anlageschwerpunkt. Der Anlageschwerpunkt eines Fonds bezeichnet die Art der Wertpapiere, in die er investiert. Aktienfonds können weltweit anlegen oder auf Regionen und Länder spezialisiert sein. Andere konzentrieren sich auf spezielle Branchen. Bei Rentenfonds steckt das Fondsvermögen überwiegend in verzinslichen Wertpapieren, also Anleihen. Sie lassen sich nach Anlagewährungen einteilen.

Anleihe. Staaten und Unternehmen können sich Geld leihen, indem sie Anleihen herausgeben. Das sind Wertpapiere mit meist festgelegtem Zins. Wer das Papier kauft, wird Gläubiger, erhält die Zinszahlung und hat zum Ende der Laufzeit Anspruch auf Rückzahlung des geliehenen Geldes. Anleihen können an der Börse gehandelt werden. Sie werden auch „Renten" genannt.

Arbeitnehmersparzulage. Arbeitnehmer mit geringem Einkommen haben Anspruch auf die Arbeitnehmersparzulage, wenn sie einen VL-Sparplan abschließen. Alleinstehende, die über maximal 17 900 Euro zu versteuerndes Einkommen verfügen, erhalten maximal 43 Euro Zulage im Jahr, wenn sie Bausparen oder einen Hypothekenkredit tilgen. Bei Aktienfonds sind die Grenzen mit 20 000 Euro höher, die Zulage beträgt maximal 80 Euro. Ehepaare dürfen jeweils das Doppelte verdienen, auch die Zulagen sind doppelt so hoch.

Ausschüttender Fonds. Ausschüttend ist ein Investmentfonds, der durch die Geldanlage erzielte Erträge wie Dividenden, Mieteinnahmen oder Zinsen regelmäßig an die Anteilseigner auszahlt, zum Beispiel jährlich oder vierteljährlich. Das Gegenstück sind thesaurierende Fonds.

Außergewöhnliche Belastungen. Sind private Kosten, die Sie von der Steuer absetzen können. Die Kosten müssen notwendig und zwangsläufig sein. Typisch sind zum Beispiel Ausgaben wegen Krankheit, also Medikamente, Hilfsmittel oder Behandlungen. Auch Pflegekosten, Kosten für eine Beerdigung oder Unterhaltszahlungen gehören dazu.

Benchmark. Maßstab, an dem das Abschneiden eines Fonds gemessen wird. Meist wird ein Börsenindex gewählt, der die Marktentwicklung widerspiegelt.

Betreuungsverfügung. Ein Schriftstück, in dem man festlegen kann, wen das Gericht zur Betreuungsperson ernennen soll, falls man wegen einer Krankheit oder Behinderung selbst nicht mehr oder nur noch teilweise Enscheidungen treffen kann, etwa in Finanzfragen. Die Betreuer unterliegen der gerichtlichen Kontrolle. Die Betreuungsverfügung ist eine Alternative oder Ergänzung zur Vorsorgevollmacht.

Börsenindex. Siehe Index.

Briefkurs. Der Kurs, zu dem ein Verkäufer bereit ist, Wertpapiere zu verkaufen. Gegenstück ist der Geldkurs.

Dax. Abkürzung für den Deutschen Aktienindex, den bekanntesten deutschen Index. Er bildet die Wertentwicklung der 40 wichtigsten börsennotierten deutschen Unternehmen ab.

Depot. Konto für Wertpapiere. Über das Depot lassen sich Wertpapiere wie Aktien, Anleihen und ETF kaufen und verkaufen. Die Anteile werden dort verwahrt.

Direktbank. Sie hat keine Filialen, stattdessen findet die Kundenbetreuung in der Regel online oder telefonisch statt. Direktbanken haben dadurch meist niedrigere Gebühren als Filialbanken.

Direktversicherer. Ein Versicherer, der auf klassischen Vertrieb über Vertreter verzichtet. Kundenbetreuung und Service sind in der Regel online.

Dividende. Aktiengesellschaften beteiligen die Aktionäre in der Regel an einem Teil des Gewinns. Die Höhe der Auszahlung, die Dividende, legt die jährliche Hauptversammlung fest. Dividenden sind für die Wertentwicklung von Aktien sehr wichtig. Es gibt aber auch Unternehmen, die noch nie eine Dividende gezahlt haben, deren Aktien dafür aber hohe Kursgewinne verzeichneten.

Drittanbieter. Unternehmen, die den Kauf ihrer Ware oder Dienstleistung über die Mobilfunkrechnung eines Nutzers abrechnen können. Dazu zählen zum Beispiel der Kauf von Klingeltönen, Parktickets, Angebote in App-Stores und Abos.

Effektivzins. Bei einem Hypothekendarlehen bildet der die Gesamtbelastung für Kreditnehmer ab. Neben dem Sollzins, der die reinen Zinskosten angibt, bezieht der Effektivzins auch weitere Kosten wie Gebühren der Bank mit ein. Bei einer Zinsanlage wie einem Tagesgeldkonto gibt der Effektivzins die tatsächliche jährliche Rendite wieder. Er ist entscheidend, wenn man Zinsanlagen miteinander vergleicht.

Einlagensicherung. Ein nationales Sicherungssystem der Banken, um Geld zum Beispiel auf Giro-, Tagesgeld- und Festgeldkonten gegen Bankpleiten zu schützen. In der EU sind Garantien bis 100 000 Euro pro Kunde und Konto vorgeschrieben. Einige Bankenverbände bieten freiwillig eine höhere Einlagensicherung.

Einmalanlage. Eine Geldanlage, bei der Sie nicht regelmäßig sparen, sondern in die Sie einmalig einen größeren Betrag einzahlen, zum Beispiel bei Festgeld.

Emerging Markets. So werden Länder wie China, Brasilien oder Indien bezeichnet, die auf der Schwelle zu hoch entwickelten Industrienationen stehen.

Emittent. Der Herausgeber einer Anleihe oder eines Zertifikats.

Entgeltpunkt. Basis für die Berechnung der später ausgezahlten gesetzlichen Rente. Versicherte sammeln für ihre Beiträge Entgeltpunkte. Wer das jährliche Durchschnittsentgelt verdient, bekommt genau einen Entgeltpunkt gutgeschrieben. Bei Renteneintritt werden die gesammelten Punkte mit einem dann gültigen Rentenwert umgerechnet. Wird auch Rentenpunkt genannt.

Erbvertrag. Ein Vertrag zwischen zwei oder mehreren Personen, in dem ein oder mehrere Erblasser bestimmen können, was mit ihrem Nachlass passiert – ähnlich wie ein Testament. Aber anders als ein Testament kann er nicht ohne Einstimmung des Vertragspartners widerrufen werden. Den Erbvertrag muss ein Notar beglaubigen.

Erste Tätigkeitsstätte. Legt der Arbeitgeber fest. Es ist in der Regel ein Arbeitsort des Arbeitgebers, dem der Arbeitnehmer dauerhaft zugeordnet ist. Das kann zum Beispiel ein Werk oder eine Filiale sein. Wichtig für die Pendlerpauschale in der Steuererklärung.

ETF. Abkürzung für Exchange Traded Fund, also börsengehandelter Indexfonds. Eine spezielle Art von Fonds, die es seit dem Jahr 2000 in Deutschland gibt. Seitdem wird sie immer beliebter. Ein ETF hat keinen Manager, der die Wertpapiere im Fonds aussucht und beobachtet. Er bildet die Entwicklung eines Index möglichst genau nach und kann wie Aktien an der Börse gehandelt werden. Das macht ihn transparenter und kostengünstiger als andere Fonds (aktive Fonds). Es muss kein Management bezahlt werden und man muss sich nur den Index ansehen, um zu wissen, welche Papiere der Fonds hält.

EWR. Kurz für Europäischer Wirtschaftsraum. Dazu zählen alle EU-Staaten sowie Island, Liechtenstein und Norwegen.

Festgeldkonto. Konto zur Geldanlage mit fester Laufzeit. In dieser Zeit kommen Kontobesitzer also kaum an ihr Geld heran. Dafür gibt es feste Zinsen, die in der Regel höher sind als beim Tagesgeld.

Fonds. Instrument zur Geldanlage. Sammelt von verschiedenen Anlegern Kapital ein, um es zu investieren. Fondsmanager verwalten das Geld und investieren es zum Beispiel in Aktien, Anleihen oder Immobilien.

Fondspolice. Lebens- oder private Rentenversicherung, die die Kundengelder in Fonds investiert. Man spricht auch von fondsgebundenen Versicherungen. Sie sind mit höheren Risiken verbunden als klassische Versicherungen und weisen höhere Kosten auf.

Freistellungsauftrag. Anleger können ihrer Fondsgesellschaft oder Bank einen Freistellungsauftrag erteilen (Alleinstehende maximal 1 000 Euro, Ehepaare maximal 2 000 Euro. Dann wird bis zu diesem Betrag keine Abgeltungssteuer von den jährlichen Erträgen wie Zinsen oder Dividenden abgezogen.

Geldkurs. Der Kurs, zu dem ein Käufer bereit ist, Wertpapiere zu kaufen. Das Gegenstück ist der Briefkurs.

Gesetzliche Unfallversicherung. Teil der Sozialversicherung. Vor allem Angestellte und Auszubildende sind dort versichert. Übernimmt die Kosten der Behandlung nach Arbeitsunfällen oder bei Berufskrankheiten. Sie zahlt auch für Rehamaßnahmen.

Haushaltsnahe Aufwendungen. Lassen sich von der Steuer absetzen. Dazu zählen zum Beispiel Handwerkerkosten, die Ausgaben für Putzdienste oder Hausmeisterservices, Gartenarbeiten oder die Kinderbetreuung zu Hause.

Immobilienfonds. Fonds, die die Anlegergelder in Immobilien wie Bürogebäude, Hotels oder andere Gewerbeimmobilien investieren. Sie eignen sich nur als Beimischung für die langfristige Geldanlage.

Index. Fasst verschiedene Wertpapiere zusammen und bildet deren Wertentwicklung ab. Dadurch ist er Gradmesser für die Entwicklung eines bestimmten Wertpapiermarktes. Zum Beispiel bildet der Deutsche Aktienindex (Dax) die deutsche Wirtschaft ab. Indizes gibt es unter anderem auf Aktien, Anleihen oder Rohstoffe.

Indexfonds. Eine Fondsvariante. Bildet einen Index genau nach, investiert also in Anlagen, die der jeweilige Index enthält. Wird meist als Synonym für ETF verwendet. Doch nicht alle Indexfonds werden wie ETF an der Börse gehandelt.

Investmentfonds. Siehe Fonds.

Isin. Jedes Wertpapier hat eine einzigartige Wertpapierkennnummer. Isin ist die internationale Variante, in Deutschland wird teilweise auch die ältere WKN verwandt. Beim Kauf lassen sich damit Wertpapiere identifizieren.

Jahresarbeitsentgeltgrenze. Auch Versicherungspflichtgrenze genannt. Arbeitnehmende mit einem Einkommen oberhalb dieser Grenze sind versicherungsfrei in der gesetzlichen Krankenversicherung: Sie können wählen, ob sie sich freiwillig gesetzlich oder privat krankenversichern wollen. Im Jahr 2023 liegt die Grenze bei 66 600 Euro/Jahr.

Kapitalerträge. Kapitalerträge können Zinsen, Dividenden oder Kursgewinne durch den Verkauf von Wertpapieren sein.

Kur. Gesundheitsbehandlung zur Vorsorge, wenn ein Gesundheitsrisiko besteht. Eine Rehabilitation behandelt dagegen bereits vorliegende Erkrankungen und soll die Gesundheit wiederherstellen.

Messstellenbetreiber. Baut den Stromzähler ein und betreibt ihn. Er liest also den Zählerstand ab und übermittelt die Daten an den Energielieferanten. In der Regel übernimmt der Netzbetreiber diese Aufgabe. Dafür fällt eine Gebühr an, die sich auf der Stromrechnung findet.

Mischfonds. Eine Fondsvariante, bei der die Anlegergelder sowohl in Aktien als auch festverzinsliche Wertpapiere (Anleihen) investiert werden.

MSCI World. Bekannter Index, der die Wertentwicklung von Unternehmen aus Industrienationen weltweit abbildet. Den Index berechnet das Finanzunternehmen MSCI.

Neobroker. Anbieter, über die Anlegerinnen und Anleger Wertpapiere online – manchmal auch nur per Smartphone – handeln können. Die Neobroker boten zu Beginn ein kostengünstiges, aber oft eingeschränktes Wertpapierangebot an. Sie bauen ihr Angebot weiter aus, aber ob sie immer so günstig bleiben können werden, ist nicht sicher.

Patientenverfügung. Schriftstück, in dem Menschen ihre Behandlungswünsche festlegen, für den Fall, dass sie durch Krankheit nicht mehr selbst entscheiden können.

Postident-Verfahren. Bei manchen Geschäften wie bei einer Kontoeröffnung bei einer Direktbank muss die Bank die Identität der Kunden zweifelsfrei feststellen. Dann kommt das Postident-Verfahren der Deutschen Post zum Einsatz. In einer Postfiliale müssen die Kunden den Ausweis vorlegen, die Mitarbeiter dort bestätigen ihre Identität.

Quellensteuer. Steuer auf Einnahmen aus Kapitalvermögen, die die Bank direkt ans Finanzamt abführt, sozusagen von der Quelle. Die Abgeltungssteuer ist eine Quellensteuer. Erzielen Anleger im Ausland Kapitalerträge, fallen darauf ebenfalls Quellensteuern an. Die ausländische Bank führt sie direkt an die ausländische Finanzbehörde ab. Über die Steuererklärung können sich Anleger in der Regel Geld zurückholen, indem sie diese ausländische Quellensteuer auf die inländische anrechnen lassen.

Regelaltersgrenze. Zeitpunkt, ab dem die gesetzliche Rente in der Regel ohne Abschläge gezahlt wird. Die Grenze steigt für jeden Jahrgang an. Ab dem Jahrgang 1964 beträgt sie 67 Jahre.

Regelaltersrente. Rentenzahlung, die ab dem gesetzlichen Rentenalter gezahlt wird. Im Unterschied etwa zur Früh- oder Erwerbsminderungsrente.

Reha. Behandlung zur Wiederherstellung der Gesundheit. Wird durchgeführt, wenn eine Erkrankung vorliegt. Eine Kur dagegen soll Erkrankungen vorbeugen.

Rendite. Die Wertentwicklung einer Anlage in einem bestimmten Zeitraum. Sie wird in der Regel für ein Jahr berechnet.

Renten-ETF. Ein ETF, der in Anleihen investiert. Anleihen werden auch Renten genannt.

Rentenfreibetrag. Anteil der Rente, der jedes Jahr steuerfrei ist. Die Höhe richtet sich nach dem Jahr des Renteneintritts. 2023 bleiben 17 Prozent der Bruttorente steuerfrei. Der Freibetrag wird einmal individuell berechnet und steigt in den Folgejahren nicht mehr, auch wenn die Rente durch eine Erhöhung steigt. Nicht zu verwechseln mit dem Altersentlastungsbetrag.

Rentenindex. Ein Börsenindex, der Anleihen enthält.

Rentenkontenklärung. Ist ein Angebot der Deutschen Rentenversicherung, um eventuelle Lücken im Versicherungsverlauf zu schließen. Listet alle gemeldeten Versicherungszeiten in der gesetzlichen Rentenversicherung auf. Ab 43 Jahren verschickt die Rentenversicherung automatisch eine Übersicht.

Rentenpunkt. Siehe Entgeltpunkt.

Riester-Zulagen. Die großzügigen staatlichen Zulagen machen Riester-Verträge für viele attraktiv. Jährlich gibt es bis zu 175 Euro Grundzulage und bis zu 300 Euro für ein ab 2008 geborenes Kind, für ältere Kinder bis zu 185 Euro. Die vollen staatlichen Zulagen erhält, wer in den Riester-Vertrag mindestens 4 Prozent des Vorjahresbruttoeinkommens einzahlt. Der Mindesteigenbeitrag liegt bei 60 Euro.

Schwellenländer. Siehe Emerging Markets.

Solarthermie. Gehört zu den Erneuerbaren Energien. Mithilfe der Sonne wird Wärme erzeugt, zum Beispiel für Heizung oder Warmwasser.

Sondertilgung. Damit lässt sich ein Kredit schneller zurückzahlen. Neben der monatlichen Tilgung können die Kreditnehmer zusätzlich außerplanmäßig Geld zurückzahlen. Mögliche Kosten dafür stehen im Kreditvertrag.

Sondervermögen. Fonds und ETF sind Sondervermögen. Das heißt, die Kundengelder müssen vom Vermögen der Gesellschaft strikt getrennt aufbewahrt werden. Somit existiert für Anleger selbst im Fall einer Pleite der Gesellschaft kein Risiko, dadurch Geld zu verlieren.

Sparerpauschbetrag. Ein Steuerfreibetrag, der für Kapitaleinkünfte, also Zinsen, Dividenden und realisierte Kursgewinne von Wertpapieren gilt. Sparer haben einen Freibetrag von 1 000 Euro (Stand 2023), auf den keine Abgeltungssteuer anfällt. Für Ehepaare gilt der doppelte Betrag.

Sparplan. Geldanlage, in die regelmäßig Geld fließt, zum Beispiel monatlich oder dreimonatlich. Es gibt Fondssparpläne und Banksparpläne.

Staatsanleihe. Anleihen, die von Staaten herausgegeben werden. Je nachdem, wie gut ein Staat wirtschaftet, können sie sicher oder riskant sein, denn auch Staaten können pleitegehen. Als besonders sicher gelten deutsche Bundeswertpapiere.

Tagesgeldkonto. Das Geld auf einem Tagesgeldkonto ist jederzeit verfügbar, weil das Konto keine Laufzeit hat. Die Bank verzinst das Guthaben. Für die Geldanlage gedacht, daher ist eine Überweisung meist nur auf ein vorher angegebenes Referenzkonto möglich.

Testament. Dokument, um das Erbe zu regeln. Ein Erblasser legt in seinem Testament fest, welchem von seinen Angehörigen oder welcher anderen Person er was und wie viel hinterlassen möchte. Ohne Testament greift die gesetzliche Erbfolge.

Thesaurierende Fonds. Investmentfonds, der Dividenden, die die Unternehmen ausschütten, im Fonds behält und so wieder investiert. Dadurch steigt das Fondsvermögen. Gut für alle, die langfristig sparen möchten. Gegenstück: Ausschüttender Fonds.

Vermögenswirksame Leistungen (VL). Freiwillige Leistung des Arbeitgebers zusätzlich zum Gehalt. Das Geld muss in der Regel in spezielle Verträge für VL fließen. Nach sieben Jahren kann es ausgezahlt werden. Geringverdiener erhalten zusätzlich die Arbeitnehmersparzulage vom Staat.

Versicherungspolice. Anderes Wort für Versicherungsvertrag.

Videoident-Verfahren. Viele Banken bieten inzwischen neben dem Postident- das Videoident-Verfahren an. Kunden können ihre Identität dann per Videoübertragung nachweisen.

Vorfälligkeitsentschädigung. Strafzahlung, falls Kreditnehmer ihr Darlehen vorzeitig zurückzahlen oder kündigen. Denn der Bank entgeht dadurch der Zinsgewinn der restlichen Laufzeit. Bei Baukrediten ist sie nicht gesetzlich gedeckelt.

Vorsorgevollmacht. Schriftstück, in dem man Verwandte oder andere vertraute Menschen als Bevollmächtigte bestimmt für den Fall, dass man selbst wegen Krankheit oder Behinderung nicht mehr oder nur noch teilweise Entscheidungen treffen kann, etwa in Finanzfragen. Der oder die Bevollmächtigte wird von keiner Stelle kontrolliert. Alternative ist die Betreuungsverfügung.

Wertpapier. Oberbegriff für Aktien, Anleihen, Fonds und Anlagezertifikate.

Wertpapierdepot. Siehe Depot.

Wohnungsbauprämie. Bausparer können die Prämie erhalten, wenn ihr zu versteuerndes Einkommen bestimmte Grenzen nicht übersteigt. Derzeit beträgt die Höchstprämie 70 Euro pro Jahr für Alleinstehende. Anspruch haben sie, wenn ihr zu versteuerndes Einkommen maximal 35 000 Euro im Jahr beträgt. Für Ehepaare gilt jeweils das Doppelte.

Zertifikat. Zertifikate sind vergleichsweise riskante Anlageprodukte, die Banken herausgeben. Anders als bei Fonds haben Anleger ein Pleiterisiko. Geht die herausgebende Bank pleite, können sie einen Totalverlust erleiden. Etwas ganz anderes ist das Zertifikat, das Riester-Produkte haben müssen. Es ist eine Art Gütesiegel, das zeigt, dass sie strenge Kriterien erfüllen.

Zinseszinseffekt. Die gezahlten Zinsen werden immer wieder gemeinsam mit dem Startkapital angelegt und verzinst. Mit der Zeit wächst so das Vermögen.

Zinsportal. Auf Zinsportalen können Anleger online Konditionen von Festgeld- oder Tagesgeldkonten vergleichen und das Geld meist auch gleich über das Portal bei der jeweiligen Bank anlegen. Allerdings hat jedes Portal nur eine begrenzte Anzahl an Angeboten zur Auswahl. Häufig sind auch Anbieter aus dem europäischen Ausland gelistet. Wählt ein Anleger über das Portal ein Konto aus, erhält das Zinsportal in der Regel von der Bank eine Provision.

Zusatzbeitrag. Gesetzliche Krankenkassen dürfen neben dem allgemeinen Beitragssatz einen Zusatzbeitrag erheben. Jede Krankenkasse legt ihn selbst fest. Arbeitnehmer und Arbeitgeber tragen ihn jeweils zur Hälfte.

Zusatzleistungen der Krankenversicherung. Leistungen der gesetzlichen Krankenkassen, die sie neben den Regelleistungen anbieten dürfen.
Das sind oftmals höhere Erstattungen bei Impfungen, Kostenübernahme bei alternativen Heilmethoden, höhere Leistungen bei Zahnersatz oder zusätzliche Vorsorgeuntersuchungen.
Jede Kasse bietet andere Zusatzleistungen an.

Zuteilung. Ab dem Zeitpunkt der Zuteilung haben Bausparer das Recht, sich zusätzlich zum Guthaben auch das Bauspardarlehen auszahlen zu lassen.

Die Stiftung Warentest wurde 1964 auf Beschluss des Deutschen Bundestages gegründet, um dem Verbraucher durch vergleichende Tests von Waren und Dienstleistungen eine unabhängige und objektive Unterstützung zu bieten.

René Reichelt arbeitet seit über 20 Jahren als Grafiker für die Zeitschrift Finanztest, seit 2013 hat er sich darauf spezialisiert, komplexe Zusammenhänge in Infografiken anschaulich zu machen.

Annika Krempel ist gelernte Wirtschafts- und Verbraucherjournalistin. Sie ist für große Medienhäuser tätig. Für die Stiftung Warentest hat sie die Bücher „Vermögen aufbauen ab 30" und Altersvorsorge für Angestellte" geschrieben.

1. Nachdruck der 2., aktualisierten Auflage

Stiftung Warentest
Lützowplatz 11–13
10785 Berlin
Telefon 0 30/26 31–0
Fax 0 30/26 31–25 25
www.test.de

email@stiftung-warentest.de

USt-IdNr.: DE136725570

Vorstand: Hubertus Primus

Weitere Mitglieder der Geschäftsleitung: Dr. Holger Brackemann, Julia Bönisch, Daniel Gläser

Programmleitung: Niclas Dewitz

Illustration, Infografik, Grafik, Satz: René Reichelt
Autorin: Redaktion Finanztest zusammen mit Annika Krempel
Projektleitung: Ursula Rieth
Lektorat: Heike Plank, Ursula Rieth
Mitarbeit: Alina Langhammer, Pia Voigt

Verifikation: Heinz Brakenhoff, Sabine Vogt
Korrektorat: Gabriele Keßler
Fachliche Unterstützung: Roland Aulitzky, Kerstin Backofen, Sabine Baierl-Johna, Karin Baur, Michael Beumer, Beate Bextermöller, Birgit Brümmel, Michael Bruns, Philip Chorzelewski, Renate Daum, Uwe Döhler, Marieke Einbrodt, Stefan Fischer, Simeon Gentscheff, Jana Hauschild, Katharina Henrich, Alrun Jappe, Annegret Jende, Robin Knies, Alisa Kostenow, Bostjan Krisper, Tom Krüger, Susanne Meunier, Sophie Mecchia, Heike Nicodemus, Michael Nischalke, Theo Pischke, Stephanie Pallasch, Isabell Pohlmann, Jörg Sahr, Kirsten Schickiera, Max Schmutzer, Ulrike Schulz, Michael Sittig, Yann Stoffel, Sabine Vogt, Simone Weidner, Marion Weitemeier, Eugénie Zobel, Rainer Zuppe

Titelentwurf: Martina Römer,
Illustration: René Reichelt
Layout: Martina Römer

Produktion: Christian Königsmann
Verlagsherstellung: Rita Brosius (Ltg.), Romy Alig, Susanne Beeh
Druck: Plump Druck & Medien GmbH, Rheinbreitbach

ISBN: 978-3-7471-0444-6
Stiftung Warentest druckt ausschließlich in Deutschland, weil hier hohe Umweltstandards gelten und kurze Transportwegep für geringe CO_2-Emissionen sorgen. Auch die Weiterverarbeitung erfolgt ausschließlich in Deutschland.